日本語と韓国語における可能表現

可能形式を文末述語とする
表現を中心に

高 恩 淑

ココ出版

Potential expressions in Japanese and Korean:
With a focus on potential forms used as predicates

First published 2015
Printed in Japan

All rights reserved
©Ko, Eunsook, 2015

Coco Publishing Co., Ltd.

ISBN 978-4-904595-55-8

序文

庵 功雄

　本書は、高恩淑さんが2012年に一橋大学言語社会研究科に提出した博士論文に加筆修正したものです。

　高さんは2009年に一橋大学言語社会研究科の博士課程に入学しました。入学時の指導教員は井上優さんで、井上さんの転出後、私のゼミに入りました。

　高さんは、日本で日本語を学び、学部と修士は東京外国語大学の早津恵美子さんのゼミで日本語学の指導を受けたという経歴を持っています。これは、母国の大学で日本語を学んでから来日するケースが多い日本語学／日本語教育の専攻の留学生の中ではやや異色のキャリアであると言えます。

　高さんの研究姿勢を一言で言うと、「直球勝負」ということになるのではないかと思います（高さんが野球が好きかどうかは別ですが）。

　私のゼミでは、発表の内容（レジメ）を事前にゼミのメーリングリストに送り、ゼミの出席者は事前にその内容を読み込んできてゼミに臨むことになっています。ゼミの場では、基本的に質疑応答から始めることになります。

　高さんは、そうしたゼミの場で、（私を含む）誰の発表の際にも、必ずコメントをしてくれます。そのコメントは、的外れであったことはほとんどありません。それは、高さんが常に、発表者の議論を読み込んで、その議論の問題点を指摘し、かつ、どうすればその発表がよりよいものになるかを真剣に考えているからです。

　自分にわかる範囲で必ずコメントをする。これは、簡単なようで、実は非常に難しいことです。私は、1991年に大阪大学文学部日本学言語系の大学院に入学し、それから約四半世紀の間、大学院のゼミや学会、研

究会などさまざまな研究活動の場に参加してきましたが、その経験の中からそうした場で発言をすることが容易ではないことを実感しています。特に、留学生にとって、ゼミで発言することがいかに難しいかはよくわかっています。

　なぜ、ゼミで発言することが難しいのか。それは、俗な言い方をすれば、「馬鹿なことを言って笑われたくない」と思うからです。一般に、ゼミで発言をしなくても、その人にとって失うことはほとんどなく、逆に、変なことを言うと、その人の評価を下げる危険性があります。そうであれば、わざわざ「火中の栗を拾う」ことを避けたくなるのが人情というものであり、特に、日本語にハンディがあると思っている留学生がゼミで発言できないのはごく自然なことです。

　しかし、ゼミで発言することには積極的な意味もあります。それは、ゼミでコメントをすることを想定しながら発表者の意見を聞くことで、発表者と同じレベルで考えるということを経験できるということです。

　一般に、あることがらがその人の「知識」になるのは、その人がその内容を他人に「説明」しようと思ってそれを実践したときだと考えられます。「説明」は、口頭で行うこともあれば、書き物で行うこともあります。口頭で行うものの代表が学会などでの「口頭発表（ポスター発表を含む）」であり、書き物で行うものの代表が「論文」です。

　口頭発表にしろ、論文にしろ、そこで行うことは、簡単に言えば、「自分は知っているが他人は知らないことをことばを使って他人に理解してもらう」ということです。この言語活動に習熟するための唯一の方法は、たくさん発表をして、たくさん論文を書くことです。つまり、「習うより慣れよ（Practice makes perfect.）」ということです。

　「習う」というのは「理解（recognition）」であり、「慣れる」というのは「産出（production）」です。一般に、何かを説明すること（産出）は、理解することより何十倍も難しいことです。そして、アカデミックな世界においては、そうした場に身を置くこと自体なかなか容易なことではありません（口頭発表をしたり投稿をしたりするには、最低限、学会費を払って学会に入るなどのプロセスを経なければなりません）。しかし、ゼミの場でコメントをすると、「タダで」そうした体験ができるのです。もちろん、この場合のコメントは、「相手の主張を読み込んだ（＝相手の土俵に立った）」、「建設

的な」ものでなければ意味がありません。逆に言えば、そうした意識を持ってコメントをすることを常に自分に課すことで、「自分は知っているが他人は知らないことをことばを使って他人に理解してもらう」ことの訓練ができるのです。

　話を戻すと、高さんが本書を書き上げることができた背景には、高さんが常にこうしたことを自分自身に課してきたという事実があります。
　本書には、常に「直球勝負」で研究課題と向き合ってきた高さんのこれまでの研究成果が凝縮されています。
　本書は、現代日本語の「可能」を扱ったものです。高さんが一橋大学に入ってきたとき、正直に言って、「可能」で博士論文を書くのは非常に難しいだろうと思っていました。「可能」には私が畏敬する渋谷勝己氏の膨大な研究があり、さらに、尾上圭介氏の研究もあります。もし、「可能で博士論文を書きたい」という相談を受けたら、私は即座に「やめた方がいい」と答えると思います。これは、高さんが一橋大学に入ってきたときに思ったことでもあります。
　しかし、高さんは、そうした私の懸念を見事に否定してくれました。それはまさに、「可能」という巨大な敵に真っ向から勝負を挑んで、力でねじ伏せたという印象です。
　本書のもとになる博士論文を提出するまでの間に、高さんと数回全体の読み合わせをし、何度も議論をしました。韓国語ができない私にとって、高さんの議論の内容を頭に入れることは必ずしも楽な作業ではありませんでしたが、非常に楽しい作業でした。
　本書で高さんが提案しているのは、「可能」が文法カテゴリーとして確立している現代日本語を使って、韓国語の「可能」を見ようということです。一般に、ある言語で文法カテゴリーになっていない言語形式はその言語の研究で等閑視されがちですが、そこに立ち入って考えていくと研究の視界が開けることがあります。私自身も、日本語における指示方略と「定冠詞」の関係について、高さんと同様のアプローチをとってきていますし（cf. 庵功雄 2003「見えない冠詞」『月刊言語』32 (10)）、対照研究についての井上優さんの考え方にも同様のことを感じます（cf. 井上優 2013『そうだったんだ！日本語　相席で黙っていられるか』岩波書店）。高さんが、本

書で提案しているアプローチを拡張し、日韓のボイスやテンス・アスペクトの体系の見直しに進んでいってくれることを期待しています。

　高さんは決して器用な人ではありません。しかし、研究者にとって、「不器用」であることは決して悪いことではありません。それどころか、研究者にとって最も重要な資質であるとすら言えます。最後に、高さんに、そして、「不器用に」研究を続けている多くの若手研究者や院生のみなさんに、寺田寅彦の次のことばを贈りたいと思います。

　　　所謂頭のいい人は、云わば脚の早い旅人のようなものである。人より先きに人の未だ行かない処へ行き着くことも出来る代りに、途中の道傍或は一寸した脇道にある肝心なものを見落す恐れがある。頭の悪い人脚ののろい人がずっと後からおくれて来て訳もなく其の大事な宝物を拾って行く場合がある。（中略）
　　　頭のいい人は批評家に適するが行為の人にはなりにくい。凡ての行為には危険が伴うからである。怪我を恐れる人は大工にはなれない。失敗を怖がる人は科学者にはなれない。（中略）
　　　頭がよくて、そうして、自分を頭がいいと思い利口だと思う人は先生にはなれても科学者にはなれない。人間の頭の力の限界を自覚して大自然の前に愚な赤裸の自分を投出し、そうして唯々大自然の直接の教にのみ傾聴する覚悟があって、初めて科学者にはなれるのである。併しそれだけでは科学者にはなれない事も勿論である。矢張り観察と分析と推理の正確周到を必要とするのは云う迄もないことである。
　　　つまり、頭が悪いと同時に頭がよくなくてはならないのである。
　　　　　（寺田寅彦1950『寺田寅彦全集　文学篇第四巻―随筆四』岩波書店）

2015年2月

庵　功雄

目次　　序文　庵功雄/////iii

序章
はじめに /////1

1　研究目的 /////1
2　研究対象 /////2
3　本書の構成 /////3
4　本書で用いる言語資料と記号 /////4

第1部
日本語と韓国語における可能表現の概観 /////7

第1章
日本語と韓国語における可能表現の様相
先行研究を中心に /////9

1　可能表現とは /////9
　1.1　先行研究における可能表現の定義 /////9
　1.2　本書における可能表現の定義 /////10
2　日本語と韓国語における可能形式 /////10
　2.1　日本語の可能形式 /////10
　2.2　韓国語の可能形式 /////14
3　可能表現の形態的・語彙的な性格 /////21
　3.1　可能表現を構成する動詞
　　　──動詞の意志性について /////21
　3.2　可能表現の持つ語用論的な特徴
　　　──動作主または動作主に対する話し手の期待 /////24

- 4 可能表現の先行研究と議論すべき課題 /////26
  - 4.1 日本語の可能表現における研究課題 /////26
  - 4.2 韓国語の可能表現における研究課題 /////27
  - 4.3 可能表現の対照研究における研究課題 /////27

第2部 現代日本語の可能表現における動詞の意志性と意味的類型について /////31

第2章 日本語における動詞の意志性と可能形式との関わり /////35

- 1 はじめに /////35
- 2 可能文の文法的な成立条件 /////35
- 3 動詞の意志性 /////37
- 4 「動詞の意志性」の検討作業 /////39
- 5 「動詞の意志性」によるタイプ分けと可能形式との関わり /////42
  - 5.1 A主体の意図的な行為① /////43
  - 5.2 主体の知覚や思考：A「判断」類②、B「理解」類⑤ /////44
    - 5.2.1 A「判断」類の知覚・思考動詞② /////44
    - 5.2.2 B「理解」類の知覚・思考動詞⑤ /////44
  - 5.3 主体の心理作用：A「意志表出」類③、B「心的態度」類⑥、C「心的状態」類⑧ /////46
    - 5.3.1 A「意志表出」類③ /////46
    - 5.3.2 B「心的態度」類⑥ /////46
    - 5.3.3 C「心的状態」類⑧ /////48

- 5.4 有情物の生理現象：
  B意志的な生理現象④、
  C非意志的な生理現象⑨/////48
  - 5.4.1 B「意志的」生理現象④/////49
  - 5.4.2 C「非意志的」生理現象⑨/////49
- 5.5 C 主体の無意識・不注意による動作⑦/////50
- 5.6 C自然現象⑩/////51
- 5.7 C物事の状態や変化⑪/////52
- 5.8 本節のまとめ/////52

6 おわりに/////54

第3章
日本語における可能表現の意味分類について
実現可能性の在り処を基準に/////57

1 はじめに/////57

2 可能表現の意味分類──先行研究と本研究の立場/////57

3 用例採集と分類基準について/////59
- 3.1 用例採集/////59
- 3.2 分類基準/////59

4 可能表現の意味・構造的な類型/////61
- 4.1 〈恒常的内在型可能〉/////62
- 4.2 〈条件型可能〉/////64
  - 4.2.1 前提条件/////65
  - 4.2.2 未定条件/////66
  - 4.2.3 反事実条件/////68
  - 4.2.4 既定条件/////69
- 4.3 〈条件不問型可能〉/////73
- 4.4 本節のまとめ/////74

5 おわりに/////76

第3部
現代韓国語における可能表現の意味特徴と用法 /////79

第4章
韓国語における形態的な可能形式（1）
日本語の可能表現を手掛かりとして /////83

1 本章における研究対象及び方法 /////83

2 韓国語における可能表現の様相
―― 先行研究を中心に /////83
  2.1 鄭寅玉（1997） /////84
  2.2 李慶實（2009） /////85
  2.3 金美仙（2006） /////86

3 韓国語における可能表現の用法
―― 日本語の可能表現を手掛かりとして /////86
  3.1 〈能力可能〉 /////88
    3.1.1 「ha-l swu issta / epsta」「ha-l cwul alta / moluta」 /////88
    3.1.2 「mos hata / ha-ci moshata」 /////90
  3.2 〈状況可能〉 /////94
  3.3 本節のまとめ /////96

4 結論 /////97

第5章
韓国語における形態的な可能形式（2）
可能形式「ha-l swu issta / epsta」の
用法について /////101

1 はじめに /////101

2 主な先行研究 /////101
   2.1 可能表現の意味分類 /////101
   2.2 動詞の意志性について /////105

3 「ha-l swu issta / epsta」の用法について /////106
   3.1 《ちからの可能》を表す
      「ha-l swu issta / epsta」 /////106
   3.2 《蓋然性の可能》を表す
      「ha-l swu issta / epsta」 /////107

**4 《ちからの可能》と《蓋然性の可能》の
使い分け** /////109
   4.1 二つの用法を表し得る「ha-l swu-to issta」 /////109
   4.2 構文上における使い分け /////110
   4.3 意味上における使い分け /////113

5 《蓋然性の可能》の分析
   ——〈傾向性〉と〈見込み〉について /////116

**6 「ha-l swu issta / epsta」と「（シ）ウル／エル」
の比較** /////119

7 おわりに /////122

第6章
韓国語における語彙的な可能形式（1）
補助動詞「cita」が表す
〈可能〉と〈自発〉について/////125

1 本章における研究対象/////125

2 主な先行研究/////126

3 「cita」が表す〈可能〉について/////129
 3.1 〈可能〉の意味を表す「cita」の構文的特徴/////130
 3.2 〈可能〉の意味を表す「cita」のタイプ分け/////132
  3.2.1 「過程の困難」を伴う場合/////132
  3.2.2 「過程の困難」を伴わない場合/////135

4 自動詞化する「cita」文について/////138

5 〈自発〉を表す「cita」について/////141

6 本章のまとめ/////143

第7章
韓国語における語彙的な可能形式（2）
韓国語の「toyta」の用法とその意味特徴/////147

1 「toyta」の自動・受動に関わる問題/////147
 1.1 自動・受動の意味を表す「toyta」/////147
 1.2 韓国語における「toyta」以外の受動表現/////151

2 〈可能〉の意味を表す「toyta」/////152
 2.1 本動詞（自動詞）の場合/////153
 2.2 接辞の場合/////155
 2.3 補助動詞の場合/////157

3 「toyta」と「cita」の違い/////159

4 本章のまとめ/////162

第4部
日本語と韓国語における可能表現の対照分析 /////165

第8章
日本語と韓国語の述語における可能形式のずれ（1）
日本語と韓国語における「否定の応答文」を中心に /////167

1　日本語と韓国語における可能形式の相違点 /////167

2　可能形式のずれに関わるテンス・アスペクト体系 /////168
　2.1　日本語と韓国語におけるテンス・アスペクト体系について
　　　——先行研究を中心に /////168
　2.2　可能表現に用いられるアスペクト形式について /////170
　　2.2.1　日本語の場合 /////170
　　2.2.2　韓国語の場合 /////173

3　日本語と韓国語の「否定の応答文」における述語形式のずれ /////174
　3.1　日本語の「否定の応答文」 /////175
　　3.1.1　現在までに完了していない出来事 /////175
　　3.1.2　現在と切り離されている出来事 /////177
　3.2　韓国語の「否定の応答文」 /////178
　　3.2.1　現在までに完了していない出来事 /////178
　　3.2.2　現在と切り離されている出来事 /////181

4　本章のまとめ /////183

第9章
日本語と韓国語の述語における可能形式のずれ（2）
《実現可能》における可能形式のずれを中心に ///// 187

1 問題提起 ///// 187

2 日本語における《実現可能》の意味・用法 ///// 188

3 《実現可能》の〈条件不問型可能〉における可能形式のずれ（1）
　　——〈条件不問型可能〉の肯定文 ///// 191
　3.1 発話時における過去の出来事や動作完了を表す場合 ///// 191
　　　3.1.1 発話時における過去の出来事 ///// 191
　　　3.1.2 発話時における動作完了 ///// 192
　3.2 発話時における動作・状態の継続を表す場合 ///// 196

4 《実現可能》の〈条件不問型可能〉における可能形式のずれ（2）
　　——〈条件不問型可能〉の否定文 ///// 200
　4.1 発話時における過去の出来事を表す場合 ///// 200
　4.2 発話時における動作・状態の継続を表す場合 ///// 202

5 考察のまとめ ///// 203

6 結論 ///// 205

終章
おわりに ///// 209

1 本書のまとめ ///// 209

2 今後の課題 ///// 213

| あとがき ///// 215

| 参考文献 ///// 217

| 索引 ///// 226

序章
はじめに

1 研究目的

　日本語と韓国語は基本的に語順が同じで文法体系も似ていることから、日本語母語話者、韓国語母語話者にとって互いに学びやすいはずである。その反面、学習上における困難もまた多い。本書で扱う可能表現もそうした困難の一つである。それも、隠れた困難の一つと言える。しかしながら、これまでの日本語と韓国語の対照研究において、可能表現に関する対照研究は極めて少ない。これは、両言語の対照研究において可能表現が他の表現に比べ、重視されていなかったために後回しにされてきた可能性もあるが、何より〈可能〉の意味を表す形式が韓国語研究において明示的に取り出されていないことに起因すると考えられる。つまり、韓国語研究において可能表現を一つの文法カテゴリーとして扱うことが確立されていないため、日本語の可能表現との対照研究がほとんど為されていなかったと言える。筆者は、日本語と韓国語の可能表現を対照し、韓国語母語話者に対する日本語教育、日本語母語話者に対する韓国語教育で活用できる可能表現の体系を示すことを目指して研究を行っているが、そのためには、まず両言語の可能表現に関する全体像を明示する必要がある。
　よって、本書では日本語と韓国語それぞれの教育において活用できる、可能表現の体系を作り上げるための鳥瞰図を提供することを目的とする。主に、可能形式を文末述語とする現代の日本語と韓国語の可能表現の用例を詳しく取り上げ、その意味、用法と構文的な特徴を明らかに

するとともに、両言語における可能表現の類似点と相違点を明確に示したい。

2　研究対象

例えば、「明日、来られる？」「うん、行けるよ。」「じゃ、一緒に食事できるね。」といった具合に、私たちの言葉は、〈ある事柄をすることができるかどうか〉を表す表現を持っている。このような表現をまず〈可能表現〉と呼んでおこう。面白いことに、可能表現は様々な言語にそれぞれ独自のありかたで形作られている。語順がほぼ同じで文法体系がよく似ていると言われる日本語と韓国語でも、こうした可能表現のありようは互いに個性を放っている。そして、日本語と韓国語それぞれの学習において、この可能表現はしばしば気づかれにくい難関となっている。本書は、こうした可能表現のありようを見ようとするものである。本書では、日本語から見た韓国語、韓国語から見た日本語の両方の視点を兼ね合わせた複合的な研究を試みる。

本書で扱うのは、現代日本語の共通語と現代韓国語の標準語[1]である。いずれも基本的に書かれたテクストを言語資料とするが、必要に応じて作例を用いることもある。テクストの詳細は本書の末尾に示す。対象とする言語を、以下、簡単に日本語、韓国語と称する。

日本語の可能表現は、次の2通りの捉え方が可能である。

・狭義の可能表現　＝　文法的なものに限る
・広義の可能表現　＝　文法的なものと語彙的なものを含む

狭義の可能表現とは、「話せる、泳げる」などの可能動詞、「見られる、開けられる」などの助動詞ラレル、「勉強できる、合格できる」などの動詞デキル・(スル)コトガデキル、「あり得る、起こり得る」のように蓋然性を表す（シ）ウル／エルを可能形式とするものである。一方、広義の可能表現には、難易を表す形式（避けがたい・予想しにくい）、話し手の不承知を述べる形式（分かりかねる・かねない）や「〜することが可能だ・〜することがむずかしい」などの迂言的な表現形式が含まれる。

渋谷勝己（2006: 60）は、このような広義の可能表現について「可能形式の多くがもともとはほかの意味を担っていた形式が文法化することによって成立したものであるという歴史的な経緯と、主に可能の意味を担う形式が語用論的に隣接する意味領域をも担うようになるという使用のあり方による」と述べている。

本書では、日本語の可能形式において形態的な可能形式、すなわち狭義可能だけを研究対象とする。

一方、韓国語において可能表現を一つの文法カテゴリーとして扱っている研究は極めて少ない。そのため、可能表現の形式、意味、用法、機能も明確に位置付けられていないのが現状である。これは、韓国語において日本語の可能動詞のような、〈可能〉を言い表す専用の可能形式がないことに起因すると考えられる。そこで、本書では現代日本語の可能表現の文法体系や意味分類、用法、構文的な特徴などを参考にしながら、韓国語の可能表現の姿を見出していきたい。本書では、日本語と韓国語の可能表現において形態的な可能形式を中心に考察を行うが、韓国語において語彙的な可能表現の担い手と言える「-아/어지다 -a/e cita」（ある状態になる）[2]、「되다 toyta」（ある状態になる・出来上がる）についても考察を試みる。これは、日本語において形態的な可能形式で表現される可能文が、韓国語では語彙的な形式で表されることがよくあるからである。

3　本書の構成

本書は、大きく3本柱で成り立っている。①日本語の可能表現における動詞の意志性と意味分類、②韓国語の可能表現における可能形式の用法と意味特徴、③日本語と韓国語の可能表現における述語形式の対照分析がそれである。これらは対等な関係にあるが、韓国語研究において可能表現は、文法的・意味的なカテゴリーとして明確に取り出されておらず、輪郭があいまいであるため、韓国語の可能表現に関する考察は、可能表現の文法体系やその意味特徴がより明白である日本語の可能表現を参考にして行う。

まず、第1部に当たる第1章では主に先行研究を用いて日本語と韓国語における可能表現について概観する。第2部の第2章と第3章では、

日本語の可能表現の研究において残されている問題を明らかにする。第2章では日本語における「動詞の意志性」と可能形式との関わりについて考察し、第3章では、日本語の可能表現の意味分類について考察を試みる。

　第3部に当たる第4章から第7章においては、可能表現の日韓対照研究の準備的考察も兼ねて、日本語の可能表現を手掛かりとしながら、韓国語の可能表現における可能形式を取り出し、その意味特徴と用法を明らかにする。韓国語における可能形式を大きく「形態的な可能形式」と「語彙的な可能形式」に分け、前者を第4章と第5章で後者を第6章と第7章で詳しく考察する。まず、第4章で形態的な可能形式間における意味上の重なりや相違点を明らかにし、第5章で韓国語の代表的な可能形式である「할 수 있다/없다 ha-l swu issta / epsta」を取り上げ、その意味・用法と構文的な特徴を明確に示す。

　次の第6章と第7章では、韓国語の可能表現における「語彙的な可能形式」について取り上げる。文法的な制限が強く、使用場面も限られていて生産的な形式とは言えないが、意味的な面において可能の意味を担っている「-a/e cita」「toyta」について述べる。主に受身や状態変化を表す形式として用いられる「-a/e cita」「toyta」がどのような構文的な特徴により〈可能〉の意味を表すようになるかを、それぞれ第6章と第7章で考察する。

　第4部に当たる第8章と第9章では、日本語と韓国語における可能表現の対照分析を行う。韓国語の可能表現を日本語の可能表現と照らせ合わせながら、可能表現の述語において生じる可能形式のずれについて考察を行う。終章の結びでは、本書のまとめと今後の課題を述べる。

4　本書で用いる言語資料と記号

本書で用いる言語資料は、以下の通りである。

【日本語の可能表現における言語資料】
・単行本の『天声人語』(1999)(2000)
・『新潮文庫の100冊 CD-ROM版』をテキスト化したもの

・『現代日本語書き言葉均衡コーパス』モニター公開データ BCCWJ
（2009 年度版）

【韓国語の可能表現や、日本語と韓国語の対照分析における言語資料】
・翻訳版のある日本語と韓国語の小説 6 冊（日本語 5 ＋ 韓国語 1）
・対訳版のあるネット上の新聞社説
『中央日報』の日本語版「噴水台」2008 年 6 月〜12 月
・ネット上のコーパス用例検索サイト
高麗大学（http://transkj.com/）、KAIST（http://morphkaist.ac.kr/kcp/）、
21 世紀世宗企画（http://sejong.or.kr/）

言語資料に関する詳しい説明は関連する各章で行うことにする。
　用例の提示方法は、原文が日本語の場合は日本語の用例に、韓国語の場合は韓国語の用例に出典を明示する。引用者が訳したものは［　］で表し、出典がないものは作例である。
　韓国語は、「Yale 方式」ローマ字表記法を用いて表記するが、初出に限ってハングルも一緒に表記する。韓国語の引用文献の著者名の表記は漢字を用いるが、漢字表記がない場合はハングル文字の読みを「Yale 方式」で表記する。韓国語の用例の場合は該当する述語のみを表記し、他は紙面の都合上割愛する。
　本書では、非文法的な文の場合「*」、不自然な文の場合「?」を、該当文の前に付け加える。文法性の判断は数人の母語話者に意見を伺ったものである。

注　[1]　ソウルの方言が基礎となっている。서울대학교 한국어문학연구소・국어교육연구소・언어교육원 공편（ソウル大学　韓国語文学研究所・国語教育研究所・言語教育院　共編：引用者訳）(2012) を参照されたい。
　　[2]　動詞 'cita' が連結語尾 '-아/어 -a/e' と結びついた補助動詞である。前に来る本動詞の終音が '-a' か '-o' で終われば後ろに '-a' が来て、それ以外の音で終われば '-e' が来る。ただし、하다 hata 動詞（日本語のスル動詞に相当する）の 'ha' で終わる場合は、'ye' が来る。例）가다 kata → ka cita、쓰다 ssuta → ss-e cita、하다 hata → ha-ye cita など。

第1部
日本語と韓国語
における
可能表現の概観

第1章では、先行研究を中心に日本語と韓国語の可能表現を概観していく。まず、1節では可能表現とは何かについて考える。次に、2節で可能形式を整理し、3節で可能表現の形態的・語彙的な性格について述べる。そして、4節では両言語の可能表現に関する先行研究を取り上げ、どのような点に注目して研究を行っているか、何が明らかとなり、残された課題は何かを説明する。

第1章
日本語と韓国語における可能表現の様相
先行研究を中心に

1 可能表現とは

本節では、可能表現とはどのようなものを指すのかその定義を明確にしていく。

1.1 先行研究における可能表現の定義

まず、可能表現の定義について見ていくことにする。

時枝誠記（1955: 180）は、『国語学辞典』で「可能とは、ある動作が、その動作の主体において実現する状態を表す。したがって、場合に応じて、主語の能力（百まで数えられる）、あるいは動作が許容されることを表す（軽い食事が食べられるようになる）。また、動作の主体の意志とは無関係に動作が実現する場合にはこれを自然可能（自発。山田文法では自然勢）とも言う（昔のことがしのばれる）。」とし、可能・自然可能・受身は、一貫した表現法として取り扱う必要があると述べている。

松村明編（1971: 124）の『日本文法大辞典』では、可能を「有情物（人またはその他の動物）が動詞によって表される動作をする可能性を有する意を表す」としている。

また、青木玲子（1980: 169）は、可能表現を「動詞が種々の形式によって相の一種である可能相をとったもの」とし、その意味について「動作主体がある動作を実現する力を有すること、又ある状態になる見込みがあることである。従って、この表現は、全体が動詞であっても状態性のものである。命令形がないのもこの故である」と説明している。

渋谷勝己（1993a）は、可能表現を「人間その他の有情物（ときに非情物）がある動作（状態）を実現することが可能・不可能であること、あるいはあったことを表す表現形式類を、その形式・意味・構文その他の特徴について総合的にとらえたものである」とし、「「ある動作ができる」というときの「ある動作」とは、常に話し手が期待する（待ち望む）動作、より正確には動作主体が期待している（待ち望んでいる）であろうと話し手が考える動作でなければならない」と述べている。

　一方、韓国語における可能表現の研究で「할 수 있다/없다 ha-l swu issta / epsta」を「可能／不可能」を表す形式として挙げているものはあるが、可能、または可能表現について定義しているものは管見の限り見当たらない。これは、上述したように韓国語において可能表現を一つの文法カテゴリーとして扱っている研究がほとんど為されていないことに起因すると考えられる。国語辞典の『標準国語大辞典』や『延世韓国語辞典』に、〈可能〉を「し得る、またはできる」と記しているだけである。

1.2　本書における可能表現の定義

　一口に可能表現と言ってもその定義は様々で、可能表現のすべての用法を網羅する定義を立てることは非常に困難であるが、本書では、可能表現を「動作主（主に有情物）の期待する、もしくは動作主が期待しているであろうと話し手が考える動作・状態が実現する見込みがあるか否か、あるいは実際に実現したか否かを描き出す表現」であると捉える。また、可能表現を構成する文法形式を可能形式、可能形式を用いる文を可能文と称する。

2　日本語と韓国語における可能形式

2.1　日本語の可能形式

　現代日本語（共通語）の可能表現の形式を簡単にまとめると次の通りである（渋谷勝己1993a: 6参照）。

（ⅰ）五段活用動詞が一段活用に転じたもの（可能動詞）：書ケル、読メル、歩ケル
一段活用動詞の未然形＋助動詞「ラレル」[1]：見ラレル、起キラレル
特殊変化動詞
　　　「来る」　→　「来られる」
　　　「する」　→　「出来る」　：「する」は可能の接辞による形式がない
（ⅱ）動詞「デキル」を用いるもの
　・名詞＋デキル　　　　　　　：勉強デキル
　・名詞＋ガ＋デキル　　　　　：勉強ガデキル
　・動詞の連体形＋コトガデキル　：勉強スルコトガデキル
（ⅲ）動詞の連用形＋ウル／エル　：勉強シウル・シエル

　渋谷勝己（1993a: 4）は、これらの可能形式について「現代標準語には、シウルに見られる文体的な特徴やシガタイ・シカネルなどの広義の可能表現形式の持つ意味的特異性を除けば可能表現の形式間に意味の違いがほとんどないために、可能動詞やデキルなど、いずれの形式を取り上げて論じてみても、結果的にほぼおなじ分析結果に帰着する」と述べている[2]。
　次の【表1】【表2】は、これらの可能形式が辞書にどのように記されているかをまとめたものである。

【表1】

辞書	「可能動詞」	「-ラレル」[3]
広辞苑 (1955)	四段(五段)活用の動詞が下一段活用に転じて、可能の意味を表すようになったもの。「読める」「書ける」の類。命令形を欠く。中世末頃から例が見え、明治以降には多くの語に及ぶ。大正末頃「来れる」「見れる」など四段活用以外にも類する例が見え、昭和末にはラ抜きことばとして広まる。	【助動】(活用は下一段型) 上一段・下一段・カ変・サ変の動詞、助動詞「セル・させる」の未然形に接続。五段動詞には「れる」が付く。サ変で「さ」に「れる」が付くこともある。文語形は「らる」→れる。①自発を表す。②可能(許容も含めて)を表す。近世では否定表現の中で使われることが多い。「美しい桜の花が見られる」③尊敬を表す。④受身を表す。
大辞林 (1990)	広辞苑(1955)と記述内容において違いがほとんど見られない。	【助動】〔自発・受け身・可能・尊敬の助動詞「らる」の口語形。中世以降の語〕下一段活用。ただし、可能・自発・尊敬の意を表す場合には、命令形は用いられない。(接続規定は、広辞苑(1955)と同様:引用者注) ◆可能の意を表す。 ㋐動作・作用が主体の能力によって実現可能なことを表す。 ㋑動作・作用の遂行が許容されていることを表す。 ㋒動作・作用の対象の能力・程度などを評価することを表す。 ◆自然にそうなる意、すなわち自発の意を表す。心情的な表現に用いられることが多い。
日本国語大辞典 (1972)	(広辞苑(1955)の内容に付け加えて:引用者注)発生については諸説があり、明らかではない。 ＊解説日本文法(1931)〈湯沢幸吉郎〉二・六・一「普通動詞として四段活用に属する口語動詞は、大方可能動詞になるが、文語のラ変から来た『ある』のやうに、例外となるものもある」	【助動】(活用や接続規定は、広辞苑(1955)と同様:引用者注) 文らる ①可能を表す。ある動作をすることができる意を表すのに用いられるのが普通で、中世末以降、打消を伴わないで可能の意を表すのにも用いられる。 ②自発を表す。ある動作、主として心的作用が自然に、無意識的に実現してしまうことを示す。 ◆「れる(文る)」と意味・用法は等しいが、未然形がア段となる動詞には「れる(る)」が付く、というように、接続に分担がある。ただし、近年「られる」を使うべきところに「れる」を代行させる例が、特に口語の可能表現に多く見られるようになっている。 ◆自発・受身・可能・尊敬の意味は、推移的に変化しているため、個々の用例においては、いずれと決めにくい場合がある。

【表2】

辞書	デキル	ウル／エル
広辞苑 (1955)	【自上一】◆（それについての）能力・才能がある「英語が―」 ◆可能だ。また、…する能力または権利がある。「進級―」「誰でも請求することが―」	◆「得る」（他下一）の文語形「得る」（下二）。現代語でも終止形・連体形として使うことがある。「承認を―」、「なにびとも参加し―資格をもつ」 ◆（活用語の連体形に「を」または「こと（を）」の付いた形[4]、また、動詞の連用形に付いて）可能とする。…できる。
大辞林 (1990)	◆能力・可能性がある。近世以降の用法。 ㋐おこないうる。「そんなことは私には―・きません」 ㋑それをうまく行える。「彼はスキーが―」 ㋒動作性の名詞を受けて、…をすることが可能であるという意を表す。 ㋓サ変動詞の語幹に付いて、…することが可能である意を表す。「八時にはスタート―」	（活用や接続規定は、広辞苑（1955）と同様：引用者注） ◆動詞の連用形の下に付いて、可能の意を表す。…することができる。「できうることならば、もう少し日時」がほしい」「一言の言葉もかわしえないで別れた」
日本国語大辞典 (1972)	◆能力や可能性を持つ。 ①物事を良くする。学問や技芸などにたくみである。その方面の能力がある。長じている。 ②人柄などが円満ですぐれている。 ③することが可能である。することが許される。動作を表す語を受けて、その動作をすることが可能である意を表す。	（広辞苑（1955）の内容に付け加えて：引用者注）（動詞の連用形に付けて補助動詞のように用いる）…できる。

　このように、いずれも可能の意を表す文法形式として記載されているため、辞書に記されている内容だけで各可能形式の意味の違いや重なり、またはその用法を区別することは難しい。渋谷勝己（1993a: 4）の指摘通り、可能形式間における意味的な違いは見られないが、実際、データをもとに分析を試みた結果、「可能動詞」「V‐ラレル」の方は会話文に多く、話し言葉的であるのに対し、「（スル）コトガデキル」は論理的

な説明文によく現れるといった文体的な特徴が見られる。また、「可能動詞」「V-ラレル」は意志動詞に偏って用いられるのに対し、「(スル) コトガデキル」は意志性の低い動詞にも使用し得る点が特徴的である。これは、「(スル) コトガデキル」が分析的な形式[5]で、「動詞（句）部と可能部が線条的に配置されることによって、動詞部と可能部が融合している可能動詞より、動詞（句）部の独立性が高くなる」（渋谷勝己1993a: 11）からである。つまり、動詞（句）部あるいは補文に対する制約が、「可能動詞」「V-ラレル」ほど強く働かないため（共起制限が低い）、意志性の低い動詞にも用いることができる。このように「(スル) コトガデキル」が、「可能動詞」「V-ラレル」に比べ文法的な共起制限が低いことを、渋谷勝己（1993a）は「スルコトガデキルの広分布性」、金子尚一（1986）は「デキルの優位性」と称している。

これに対し、「動詞の連用形＋ウル／エル」（以下、「(シ) ウル／エル」と表記する）は書き言葉の無意志的動詞に付くことが多く、他の形式に比べ生産性が低い。意味上においても、〈可能〉の意味より蓋然性を表すことが多い（「このままでは同じ事故が起こり得る」類）。

以上のように、「可能動詞」と「V-ラレル」における構文的な特徴や意味的な違いが見られないことから、以下では、便宜上「可能動詞」と「V-ラレル」を合わせて「可能動詞」と称する。また、「(シ) ウル／エル」は文末の述語に用いられる場合、基本的に無意志動詞に付いて事象の蓋然性を表すことから、通常の可能形式とはせず、《蓋然性の可能》を表す可能形式として捉える。

2.2　韓国語の可能形式

韓国語において可能表現に用いられる文法形式はいくつかあるが、生産性のある可能形式をまとめると次のようである。本書では、次のように生産性を有する三つの形式だけを韓国語の形態的な可能形式として捉える。

（ⅰ）動詞の語幹＋連体形語尾「-(으)ㄹ-(u)l」[6]＋形式名詞「수 swu」＋動詞「있다 issta / 없다 epsta」
　　　（以下、動詞に「-(으)ㄹ 수 있다 / 없다 -(u)l swu issta / epsta」を付けた

形を「할 수 있다/없다 ha-l swu issta / epsta」で代表させ、表記する）
（ⅱ）動詞語幹＋連体形語尾「-（으）ㄹ -(u)l」＋形式名詞「줄 cwul」
　　　＋動詞「알다 alta/모르다 moluta」
　　　（以下、動詞に「-（으）ㄹ 줄 알다/모르다 -(u) l cwul alta / moluta」を付けた形を「할 줄 알다/모르다 ha-l cwul alta / moluta」で代表させ、表記する）
（ⅲ）不可能専用の可能形式
　　　・副詞「못 mos」＋動作動詞
　　　・動詞の語幹＋補助動詞「-지 못하다 -ci moshata」
　　　（以下、動詞は日本語の「スル」に相当する「hata」で代表させて、表記する。「못 하다 mos hata」と「-지 못하다 -ci moshata」は、便宜上「못 하다 mos hata / 하지 못하다 ha-ci moshata」で代表させ表記するが、必要に応じて適宜上、別々に扱うこともある）

　（ⅰ）の「ha-l swu issta / epsta」は、「（スル）こと」を意味する形式名詞「수 swu」に有無を表す「있다 issta（ある）」／「없다 epsta（ない）」を組み合わせた分析的な形式で、日本語の「（スル）コトガデキル／デキナイ」に意味的（意訳の場合。直訳では「（スル）すべがある／ない」に近い）にほぼ対応していると言える[7]。
　（ⅱ）の「ha-l cwul alta / moluta」は、動作動詞と結びつき、「ある行為をする方法を知っている／知らない」という意味を表すことから、動作主の能力を表す可能表現に用いられるが、単に動作主がある事実を知っているか否かを表すこと（「오늘 너가 올 줄 몰랐다 onul neka ol cwul mollassta（今日、君が来るとは思わなかった）」類）もある。本書では、ある行為の方法を知っているか否かといった、動作主の能力を表す「ha-l cwul alta / moluta」だけを可能形式として捉える。
　次の【表3】【表4】は、韓国語において可能表現として用いられる述語形式「ha-l swu issta / epsta」「ha-l cwul alta / moluta」が、辞書でどのように記載されているかを簡単に整理したものである。

第1章　日本語と韓国語における可能表現の様相

【表3】[8]

辞書	「ha-l swu issta / epsta」
『延世韓国語辞典』(1998)	依存名詞「swu」の項目に記載されている。'-l / ul swu (ka) issta / epsta'の形で用いられ、「(ある事を成す) 可能性や能力、機能」を表す。
『外国人のための韓国語学習辞典』(2004)	依存名詞「swu」の項目に記載されている。'-l/ul swu (ka) issta / epsta'の形で、「ある事を成す可能性や力がある/ない」
『コスモス朝和辞典』(1991)[9]	名詞の「swu」の項目に記載されている。'-l/ul swu (ka) issta / epsta'の形で、「-する事が出来る/出来ない」
『韓国語文法辞典』(2004)	〈統語的構文〉'-l / ul swu (ka) issta / epsta'「連体形語尾 -(u) l + 形式名詞 swu + issta / epsta 動詞」・動作動詞とのみ使われ、'swu'の後ろに主格助詞'ka'を付けて用いることもある。可能性、あるいは能力を表す表現。

【表4】

辞書	「ha-l cwul alta / moluta」
『延世韓国語辞典』(1998)	形式として特に触れていない。依存名詞「cwul」:(語尾'-l'に付いて) ある事をする方法や能力。
『外国人のための韓国語学習辞典』(2004)	依存名詞「cwul」の項目に記載されている。'-l/ul cwul(ul) alta / moluta'の形で、「ある事をする方法を知る／知らない、ある事が出来る／出来ない」
『コスモス朝和辞典』(1991)	名詞「cwul」の項目に記載されている。'-l cwul(ul) alta / moluta'の形で、「-することができる／できない」
『韓国語文法辞典』(2004)	〈統語的構文〉'-l cwul(ul) alta / moluta'「連体形の語尾 -l + 名詞 cwul + 動詞 alta / moluta」'cwul'は形式名詞で前に来る言葉を名詞節にし、その後ろに 'alta / moluta'が結合した形。・ある行為を知っているか知らないか、あるいは能力があるかないかを表す場合に用いられる。このときは動作動詞とだけ結びつき、連体形語尾は '-(u) l'だけ使うことができる。

　このように辞書では、「ha-l swu issta / epsta」「ha-l cwul alta / moluta」を依存名詞「swu」と「cwul」の用法の一つとして挙げている。これらの辞書から共通して見られるのは、「ha-l swu issta / epsta」が、ある事を

成す可能性や能力の有無を表し、「ha-l cwul alta / moluta」は、ある事を成す方法を知っているか否か、もしくは能力があるかないかを表すということである。これらの辞書で記載されている内容だけで両形式を区別することは容易なことではないが、いずれも〈可能〉を表す形式として捉えることができる。

（ⅲ）の「mos」は、否定専用の副詞で動作動詞と共起し不可能の意味を表す。「-ci moshata」は肯定文を否定文に変えることができる補助動詞で、副詞「mos」と同じく基本的に不可能の意味を表す。要するに、「mos hata」「ha-ci moshata」は否定を表す形式で、通常不可能の意味でしか用いられない点が他の可能形式と大きく異なる。次の【表5】は、辞書で「mos hata / ha-ci moshata」がどのように記載されているかをまとめたものである。

【表5】

辞書	「mos hata / ha-ci moshata」
『延世韓国語辞典』（1998）	・副詞「mos」：動詞の前に用いられ、（その動詞の表す行動が）'出来ないこと'、または'してはいけないこと'を表す。 ・動詞「moshata」：(ある動作やある事の行いが一定の水準に) 及ばない。 ・補助用言「moshata」： ①動詞の活用刑 + -ci moshata」：出来ないようになる ②「主に'-다 못하여/못한 -ta moshaye/moshan'の形で用いられ」：(ある行動が) それ以上耐えられない。
『外国人のため韓国語学習辞典』（2004）	・副詞「mos」：動詞の前に用いられ、'（それが）出来ない'という意味や、'（何かを）する方法を知らない'、'能力がない'といった意味。 ・動詞「moshata」：(何かを) うまく出来ない。 〔反〕잘하다 calhata（よく出来る） ・補助用言「moshata」： ①動詞の語幹 + -ci moshata」（ある事が）出来ない。 ②「動詞の語幹 + '-ta [moshaye/moshan]'」（ある事が）それ以上続けることが出来ない、またはそれ以上どうにもならない。

『コスモス朝和辞典』 （1991）[10]	・副詞「mos」（話） 〔＋動詞、普通は無意志動詞には付かない〕：－出来ない、（自分の意志ではなく外的な理由により）－しない ・動詞「moshata」（書）：補助用言として「-ci moshata」を立てず、動詞「moshata」の用法として、「-ci(lul) moshata」、「-지(를) 못하고 있다 -ci(lul) moshako issta」を扱っている。 〔名詞＋名詞＋haci＋〕：－出来ない、（自分の意志ではなく外的な理由により）－しない ・-ci(lul) moshata〔動詞＋、普通は無意志動詞には付かない〕：－出来ない、（自分の意志ではなく外的な理由により）－しない ・-ci(lul) moshako issta：－出来ないでいる
『韓国語文法辞典』 （2004）	'mos' 否定[11]には副詞「mos」と補助動詞「-ci moshata」がある。これらが動作動詞と結合するときは、動作動詞の主体である主語の能力や、何らかの外部的要因のために、行為が出来ないことを表す。状態動詞には'-ci moshata'だけが使われるが、その時にはある状態が話者の期待に及ばないことを表す。

　「mos hata」と「ha-ci moshata」において、意味上の違いはほとんど見られないが、短い形の「mos hata」の方が話し言葉的で会話文に多く用いられる傾向がある。基本的に音節が長い動詞には補助動詞「-ci moshata」が付きやすいが、状態動詞においては音節に関係なく「-ci moshata」のみが用いられる。これは、「-ci moshata」が動詞の後ろに付く補助動詞で動詞句に対する制約が弱い（共起制限が低い）からであろう。

　一方、「mos hata / ha-ci moshata」は、否定法においていわゆる「mos否定文」と言われるもので、李翊燮・蔡琬（1999）は、「an」と「mos」を否定辞として取り上げ、「an」を用いる否定文を「an否定文」、「mos」を用いる否定文を「mos否定文」と捉えている[12]。李翊燮・蔡琬（1999）によると、「「안 참다 an chamta（耐えない）」は耐える能力はあるが、耐える意図がないという意味で、「못 참다 mos chamta（耐えられない）」は耐える意図があっても性格上それを耐える能力がないという意味をもつ」と言う。また、「「mos否定文」は意図はあるが能力が足りなかったり、または他の要因によって主体の意志通りにならない事態を表したりするためによく「能力否定」、または「他意否定（他要因による否定：引用者注）」と呼ばれる」と説明し、次の例を典型的な能力否定、他意否定の例として、挙げている。

a. 아무리 낑낑거려도 이 바위는 도저히 {mos, *an} 들겠다.
   いくら頑張ってもこの岩は到底持てない。
b. 시간이 모자라 몇 문제는 끝내 풀지 {못했다 mos-hayss-ta, *않았다 anh-ass-ta}
   時間が足りなくていくつかの問題は結局解けなかった。

徐正洙（1996: 959）は、「mos hata」を「선행 부정（先行否定：引用者訳）」、「ha-ci mos hata」を「후행 부정（後行否定）」と称し、その違いを次のように捉えている。

> 후행 부정（本書の「ha-ci moshata」）은 선행 부정（本書の「mos hata」）방식보다 더 널리 쓰이는 경향이 있다. 특히 후행 부정은 용언에 따른 제약이 훨씬 적다. （중략）후행 부정은 선행 부정보다 분포가 넓고 특히 복합문이나 문어체 문장에서의 사용 빈도가 높다. 간단한 대화체 문장에서는 선행 부정이 자주 쓰이는 경향이 있으나 긴 문장이나 격식적인 표현들에서는 후행 부정이 더 많이 쓰인다. 그 까닭은 확실히 알 수 없으나, 후행 부정이 음운론적 제약이 비교적 적고, 복합문의 경우에도 비교적 명확한 부정 표현을 할 수 있는 장점이 있기 때문이라 생각된다.
> 後行否定（本書の「ha-ci moshata」）は、先行否定（本書の「mos hata」）より、広く用いられる傾向がある。特に、後行否定は用言による制約が遙かに少ない。（中略）後行否定は、先行否定より分布が広く、特に複文や文語体の文章での使用頻度が高い。簡単な会話文では先行否定がよく用いられる傾向があるが、長い文章や硬い表現には後行否定の方が多く用いられる。その明確な理由は分からないが、後行否定の方が比較的に音韻論的制約が少なく、複文においても比較的明確な否定表現ができる長点があるからであると考えられる。　　　　（引用者訳）

この他に、「mos hata / ha-ci moshata」は、「그 영화는 아직 못 봤다 {ku yenghwa-nun acik mos pwass-ta}（その映画はまだ見ていない）」のように、「（まだ）〜していない」といった動作未完了や未経験などを表す際にも用いられる。つまり、可能表現において何かしらの事情でまだ動作主の期待

する実現に至っていない〈未実現〉を表すこともある[13]（用例 (1)、(2) は『コスモス朝和辞典』(1991) の例）。

(1) この本は時間がなくてまだ読んでいないよ。
이 책은 시간이 없어서 아직 못 읽었어요 {mos ilk-ess-eyo}.
(2) 機会がなくてその書類はまだ提出していない。
기회가 없어서 그 서류는 아직 제출하지 못했다 {ceychulha-ci mos-hayss-ta}.
(3) A：ここにあった本見た？　　여기 있던 책 봤어？
　　B：いや、見ていない。　　아니, 못 봤어 {mos pwass-e}.
(4) A：今日、先生見かけた？　　오늘 선생님 봤어？
　　B：いや、見ていない。　　아니, 못 봤어 {mos pwass-e}.

このように、「mos hata / ha-ci moshata」は日本語において〈未実現〉を表す文に用いられることもある。また、「mos hata / ha-ci moshata」は、他の可能形式と違ってアスペクト形式「-ko issta（-テイル）」を付けることができる[14]（用例 (5)、(6) は『コスモス朝和辞典』(1991) の例）。

(5) 위가 아파서 아무것도 못 먹고 있어요 {mos mek-ko isse-yo}.
胃が痛くてまだ何も食べられないでいる。
(6) 나는 아직 그 사람을 만나지 못하고 있어요 {manna-ci mosha-ko iss-eyo}.
わたしはまだその人に会えないでいます。

このように、韓国語の可能形式「mos hata / ha-ci moshata」がまだ完結していない〈未実現〉をも表し得るのは、本来ある状態に至っていない、及ばないことを表す否定専用の副詞が動作動詞と結合することで不可能の意味が生じ、そこから広く用いられるようになったことに起因する。

この他に、「mos hata / ha-ci moshata」は「ha-l swu issta / epsta」「ha-l cwul alta / moluta」と違って、動詞に限らず、形容詞に付くこともある。この場合、「-ci moshata」だけが形容詞の語幹に付き、動作主の能力や動作主の置かれた状況が話し手の期待や基準に及ばず、残念である気持ち

を言い表す[15]（用例（7）、（8）は、白峰子（2004: 34）の例）。

(7) 긴장하면 행동이 자연스럽지 못하다 {cayensulep-ci moshata}.
　　緊張すると行動が自然にできない。
(8) 남자가 왜 그렇게 씩씩하지 못하니 {ssikssikha-ci mosha-ni}.
　　男がどうしてそんなに男らしくできないの。

　この他に、意味的な面において可能の意味を担っている「動詞の語幹＋-a/e cita」、「toyta」がある。これらは、文法的な制限が強く、使用場面も限られていて生産的な形式とは言えないが、形態的な可能形式を補う形で可能の意味を担っている点から、語彙的な可能表現の担い手として捉えることができる。本書では、「-a/e cita」、「toyta」を通常の可能形式とはせず、形態的な可能形式を補う語彙的な可能表現として捉える。以下、これらを「語彙的な可能形式」と称するが、「-a/e cita」は便宜上「cita」で代表させ、表記する。

　以上、2節では先行研究を中心に日本語と韓国語の可能形式について概観した。前述したように、日本語における可能形式は、意味上においてさほど変わりがないものの、「可能動詞」の方が話し言葉的で、会話文に多く用いられるのに対し、「（スル）コトガデキル」は書き言葉的で、論理的な説明文によく現われるという傾向が見られるが、韓国語の可能表現において、文体の違いだけで可能形式を使い分けることは非常に難しい。では、韓国語の可能形式はどのように使い分けることができるのだろうか。韓国語の可能表現の意味特徴とその用法については第3部で詳しく取り上げることにする。

3　可能表現の形態的・語彙的な性格

3.1　可能表現を構成する動詞——動詞の意志性について

　日本語における可能表現は、主に有情物の主体で動詞は意志的な動作に限られると言われてきた。しかし、日本語には同じ動詞であっても主体が有情物か非情物かによってその意志性が変わってくるもの（「2階へ

あがる」「物価があがる」）もあれば、そもそも動詞の意志性が判然としない動詞（「愛する、嫌う、恨む、喜ぶ、願う、楽しむ、悲しむ、落ち着く、困る」など）もある。では、可能表現における述語動詞にはどのような制約が働いているのだろうか。本節では、可能表現を構成する動詞の制約に重点を置いて見ていくことにする。

井上和子（1976: 84）は、可能文（花子には、ケーキがうまく焼けた）を自動詞文（ケーキがうまく焼けた）と対照しながら、可能文について「有生名詞句を主語として持たなければならない。しかも、補文の述語が主語の意志によって制御できる動作を表す動詞でなければならない。つまり、動作主格を主語としなければならないのである」としている。

また、寺村秀夫（1982a: 262）は、可能表現を構成する動詞について「可能態をとることのできる動詞は、これまでに何人かによって指摘されてきたように、意志的な動作を表すもの（〔＋意志〕）でなければならない」と述べている。寺村が言う〔＋意志〕と〔－意志〕の動詞についてもう少し考えて見よう。

日本語の動詞はそれがとる補語の種類によって一般的に自動詞と他動詞に分けられるが、ほとんどの他動詞は意志的な動きを表すのに対し、自動詞は意志的なもの（歩く、走る、動く、遊ぶなど）と無意志的なもの（典型的なのは自然現象や生理作用を表す動詞類）に分かれる。とはいえ、動詞の意志性を意志・無意志という単なる二分法で分けるのは容易なことではない。感情動詞を含む心理作用動詞にはどちらとも言えない動詞[16]が多く、意志・無意志動詞といっても最も典型的なものから段階的に意志の強弱が捉えられるからである。

動詞の意志性の問題においてまだ議論の余地は残っているが、これまでの先行研究に基づいて考えると次のことが言える。

> 一般的に動作主が意図を持ってある動作を引き起こそうとした時、その動作のコントロールができる意志動詞は可能表現を用いることができるが、動作主の意図によるコントロールができない無意志動詞は可能表現を用いることができない。

したがって、次のように動作主の意図によってコントロールのできな

い事態は可能表現に用いることができない。

(9) ＊雪がたくさん降ったからすぐ<u>積もれる</u>ね。／<u>積もることができる</u>ね。
(10) ＊この薬を飲めば風邪が<u>治れる</u>。／<u>治ることができる</u>。

　一方、韓国語の可能表現においても、このような述語動詞の意志性は関わってくる。前節の「韓国語の可能形式」で論じたように、韓国語においても可能形式は基本的に動作動詞、つまり意志性のある動詞に付くと捉えられる。不可能専用の可能形式である「ha-ci moshata」が意志性のない状態動詞に付くことがあるが、これは、「-ci moshata」が動詞の後ろに付く補助動詞で、動詞(句)部あるいは補文に対する制約が弱いことから、日本語の可能形式「(スル)コトガデキル」のように無意志動詞（典型的な無意志動詞である自然現象や生理作用は除く）とも結びつきやすいからである。よって、次の用例(11)、(12)は、それぞれ「泣くことができない」、「惹くことができなかった」に置き換えることができる。

(11) 성인이 되면 우리는 잘 <u>울지 못한다{wul-ci moshanta}</u>. 자신이 처한 상황과 사회적 지위, 체면을 먼저 고려하기 때문이다.
　　　　　　　　　　　　　　　　　　　　　　（中央日報2008.8.13）
　　　成人になれば私たちはあまり<u>泣かない</u>。自分がいる状況や社会的な地位、体面をまず考えるからだ。
(12) 바둑부, 장기부, 합창부, 문학부…… 그러나 어떤 것도 나의 흥미를 <u>끌지 못했다{kkul-ci mos-hayss-ta}</u>.
　　　囲碁・将棋部、合唱部、文学部……しかし、どれもボクの興味を<u>惹くには至らなかった</u>。　　　　　　　　　（五体不満足）

　白峰子（2004: 33）は、「ha-ci moshata」が状態動詞に使われる場合、ある状態が話者の期待に及ばないことを表すとしている。また、野間秀樹（2007a: 130）は、「一部の肯定的な意味の形容詞について、そこまで至らない意、基準に達していない意を表す。この場合には用言の前に'mos'をつける形はない」としている。これは、李翊燮・蔡琬（1999: 324）が、

形容詞に用いられる「ha-ci moshata」について、動作主の能力や動作主の置かれた状況が話し手の期待や基準に及ばず、残念である気持ちを表すという考えとも相通じる。しかしながら、このような傾向が形容詞に限られるものか、それとも状態動詞までをも含むものなのかについてはまだ議論の余地が残っている。可能表現に用いられる「ha-ci moshata」の意味特徴については、第4章でより詳しく考察することにする。

以上、3.1では可能表現を構成する動詞について見てきたが、では、可能表現はそもそもどのような場面で用いられるのだろうか。次は可能表現の持つ語用論的な特徴について考えてみよう。

3.2 可能表現の持つ語用論的な特徴
——動作主または動作主に対する話し手の期待

渋谷勝己（1993a: 9）によれば、用例（13）のように「動作が話し手の期待するものであれば、無意志動詞でも可能文を派生させることができる」が、用例（14）の場合は「命題内容が話し手の期待に反するものであると同時に、「落ちる」という動詞が「不注意から」といった副詞句とあいまってマイナス意志性を持つために不適格である」という。

(13) 私は計画していた通りにうまく穴に落ちることができた。
　　　　　　　　　　　　　　　　　　　　　　　　　　渋谷の例（12）
(14) *私は不注意から道の真ん中の穴に落ちることができた。
　　　　　　　　　　　　　　　　　　　　　　　　　　渋谷の例（13）

渋谷勝己（1993a）の主張のように、可能表現は語用論的な意味から考えると話し手の期待というムード性が関わっている。したがって、通常可能形式が付かない意志性が低い動詞でも、文中に動作主もしくは動作主に対する話し手の動作実現への強い期待が示されれば、可能文に用いることができる。

(15) 忍者は自分が消えたいと思う時はいつでも消えることができる。
(16) 家庭の家風もあるだろうし、本人の性格もあります。しかし、人は多少なりとも慣れることができる。（BCCWJ、生きるヒント）

(17) フン先生は、さすが本物の小説家、気迫がこもってました。お書きになることに、バランスがとれておりました。だからこそ、迫力のある、バランスのとれた元祖のブンが<u>生まれることもできた</u>ようなわけで……」
(ブンとフン)

特に「(スル)コトガデキル」は、森山卓郎(1988)の言う主体性が極めて低い動詞(動きの発生の原因が取り上げられない自発的自動詞：引用者注)とも共起できるタイプで他の可能形式に比べ、共起する動詞の範囲がかなり広い[17]。よって、動作主の意図によるコントロールができない無意志動詞であっても、典型的な無意志動詞である自然現象や生理作用を除けば、可能文に用いることができる。

一方、日本語において、有情物、特に人間にとって悪い結果をもたらす動詞「転ぶ、つまずく、倒れる、失う、遅れる、誤る、間違う、しくじる、しでかす、敗れる、(足を)滑らす」など(宮島達夫(1972：426)参照)は、動作主がある意図のもとでわざと行動を起こさない限り、可能形式をとることができないが、悪い結果を回避するためのものとして否定形の可能形式を用いることがある。次の例は、「遅れてはいけない」という主体の意志が働いている文で、主体の意志とは別個に存在する失敗を表す動作(「寝坊して授業に遅れてしまった」類)とは異なる。このように、動作主が意図してある動作を行う・行わない場合、すなわち主体の意志が事態実現に影響を及ぼす場合に限って可能形式を用いることができる。

(18) 医学書の写本のように返還日が決って絶対<u>遅れることができない</u>(遅れられない：引用者注)時は、頭を叩きながら写す。それでも眠くなる時は盥と手拭を横へ置き、冷えた手拭で顔を浸してはまた本に向う。
(花埋み)

「動作主にとって不利益や被害をもたらす動詞と結合しない」という語用論的な特徴は、韓国語においても当てはまる。本来可能表現が、動作主の動作・状態の実現への期待や意図を言い表すものである点から考えると、ある事態が動作主にとって望ましくない出来事である場合、当然のように動作主は避けようとするだろうし、その事態を動作主自らわ

ざわざ引き起こそうとはしないと考えられる。李翊燮・蔡琬（1999: 322）は、いわゆる「mos否定文」について、「潰れる、無くす、悩む、飢える、失職する、心配する、後悔する、失敗する」などは、能力があれば当然避けようとする状況を表すため、しようとしても能力がないという意味を表す「mos否定文」とは共起できないと述べている。

4 可能表現の先行研究と議論すべき課題

4.1 日本語の可能表現における研究課題

現代日本語における可能表現の研究は、形式より意味を優先とするアプローチが多い。「あらかじめ一定の意味分野を設定し、その意味を表すのに用いられる形式（とその類義形式）が構成する体系の具体相を考える」（渋谷勝己1993a: 4）研究法で、小矢野哲夫（1979, 1980, 1981）や金子尚一（1980, 1986）、奥田靖雄（1986, 1996）、渋谷勝己（1986, 1993a, 1995）などがそれに当たる。

一方、尾上圭介（1998a, 1998b, 1999）、川村大（2004）は、「ラレル形[18]述語」の多義の問題を論じる中で、〈可能〉の意味、用法を考察している。

現代日本語における可能表現の研究は共通語の可能表現を対象とすることが多いが、中には、中田敏夫（1981）、渋谷勝己（2006）のように方言の可能表現を考察の対象として取り入れ、共通語との関連を記述したものや渋谷勝己（1993a）のように可能表現の通時的・地域的な変化を分析したものもある。また、高田祥司（2006）のように東北方言と韓国語の可能表現を比較したものや、円山拓子（2007）のように方言を媒介語とし、日本語と韓国語の可能表現の対照研究を試みたものもある。

このように、これまで現代日本語の可能表現に関する研究は多く為されてきたが、可能表現の表す意味とそれを支える構造を結びつけて研究したものは少ない。また、一般に可能表現における可能形式は意志性を持つ動詞、すなわち意志動詞でなければならないと指摘されてきたが、「動詞の意志性」と可能形式との関わりを正面から扱い、その関連性を明らかにした研究はほとんど見当たらない。

よって、本書ではこれらを日本語の可能表現における研究課題と捉

え、次の第2部で考察する。

4.2 韓国語の可能表現における研究課題

　韓国語の文法研究において、〈可能〉の意味を表す表現を一つの文法カテゴリーとして扱っている研究は極めて少ない。〈可能〉を表す形式としてその意味を明らかにするより、形態を重視した分析が主流である。可能・能力・方法を表す「swu」、「cwul」は形式名詞の研究で、不可能・不能を表す「mos」は副詞や否定辞の研究の中で別々に取り上げられるだけで、〈可能〉を表す形式をまとめて取り上げ、形式上における意味の重なりや違いを探る研究は為されていない。〈可能〉に関する意味上の記述においても、モダリティの観点から命題の蓋然性や可能性などが言及されるだけで、「可能表現」として取り上げ、その形式や用法による意味分類は為されていない。韓国語研究において、可能表現は文法的にも、また意味的にも一つの文法カテゴリーとして明確に取り出されておらず、輪郭があいまいであると言える。

　したがって、本書では可能表現に関する研究が進んでいる日本語の可能表現を手掛かりとして、韓国語の可能表現における文法的な形式を取り出し、その意味特徴と用法を明らかにする。

4.3 可能表現の対照研究における研究課題

　日本語において可能表現に関する先行研究は数多くあるが、日本語と韓国語の可能表現に関する対照研究は非常に少ない。日本語と韓国語の可能表現について正面から取り組み比較対照しているという点で、鄭寅玉（1997）、円山拓子（2007）、李慶實（2009）は数少ない、貴重なものである。本節では、この三つの研究を簡単に紹介し、他の可能表現に関する先行研究は、関連する各章で取り上げることにする。

　円山拓子（2007）は、意味的な面において可能の意味を担っている「cita」を取り上げ、北海道方言の「ラサル」と日本語の「ラレル」の用法を比較している。北海道方言の「ラサル」を媒介語に、日本語の「ラレル」と韓国語の「cita」を対照し、「ラレル」にない「非情物主語の到達用法」[19] が北海道方言「ラサル」と「cita」に見られると指摘している。円山拓子（2007: 65）は、韓国語の「cita」について、これまでの研究では

「〈自動詞＋cita〉の場合「状態変化」、〈他動詞＋cita〉の場合「受身」というカテゴリーで論じられることが多かったが、(中略)（ⅰ）非情物が主語になり、(ⅱ)動作主を表す名詞句が共起せず、(ⅲ)到達アスペクトを表すという3つの特徴によって、新たに到達用法としてカテゴライズすることができる」と述べている。円山拓子（2007）のこの指摘が必ずしも当てはまるとは限らないが（詳しくは6章で述べる）、方言文法の視点を取り入れることで日本語と韓国語の対照研究に新たな可能性を示している点において高く評価できる。

　鄭寅玉（1997）は、日本語の可能表現で訳される「swu issta」「cwul alta」「i, hi, li, ki」「cita」「calhata」「manhata」を韓国語の可能表現として捉え、日本語の可能表現と韓国語の可能表現を比較しながら、韓国語の可能形式が持つ形態・統語・意味的な特徴を示そうとしている。日本語の可能表現の分析を踏まえて、韓国語の可能表現の体系を捉えようとした点で意義があるが、各形式の意味の違いや重なりに関する記述が不十分である。また、不可能を表す「moshata / ha-ci moshata」に関する言及が全くなく、用例のほとんどが作例で肯定文に偏っているため、韓国語の可能表現の体系や意味特徴が十分に捉えられているとは言い難い。

　一方、李慶實（2009）は、現代日本語の可能形式である「可能の助動詞・可能動詞」「デキル」「得ル」と現代韓国語の可能形式「-l swu issta / epsta」「-l cwul alta / moluta」「mos」との比較・対照を行い、両言語の可能表現における意味・用法上のずれと重なりを記述しようとしている点で注目できる。しかし、最初から日本語と韓国語の可能表現における各形式の意味、用法を規定し、それに合わせた対訳の用例のみを用いており、単語同士を照らし合わせて意味上のずれや重なりを示しているだけで、その要因に関する分析や記述がほとんど為されていない。

　以上のように、日本語と韓国語の可能表現に関する対照研究は、主に日本語の可能表現をもとに韓国語の可能表現の意味を探る段階に止まっており、両言語の可能表現における意味、用法の違いや重なりなどの分析はほとんど行われていない。

　よって、第3部で先行研究の成果と問題点を踏まえながら、可能表現の日韓対照研究の準備的考察も兼ねて、韓国語における可能形式の意味特徴とその用法を明らかにする。そして、第4部では日本語と韓国語に

おける可能表現の対照研究への試みとして、現代の日本語と韓国語の可能表現における述語形式を比較対照し、両言語における可能形式のずれについて考察する。

注 [1] 「ラレル」は可能専用の助動詞ではなく、受身や自発、尊敬の形式にも用いられる。語源が共通で、一つの形式が複数の意味に対応していると言える。五段活用動詞でも、受身と同じ形で可能の意味を表すことがあるが、現代語においては稀である。(行く－行かれる)

[2] 「この酒は飲める」「あいつは話せる (奴だ)」のように、話し手による動作対象や相手などに対する肯定的な評価を表す慣用的な表現においては、「(スル) コトガデキル」に置き換えることができない (渋谷勝己1993b)。

[3] 表では、本書と本質的に関わる〈可能〉と〈自発〉に絞って取り上げている。

[4] 「あきらめざるをえない」、「無量の沙門を聴受すること得^えき」

[5] 小矢野哲夫 (1980: 25) は、「(スル) コトガデキル」形式について「もとになる動詞が各成分を支配した節全体が、形式名詞「こと」によって客観化された事柄の実現の可能性を表現するものである。そしてこれは、分析的な表現である」と述べている。

[6] 前に来る用言の語幹が子音か母音かで分かれる。子音の場合は「ul」が母音の場合は「l」が付く。

[7] 鄭寅玉 (1997: 99) は、日本語の「(スル) コトガデキル」が「デキル」によって可能の意味が現れるのに対し、韓国語の「ha-l swu issta / epsta」は「swu」に可能の意味が含まれているとしているが、方法や手段を表す「swu」に可能の意味が含意されているとは考えにくい。

[8] 韓国語で書かれている辞書『延世韓国語辞典』(1998)、『외국인을 위한 한국어 학습사전 (外国人のための韓国語学習辞典：引用者訳)』(2004) の内容は、引用者が訳したものを、日本語で書かれている辞書『コスモス朝和辞典』(1991)、『韓国語文法辞典』(2004) の内容は、本文を要約して記載した。

[9] 本書では初版 (1988) ではなく、第2版 (1991) を参照した。

[10] 『コスモス朝和辞典』(1991) は、すべての動詞に'an'と'mos'との共起関係について記載している。これは従来の辞書では行うことのなかった初めての試みである。

[11] 否定法の文法形式として'an'と'mos'の意味を比較している (p.34参照)。'an'は「能力や外部条件に関係なく、したくないことを表す」のに対し、'mos'は「能力が及ばないか期待に達さないことを表す．動作動詞の場合'-l swu epsta'と置き換えられる」と述べている。

[12] 李翊燮・蔡琬 (1999) は、副詞「mos」を述語の前に用いる「mos hata」を「短形否定文」、述語動詞の語幹に「-ci moshata」を付ける「ha-ci moshata」を「長形否定文」と区別して使用している。

[13]	これについては、第8章で詳しく取り上げることにする。
[14]	他の可能形式と違ってアスペクト形式と共起し得ることから、金美仙（2006: 312）は、「mos hata / ha-ci moshata」に他の可能形式の機能を補っている部分があると捉えている。
[15]	李翊燮・蔡琬（1999: 324）を参照されたい。
[16]	「愛する、憎む、悲しむ、親しむ、楽しむ、喜ぶ、望む、耐える、頼る、忘れる、泣く、笑う、諦める、気遣う、打ち解ける、甘える、なじむ、なつく、馴れる、想像する、尊敬する、感謝する、軽蔑する、安心する」など。
[17]	これを金子尚一（1986）は「デキルの優位性」と呼び、渋谷勝己（1993a）は「スルコトガデキルの広分布性」と呼んでいる。
[18]	尾上圭介、川村大は五段活用動詞にいわゆる助動詞のレルが付いた形、それ以外の活用の動詞にラレルが付いた形を一括してこう呼んでいる。
[19]	非情物主語の文で動作主を表す名詞句と共起せず、到達アスペクト（結果状態）を表す用法。「毎日履いたので靴底がすりへっている」のタイプ：引用者注

第2部
現代日本語の可能表現における動詞の意志性と意味的類型について

第2部では、日本語の可能表現の研究において残されている問題を明らかにする。この第2部は、第2章と第3章から成り立つ。

第2章では、「動詞の意志性」に焦点を当て、可能形式との関わりを視野に入れながら考察を行う。一般に「動詞の意志性」は、意志か無意志かという二分法で分けられると言われてきたが、「動詞の意志性」がきれいに意志と無意志に分けられるとは考えにくい。また、これまで日本語の可能形式は、意志性を持つ動詞、すなわち意志動詞だけが可能形式をとるとされてきたが、1章でも簡単に触れたように日本語には無意志動詞と言われる動詞が可能文に用いられる場合（「昨日はぐっすり眠れた」「人前では怒れない」）もあれば、そもそも動詞の意志性が判然としない場合もある。そこで、2章では実例に基づき、332の基本動詞と「主体の意志表現形式」との共起関係を基準に「動詞の意志性」を測り、可能形式との関わりについて考察する。「主体の意志表現形式」とは、主体の意志を明白に表す際に用いられる形式である。2章では、動詞の意志性のテストフレームとしてよく用いられる「願望（-タイ）」、「誘い（-(ヨ)ウ）」、「禁止（-ナ）」、「命令（-(シ)ロ）」と主体の明確な意志表明を表す「意志（-ツモリ（ダ））」、一回的な意図的行為を表す「試し（-テミル）」、「もくろみ（-テオク）」形式を合わせ、大きく7つに分けて検討する。また、「動詞の意志性」と可能形式との関わりを明らかにするため、可能形式との共起についても検討を行う。

第3章では、「実現可能性の在り処」を基準に可能動詞を文末述語とする可能表現（実例数2905）の意味・構造的な類型を探り、それらがどのような構文的特徴によって支えられているかを明らかにする。また、各タイプがどのような〈可能〉の意味を表すかについて考察を行う。可能表現の表す意味が截然と二種類に分類できるとは考えにくいが、3章では便宜上、可能表現の表す意味を「出来事の種類」により、《潜在可能》と《実現可能》の二つに分けて論を進める。渋谷勝己（1993a）は、可能表現の意味を「潜在系の可能」と「実現系の可能」に分けてから、可能の条件によって五つ（心情、能力、内的条件、外的条件、外的強制条件（自発））に下位分類しているが、3章では、まず実現可能性の在り処を基準に可能動詞を文末述語とする可能表現の意味・構造的な類型を立てる。次に、それらを支えている構文的な特徴を明確にすると共に、各タイプがどのよ

うな〈可能〉の意味を表すかについて考察する。

第2章
日本語における動詞の意志性と可能形式との関わり

1 はじめに

　一般に「動詞の意志性」は、意志か無意志かという二分法で分けられると考えられてきたが、果たして「動詞の意志性」はきれいに意志と無意志に分けられるものだろうか。また、従来の研究では、一般的に意志的な動作を表す動詞、すなわち意志動詞だけが可能形式をとるとしてきたが、何を基準にどこまでを意志動詞と捉えるかについては必ずしも明確でないところがある。本章では、このような「動詞の意志性」に焦点を当て、可能形式との関わりを視野に入れながら、何を基準にどこまでを意志動詞、無意志動詞と捉えるべきなのかを考察する。

2　可能文の文法的な成立条件

　井上和子（1976）の指摘通り、日本語における可能文は、主語は有生名詞句で動詞は主語の意志によって制御できる動作を表す動詞で意志的な動作を表すものでなければならないと言われてきた。よって、次のような同じ形の動詞「上がる」でも、前者は有情物を主体にとる意志動詞であるために可能文が成り立つが、後者の場合は非情物を主体にとる無意志動詞であるために可能文が成り立たない。

(1)　　足を怪我しているから一人では2階へ上がれない。
(2)　*いくら不景気でもこれ以上物価は上がれない。

このような動詞は他にも数多く見られるが、圧倒的に自動詞に多く、特に主体の動作を表す自動詞に偏っている。「上がる、当たる、行く、動く、起きる、移る、下りる、終わる、消える、加わる、下がる、触る、立つ、通る、止まる、出る、並ぶ、成る、抜ける、残る、入る、曲がる、渡る、回る」など。要するに、同じ自動詞でも有情物を主体にとる場合は主体の動作を表す意志動詞になるが、非情物を主体にとる場合はある状態や変化（物理的な現象・自然現象など）を表す無意志動詞になると言える。
　一方、寺村秀夫（1982a: 262）は、可能文の成り立つ動詞は「意志的な動作を表すもの（〔+意志〕）でなければならない」とし、これは自動詞・他動詞という区別とは別のものであると捉えている。しかしながら、よほど"特殊な場合"を除くと他動詞は可能形式がとれるとし、この"特殊な場合"の例として感情動詞を挙げている。

・「愛憎」類の感情動詞：愛スル、憎ム、尊敬スル、軽蔑スル
・「好キ嫌イ」類の感情動詞：好ク、好ム、キラウ、惜シム、ウラヤム、
　　　　　　　　　　　　　オソレル、ネタム、ナツカシム

　寺村秀夫（1982a: 265）は、他動詞の感情動詞の中で「好キ嫌イ」類は可能形が作り難いとし、「「愛憎」類は感情主が主体的に、ある何らかの理由で、ある感情を対象に対して抱くのであるのに対し、「好キ嫌イ」類は、対象に触発された、自然な心理的反応で、しいて理由を言えと言われても言いようがない、といった意味で、主体的とはいえ心の動きという点」で両タイプは異なると述べている。このような寺村秀夫（1982a）の考えを補って説明すると、「愛憎」類は主体の意志である程度感情がコントロールできることを前提にするタイプであるために可能形式がとれるが、「好キ嫌イ」類は主体の意志による感情のコントロールができないタイプであるために、可能形式がとれないと考えられる。
　このように、寺村秀夫（1982a）は、"特殊な場合"の例として他動詞の感情動詞を挙げているが、日本語には意志性の判断が難しい感情動詞や知覚・思考動詞が数多くあり、次のように無意志動詞と言われる動詞が可能文に用いられる例も少なくない。

(3) 話題は、哲学についてだった。ウベルティーノには、コンスタンティノープルに住みはじめた当時にもどったような気分を、心ゆくまで味わえたひとときだった。　（コンスタンティノープルの陥落）
(4) 家庭の家風もあるだろうし、本人の性格もあります。しかし、人は多少なりとも慣れることができる。　（BCCWJ、生きるヒント）

このような例文から考えると可能文に用いられる動詞は、必ずしも意志的な動作を表すものに限られたわけではないかもしれない。あるいは、「動詞の意志性」は単純に意志、無意志という二分法ではなく、より細分化したタイプ分けができるかもしれない。

3　動詞の意志性

一般的に可能文を構成する動詞は、主体の意志で当該動作がコントロールできる意志的な動詞でなければならないと言われてきた。しかし、「動詞の意志性」を判断することは容易なことではない。では、そもそも意志動詞・無意志動詞とは何なのか。

鈴木重幸（1972b: 318）は、「さそいかける形と命令する形を本来の意味で用いることのできる動詞」を意志動詞としている。このような捉え方は動詞の意志性を判断する際、最も多く用いられる方法で、意志・誘いかけの形（-ショウ）と命令形（-シロ）をとることができるか否かで「動詞の意志性」が決まるというものである。

仁田義雄（1988: 34）は、「自己制御性、即ち、動きの発生・過程・達成を、動きの主体が自分の意志でもって制御できるといった性質を持った動詞が、いわゆる意志動詞であり、自己制御性を持たない動詞が、いわゆる無意志動詞である」としている。杉本和之（1995）は、仁田義雄（1988）の考えに沿って、「自己制御性を持った動詞を意志動詞、それ以外の動詞を無意志動詞」と設定した上で、これらと共起する表現形式や副詞類を取り上げ、その共起の様相を検討している。すべての動詞が截然と意志動詞と無意志動詞に分けられるとは考えにくいが、統語論上において客観的な規則を見出そうとした試みに意義がある。

一方、宮島達夫（1972: 422）は、「（主体の）意図」という観点から動詞

の意味用法を分析し、「有情物の意志的動作、有情物の無意志動作、非情物の動き」に分類している。宮島は、有情物の無意志動作のうち、「主体の心理現象を表す動詞」について、命令形や意志形は使われないが、禁止（否定の命令－あわてるな、おどろくな）の用法があると指摘している。主体の心理現象を表す動詞を一くくりに「無意志動作」と言えるのかについては検討の余地があるが、心理現象を表す動詞において禁止の表現が成り立つという指摘は注目すべき点である。

　従来の主な研究が「動詞の意志性」を意志か無意志かという二分法で考えている中で、森山卓郎（1988:201–225）は、意志性という狭い概念ではなく、無意志主体をも含んだより射程の大きい「主体性（動詞がその表す動きを発生・成立させるための、主語名詞の、動きに対する自律的な関与の度合い）」という概念を立てている。また、主語に立つ名詞の種類と主体性に関わる諸形式（意志表現形式、副詞、アスペクト、ヴォイスなど）を検討した上で、主体性を六つの段階[1]に分けている。

　森山卓郎（1988）は、主語名詞に注目し、主体性に関与する諸形式との共起関係から主体性を階層的に整理している点において非常に有意義であるが、具体的にどのような動詞が各段階に当てはまるかについては判然としない。特に、意志性の問題において最も位置付けが難しいとされる感情動詞や知覚・思考動詞がどの段階に属するかが述べられていない。感情動詞については、「感情的な動きは、有情物が主語に来るが、一般に無意志的であり、意志的制御がきかない動作である」（p.221）という指摘に留まり、知覚・思考動詞についても「考える」が「人間動作主段階」の例に挙がっているのみで、他の動詞は全く取り上げられていない。また、森山卓郎（1988）は、主語名詞と主体性に関与する諸形式との共起関係を内省だけで判断し段階的に分けているが、実例に基づき「動詞の意志性」を測ることも必要である。

　本章では、国立国語研究所編（1982）『日本語教育基本語彙七種比較対照表』から使用頻度の高い332の動詞（比較資料7種のうち4種に入る動詞）を抜き出し、実例に基づいて基本動詞の意志性を測る。分析に際しては、感情動詞、知覚・思考動詞の位置付けに特に注目する。また、「動詞の意志性」と可能形式がどのように関わっているかについても考察を試みる。

4 「動詞の意志性」の検討作業

本節では、述語動詞と「主体の意志表現形式」との共起関係をもとに基本動詞（使用頻度の高い332の動詞）の意志性を測る。「主体の意志表現形式」とは、主体の意志を明白に表す際に用いられる形式のことである。ここでは、動詞の意志性のテストフレームとしてよく用いられる「願望（-タイ）」、「誘い（-(ヨ)ウ）」、「禁止（-ナ）」、「命令（-(シ)ロ）」と主体の明確な意志表明を表す「意志（-ツモリ(ダ)）」、一回的な意図的行為を表す「試し（-テミル）」、「もくろみ（-テオク）」形式を合わせ、大きく7つに分けて検討した。また、「動詞の意志性」と可能形式との関わりを明らかにするため、可能形式との共起についても検討を行った。

調査に際しては、『新潮文庫の100冊 CD-ROM版』をテキスト化したものと、『現代日本語書き言葉均衡コーパス』モニター公開データ（2009年度版）[2]を用いて文字列検索を行った。文字列検索（grep）の代表的な実行例を示すと次のようである。

・食べ［たてとよらるれろ］［いうおかくけこたつっとなみるれ、。］
・座［りるろれっ］［うこたつってとなまるれ、。］
・書［いきくけこ］［うこたつてとなまるれ、。］
・話［しすせそ］［うこたつってとなまるれ、。］
・思［いうえおっ］［うこたつってとなまるれ、。］
・喜［びぶべぼん］［うこたつっでとどなまるれ、。］、など。

次の表は検討作業を行った基本動詞の一例を挙げたものである。「○」［＊］の判定方法は、方言特有の表現を除いて一つ以上の用例があれば○を付けた。（A）（B）（C）は、「主体の意志表現形式」との共起の度合いにより、仕分けしたものである。分類基準は、ほぼ自由に「主体の意志表現形式」と共起する動詞を（A）、一回的な意図的行為（試し・もくろみ）、または意志（-ツモリダ）を表す形式と共起しにくい動詞を（B）、基本的に「主体の意志表現形式」と共起しにくい動詞を（C）としているが、（C）には本来の禁止や命令の意味ではなく話し手の願望を表す表現とし

て禁止形（-ナ）や命令（-(シ)ロ)」が付き得る動詞も含まれる。動詞例の丸数字は「主体の意志表現形式」との共起関係により下位分類できる各タイプを表す。

【表1】の共起関係は、コーパスを用いて使用例の有無を検討した結果であるため、内省による判断と一致しないところもあり得るが、これまでの先行研究では行われなかった実例による検討作業を用いることで、より客観的に動詞の意志性を測ることができると思われる。表に入る前に、特殊な動詞類について簡単に説明を付け加えると、次の通りである。

> ⅰ ここに属する動詞は、悪い結果を回避するためのものとして否定形の可能形式が用いられることがある。
> ⅱ ここに属する動詞は「主体の意志表現形式」と共起しにくいが、「生まれる」は他の動詞と違って願望形式と共起する点から、事態実現への期待を表すことができ、それが可能形式との共起につながると考えられる。

【表1】「主体の意志表現形式」及び「可能形式」との共起

	形式 動詞例	-ナ (禁止)	-タイ (願望)	-(ヨ)ウ (誘い)	-(シ)ロ (命令)	-ツモリ(ダ) (意志)	-テミル (試し)	-テオク (もくろみ)	可能 動詞	(スル)コト ガデキル
A	①食べる	○	○	○	○	○	○	○	○	○
	座る	○	○	○	○	○	○	○	○	○
	書く	○	○	○	○	○	○	○	○	○
	②考える	○	○	○	○	○	○	○	○	○
	覚える	○	○	○	○	○	○	○	○	○
	認める	○	○	○	○	○	○	○	○	○
	③謝る	○	○	○	○	○	○	○	○	○
	諦める	○	○	○	○	○	○	○	○	○
	許す	○	○	○	○	○	○	○	○	○
B	④生きる	○	○	○	○	○	○	＊	○	○
	眠る	○	○	○	○	○	＊	○	○	○
	やせる	○	○	○	○	＊	○	＊	○	○
	⑤思う	○	○	○	○	＊	○	○	○	○
	忘れる	○	○	○	○	○	＊	＊	○	○
	疑う	○	○	＊	○	＊	○	＊	○	○
	⑥怒る	○	○	＊	○	＊	○	＊	○	○
	喜ぶ	○	○	○	○	＊	○	＊	○	○
	笑う	○	○	○	○	＊	○	＊	○	○

C	⑦失う	○	✳	✳	✳	✳	✳	✳	○ⁱ	✳
	遅れる	○	✳	✳	✳	✳	✳	✳	✳	○
	間違える	○	✳	✳	✳	✳	✳	✳	✳	✳
	⑧慌てる	○	✳	✳	✳	✳	✳	✳	✳	✳
	驚く	○	✳	✳	✳	✳	✳	✳	✳	✳
	苦しむ	○	✳	✳	✳	✳	✳	✳	✳	✳
	⑨生まれるⁱⁱ	✳	○	○	✳	✳	✳	✳	✳	○
	疲れる	✳	✳	✳	✳	✳	✳	✳	✳	✳
	震える	✳	✳	✳	✳	✳	✳	✳	✳	✳
	⑩降る	○	✳	✳	✳	○	✳	✳	✳	✳
	咲く	✳	✳	✳	○	✳	✳	✳	✳	✳
	凍る	✳	✳	✳	✳	✳	✳	✳	✳	✳
	⑪消える	✳	✳	✳	✳	✳	✳	✳	✳	✳
	割れる	✳	✳	✳	✳	✳	✳	✳	✳	✳
	異なる	✳	✳	✳	✳	✳	✳	✳	✳	✳

　このように、「主体の意志表現形式」との共起関係で「動詞の意志性」を測るのは、文において述語動詞の意志性というのが主体の意志で動作のコントロールができるか否かということとつながっているからである。つまり、「動詞の意志性」は動作主体の意志の表れであるために、主体の意志とは切り離して考えることができない。例えば、「主体の意志表現形式」との共起において、「食べるつもりだ」「覚えるつもりだ」「許すつもりだ」などは言えても、「慌てるつもりだ」「疲れるつもりだ」「生まれるつもりだ」などが言えないのは、後者の場合、主体の意志で動作のコントロールができないからである。よって、「咲く」「異なる」のように本来非情物を主体にとる動詞は、主体の意志を問うこと自体ができないために、「主体の意志表現形式」とは共起しにくい。稀に、自然現象を表す「咲く」や「降る」などが禁止形（「雨よ降るな、天気になれ」）や命令形（「桜よ、咲け」「雪よ、降れ」）と共起することがあるが、これは本来の禁止や命令の意味ではなく話し手の願望を表す表現であるため、非情物主体でも可能になると考えられる。
　このような検討作業から、基本的に「主体の意志表現形式」と共起しやすい動詞ほど意志性が高く、「主体の意志表現形式」と共起しにくくなるにつれ、「動詞の意志性」も弱くなると言える。「動詞の意志性」は、「主体の意志表現形式」との共起の度合いに基づいて考えると、【表1】のように截然と意志（A）か無意志（C）かに分けられるのではなくその間

に中間的な領域（B）が存在し、段階性を持つと捉えられる。また、一般に可能文の成り立つ動詞は意志的な動作を表すものに限られると言われてきたが、【表1】の可能形式との共起関係を見ると、感情動詞や知覚・思考動詞も可能形式がとれると言える。つまり、基本的に「動詞の意志性」と「可能形式」は連動するが、必ずしも意志性の高い動詞だけが可能形式をとるとは限らないのである。

次の5節では、【表1】の検討作業に基づいて、「動詞の意志性」の強弱によるタイプ分けと可能形式との関わりについて詳しく考察していく。

5 「動詞の意志性」によるタイプ分けと可能形式との関わり

以下では、検討作業を行った332の基本動詞を①「主体の意志表現形式」との共起関係、②動詞の語彙的な意味（国立国語研究所編（2004）『分類語彙表―増補改訂版』の分類）に基づいて、大きく7つのカテゴリーに分類し、可能形式との関わりについてより詳しく見ていく。動詞の語彙的な意味を考慮に入れるのは、「動詞の意志性」をよりきめ細かく見るためである。

（ⅰ）意図的な行為 ①[3]
（ⅱ）知覚・思考（「判断」②、「理解」⑤）
（ⅲ）心理作用（「意志表出」③、「心理態度」⑥、「心理状態」⑧）
（ⅳ）生理現象（「意志的」④、「非意志的」⑨）
（ⅴ）無意識・不注意による動作 ⑦
（ⅵ）自然現象 ⑩
（ⅶ）物事の状態・変化 ⑪

ここでは、「動詞の意志性」を「主体の意志表現形式」との共起関係と動詞の持つ語彙的な意味から便宜上7つのカテゴリーに分類しているが、語彙的な面で同じカテゴリーに属していても、「動詞の意志性」の強弱によってさらにタイプ分けが可能である。つまり、（ⅱ）知覚・思考（「判断」類、「理解」類）、（ⅲ）心理作用（「意志表出」「心理態度」「心理状態」）、（ⅳ）生理現象（「意志的」「非意志的」）の場合、語彙的な面では同じカテゴ

リーに属するが、「動詞の意志性」が異なるため、さらにタイプ分けができる。

以下において動詞個別の特殊事情により、共起関係と意味上の分類にずれが生じる場合、意味分類を優先し、それらを特殊な例として扱う。これについては、各項目で詳しく取り上げることにする。

5.1　A 主体の意図的な行為①

国立国語研究所編（2004）の〈人間活動―精神および行為〉に分類されている項目の中で「心」と「待遇」に属する動詞を除いたもの。基本動詞は「預ける、遊ぶ、洗う、言う、打つ、歌う、起きる、送る、押す、買う、書く、聞く、殺す、座る、戦う、立つ、食べる、作る、飲む、働く、話す、待つ、守る、持つ、呼ぶ、読む、渡す」などである。ここに属する動詞は、意志表明のできる有情物を主体にとり、「主体の意志表現形式」はもちろん、可能動詞と「(スル)コトガデキル」の二つの可能形式とも自由に共起する。自動詞か他動詞かという区別ではなく、主体の意志によって動作生起から達成までの過程がコントロールできる動詞を指す。つまり、主体によって意図的な行為を引き起こすことができる動詞がここに入る。

(5) 「ええ、お金さえもう少しあれば開拓はもっと楽に進めることができます。鍬や鋸ももっといいものを買えます。米も食べられます。夜、火を灯すこともできます」
　　　　　　　　　　　　　　　　　　　　　　　　　　　（花埋み）

次のように非情物が主体として現れる場合は、擬人化された主体で当該動作をコントロールする有情物と同じような力を有すると見なされる。

(6) 「従来のコンピューターではもちろんこんなことは不可能だったが、今の新しいコンピューターはそれ自体がかなり象工場的機能を含んでおるからそのような意識の複雑な構造に対応していけるのです」
　　　　　　　　　　　　　　　　　　　　　　　　　　（世界の終わり）

5.2　主体の知覚や思考：A「判断」類②、B「理解」類⑤

〈人間活動—精神および行為〉の「心」に分類されている項目のうち、思考や認知、学習、計画に属する動詞で、有情物、特に人間を主体にとる。ここでは動詞の有する意味によって、「判断」類と「理解」類の二つに分けて考察する。

5.2.1　A「判断」類の知覚・思考動詞②

有情物、特に人間を主体にとる知覚や思考を表す動詞のうち、「覚える、考える、図る、認める」のような判断に関わる動詞を指す。「主体の意志表現形式」との共起制限がなく、二つの可能形式とも共起可能な意志性の強い動詞である。上述した「主体の意図的な行為」と同様に、主体が意図すれば動作生起から動作達成へのコントロールができる意志的な動作を表す。

(7)　「ちょっと待ってよ。ねえ、谷口さん、そのヒモが殺人犯だと思う？」
　　　「分かりませんがね。——まあ、普通に考えれば、ヒモが金づるを殺すとは考えられないわけです」　　　　　　　　　　　（女社長に乾杯！）
(8)　「へえ。よく、そんなもの覚えられるのね」　　　　　　　　（太郎物語）

5.2.2　B「理解」類の知覚・思考動詞⑤

人を主体にとる知覚や思考を表す動詞のうち、「疑う、思う、知る、悟る、わかる、忘れる」のような理解に関わるものを指す。一回的な意図的行為（試し・もくろみ）、または意志（-ツモリダ）を表す形式と共起しにくい動詞が多く、特に「わかる」は願望形式（-タイ）としか共起しない。「判断」類の知覚・思考動詞に比べて「主体の意志表現形式」との共起の度合いが低く、主体の意志による動作達成までのコントロールは難しいが、願望（-タイ）や誘い（-(ヨ)ウ）、命令（-(シ)ロ）の形式と共起する動詞が多いことから、主体の意志如何で動作生起が可能であると捉えられる。つまり、動作を起こしたり、主体の意図する方向へ動作を仕向けたりすることが可能なタイプで、意志と無意志の中間領域に存在する動詞

（B）と位置付けられる。このように、主体の意志による動作の生起や変化を起こし得る中間領域動詞は、二つの可能形式とも共起することができる。

(9)　「僕が？」と私は驚いて言った。「どうして僕が必要なんだ？僕には何の特殊能力もないし、とても平凡な人間だよ。世界の転覆に加担できるとはどうしても思えないんだけれどね」
(世界の終わり)

(10)　労働者は、社会全体の利害を「悟ることもできないし、それと自分自身の利害とのむすびつきを理解することもできない」
(BCCWJ、マルクス経済学と近代経済学)

　一方、「わかる」は願望形式（-タイ）としか共起しない意志性が極めて低い思考動詞であるが、可能形式を用いることができる。これは、本来可能表現が動作主の期待する、もしくは動作主が期待している（待ち望んでいる）であろうと話し手が考える動作・状態の（非）実現を表すものであり、願望形式の使用が事態実現への望ましさを計るものであるからである。つまり、話し手の願望を表す表現が可能な動詞は事態実現への期待を表すことができ、それが可能形式との共起にもつながると考えられる。とはいえ、「わかる」は可能の意味を含む動詞[4]であるため、可能動詞の形「*わかれる」は成立せず、「（スル）コトガデキル」の形で用いられる。また、「知る」は本来可能動詞の形を持たない動詞[5]であるために、共起する可能形式は「（スル）コトガデキル」に限られる。

(11)　「あなたは自分の成した悪と善という言葉をお使いになっていましたが、その悪と善という意味すら、私にはわかることが出来ないのでございました」
(錦繍)
(12)　自分が今どんな表情をしているか、その時自分と対面している相手の視覚像から七瀬は知ることができる。　(エディプスの恋人)

5.3　主体の心理作用：A「意志表出」類③、B「心的態度」類⑥、C「心的状態」類⑧

「動詞の意志性」を測る際に最も問題になるのが人の心理や感情に関わる動詞（以下、「心理作用動詞」）である。これまでの研究において、「心理作用動詞」は無意志動詞として扱われることが多く、その意志性について詳しく取り上げている研究は管見の限りでは見当たらない。杉本和之（1997）は、「動詞の意志性」における中間領域に存在するものであるとしているが、意志動詞と無意志動詞が混在しているという指摘に留まっている。

ここでは、国立国語研究所編（2004）の分類項目で「人間活動―精神および行為」に分類されている「心」と「待遇」に属する「心理作用動詞」を、「主体の意志表現形式」との共起関係と「動詞の持つ語彙的な意味」を考慮し、三つに下位分類して考察を行う。以下では、「動詞の意志性」の高い順に見ていく。

5.3.1　A「意志表出」類③

基本動詞は「諦める、謝る、頑張る、従う、叱る、信じる、頼む、ほめる、許す」など。ここに属する動詞は、すべての「主体の意志表現形式」と共起可能であることから、「心理作用動詞」の中で最も意志性の高いタイプと言える。上述した「主体の意図的な行為」や「判断類の知覚・思考」を表す動詞と同様に、主体の意図によって動作生起から達成へのコントロールが可能な動詞で、二つの可能形式とも自由に共起する。

(13) 一度思うとその気持は一層つのった。自分で自分が<u>許せなかった</u>。　　　　　　　　　　　　　　　　　　　　　　　　（花埋み）
(14) 「子供は親を<u>諦めることはできるよ</u>。しかし、親は決して子供を諦めないんだ。子供の骨までしゃぶり尽すよ」　　　（太郎物語）

5.3.2　B「心的態度」類⑥

基本動詞は「怒る、感じる、楽しむ、泣く、悩む、なれる（慣・馴）、願

う、望む、喜ぶ、笑う」など。寺村秀夫(1982a)の言う、「愛憎」類の感情動詞「愛スル、憎ム、尊敬スル、軽蔑スル」もここに属する。一回的な意図的行為(試し・もくろみ)や意志(-ツモリダ)を表す形式とは共起しにくい動詞が多い。ここに属する動詞は、上述した「意志表出」類のように主体の意志による動作達成までのコントロールは難しいが、願望(-タイ)や誘い(-(ヨ)ウ)、命令(-(シ)ロ)の形式と共起することから、主体の意志如何で動作生起が可能であると捉えられる。自然と生じる心理作用を表す点で次の「心的状態」類と相通じるところがあるが、「心的態度」類は動作主の意志如何である程度感情のコントロールができることから、より理性的な「心理作用動詞」と言える。二つの可能形式とも共起可能で、「理解類の知覚・思考動詞」と同様に意志と無意志の中間領域に存在する動詞と位置付けられる。

(15) ひょっとしてこの男なら愛せるかもしれない。　　　(パニック)
(16) あれ以上、お色気を持たれたら、亭主としては少々心配しなくてはならなかったでしょう。さらに、あなたはとても素直な人であったと、いま思い起こしてみてもお世辞でなく本心から私はそう感じることが出来ます。　　　(錦繍)

一方、「泣く、笑う」は自ずと生じる自然的な感情表出を表すだけでなく、主体の意図のもとで見せ掛けの演技を作り出すことも可能な動詞(一回的な意図的行為が可能)であるため、他の「心的態度」類の動詞に比べて意志性が高いと言える。

(17) 「わたくしはあなたを養子としてお迎えしたいと本気で思っているんです」修平は笑おうと思ったが、どうしても笑えなかった。　　　(BCCWJ、蠍のいる森)
(18) ふたりは長い間そのままの格好でいた。やがてすみれは身体をこまかく震わせ始めた。泣こうとしているのだとミュウは思った。でもうまく泣けないようだった。彼女はすみれの肩に手をまわして抱き寄せてやった。　　　(BCCWJ、スプートニクの恋人)

5.3.3　C「心的状態」類⑧

基本動詞は「飽きる、慌てる、驚く、苦しむ、困る」など。寺村秀夫(1982a) の言う、「好キ嫌イ」類の動詞「好ク、好ム、キラウ、惜シム、ウラヤム、オソレル、ネタム、ナツカシム」もここに属する。ほとんどの動詞が「主体の意志表現形式」と共起しないが、動詞によっては禁止形を用いることがある（「慌てるな」「驚くな」「苦しむな」など）。しかし、意志動詞のように主体の動作を禁ずる意味ではなく、望ましくない動作への注意を促す意味で用いられるため、本来の禁止の意味とは異なる。このタイプの動詞は、主体の意志による動作達成はもちろん、動作生起や変化をも起こすことができないタイプで可能形式とも共起しない。

以上5.3では、人の心理や感情に関わる「心理作用動詞」を「主体の意志表現形式」との共起関係と「動詞の持つ語彙的な意味」に基づいて、大きく三つに分類し、その意志性の強弱と可能形式との共起について考察を試みた。従来の研究において、「心理作用動詞」は無意志動詞として取り上げられることが多かったが、本考察により「心理作用動詞」に意志性の強弱が存在することが明らかになった。また、その意志性と可能形式との関わりについて考察した結果、主体の意志による動作達成までのコントロールが可能な「意志表出」類（A）や動作の生起や変化を起こし得る中間領域の「心的態度」類（B）は可能形式と共起するが、主体の意志による動作達成はもちろん動作生起や変化をもコントロールできない「心的状態」類（C）は可能形式と共起しないことがわかった。これにより、可能形式は、主体の意志で動作達成までのコントロールが可能な意志性の強い動詞に限らず、動作生起や変化だけに留まる意志性の弱い動詞（中間領域の動詞）にも用いられると規定できる。

5.4　有情物の生理現象：B 意志的な生理現象④、
　　　　　　　　　　　　　C 非意志的な生理現象⑨

国立国語研究所編（2004）の分類項目で、〈自然現象〉に分類されている「生命」と「身体」に属する動詞である。「主体の意志表現形式」との共起の度合いによって、大きく二つに分けられる。

5.4.1　B「意志的」生理現象④

　有情物の生理現象を表す動詞のうち、「意志的な生理現象」を表すタイプで、基本動詞は「生きる、産む、死ぬ、眠る、痩せる」などである。基本的に一回的な意図的行為を表す形式（試し・もくろみ）とは共起しにくい。主体の意志による動作達成までの完全なコントロールは難しいが、「理解類の知覚・思考」や「心的態度類の心理作用」を表す動詞と同様に、願望（-タイ）、誘い（-(ヨ)ウ）、命令（-(シ)ロ）の形式と共起することから、主体の意図する方向へ動作を仕向けることができると考えられる。つまり、主体が意図すれば動作の生起や変化を起こし得るタイプで、「理解類の知覚・思考」や「心的態度類の心理作用」を表す動詞とともに、意志と無意志の中間領域に存在する動詞と捉えられる。

(19)　「テレビ無しでなんか生きられないよう」　　　　（太郎物語）
(20)　「以前はよく眠れたんだけど、昨日の夜は眠れなかった」
　　　　　　　　　　　　　　　　　　　　　　　　　（一瞬の夏）
(21)　また、カロリーを減らす、いわゆる低カロリー食をすすめるものが多く、カロリーさえ減らせばやせることができると思いこんでいる人も多いでしょう。（BCCWJ、低インシュリンダイエット）

　このように、有情物の「意志的な生理現象」を表す動詞は二つの可能形式とも共起可能である。

5.4.2　C「非意志的」生理現象⑨

　有情物の生理現象を表す動詞のうち、主体の意志でどうすることもできない「非意志的な生理現象」を表すタイプである。つまり、有情物主体ではあるが、主体の意志で事態を引き起こすことができない無意志動詞であるため、非情物に等しい主体と見なされる。基本動詞は「生まれる、(病気に)かかる、(のどが)渇く、(めまいが)する、疲れる、(くしゃみ、熱が)でる、(寒さに)震える」など。このタイプは、通常「主体の意志表現形式」と共起しないが、「生まれる」は願望形式と共起することも、願望を表す意味で誘いの形式（「今度生まれてくる時は、戦争のない国に生まれよう」）が用いられることもある。ここに属する動詞は可能形式と共起しな

いが、「生まれる」は稀に可能形式が成立する。これは、「生まれる」が願望形式（-タイ）と共起することで、主体にとって望ましい方向へ事態の成り行きを仕向けたいという事態実現への期待を表すことができ、それが可能形式との共起にもつながるからである。

(22) フン先生は、さすが本物の小説家、気迫がこもってました。お書きになることに、バランスがとれておりました。だからこそ、迫力のある、バランスのとれた元祖のブンが<u>生まれることもできた</u>ようなわけで……」（ブンとフン）
(23) 令子の祖母が言った、またこの世で逢えるかもしれないというあの話が、ある真実味を帯びて思い出されて来ました。だが令子のお婆さんの説を信じるとすれば、由加子は二度と人間として<u>生まれることは出来ない</u>ということになります。（錦繡）

5.5　C 主体の無意識・不注意による動作⑦

　国立国語研究所編（2004）の分類項目の中で、〈人間活動―精神および行為〉に分類されている「行為」と、〈抽象的な関係〉の「作用」「存在」「時間」「様相」に属する動詞である。基本動詞は「失う、遅れる、落ちる、（骨を）折る、（手を）切る、倒れる、なくす（無・亡）、間違える」など。有情物、特に人間を主体にとる動詞であるが、動作主本人にとって悪い結果をもたらすものであるために、わざと動作を行わない限り、主体の意志で事態を起こすことのないタイプである。主体の意志を離れた失敗を表すため、基本的に「主体の意志表現形式」とは共起しにくいが、禁止形（-ナ）を付けて望ましくない動作への注意を促す意味を表す。3.2の「可能表現の持つ語用論的な特徴」で見てきたように、主体がわざと行動を起こさない限り、可能形式をとることができない。しかし、悪い結果を回避するためのものとして否定形の可能形式を用いることがある。

(24) 試合は、相手チームにリードされ、もう、これ以上、一点も<u>失えない</u>状態にまで追い込まれていた。

（BCCWJ、ザ・ミルキー・ウェイ）

(25) 医学書の写本のように返還日が決って絶対遅れることができない時は、頭を叩きながら写す。　　　　　　　　　　　（花埋み）

　これは、「失ってはいけない」、「遅れてはいけない」という主体の意志が強く働いている文で、主体の意志の介在しない失敗を表す場合（「せっかくの貴重な機会を失ってしまった」、「寝坊して授業に遅れてしまった」）とは異なる。この種の動詞を述語とする文は、主体の意志が事態実現に影響を及ぼす場合に限って可能形式を用いることができる。

5.6　C 自然現象⑩

　国立国語研究所編（2004）の〈自然現象〉に分類されている項目の中で、「生命」「自然」「物質」に属する動詞である。基本動詞は「枯れる、乾く、曇る、凍る、咲く、（背が）伸びる、光る、吹く、降る、燃える」など。主体が非情物であるために、意志を問うこと自体ができない無意志動詞で通常「主体の意志表現形式」と共起しないが、稀に禁止形（「雨よ、降るな」）や命令形と共起（「桜よ、咲け」「炎よ、燃えろ」）し、話し手の願望を表すことがある。このタイプの動詞は、非情物主体であるため、可能形式とも共起しにくいが、稀に構文上の制約が弱い「（スル）コトガデキル」を伴うことがある。

(26) ところがこの虫は、カンテラのように、光ることができるのです。夏の暑さのまっさいちゅうにぴかぴか光る、ホタルのめすのことをしらべてみましょう。　　（BCCWJ、ファーブルの昆虫記）

　これは、主体が生物であるという特性が捉えられて可能形式と共起するのか、それとも非情物主体が擬人化されているために可能形式と共起し得るのかは判然としないが、この場合も話し手が事象を望ましいものと捉えているために成り立つ表現である。
　森山卓郎（1988）は、主体が「モノ」でも特性記述の要素があると「固まる」や「立つ」のような動詞でも可能表現ができるとしているが、これは稀な例（「この看板は斜面でも立つことができる」（森山卓郎1988:215））である。もし、「モノ」主体が可能形式をとるとしても、可能動詞より動詞

(句) 部あるいは補文に対する制約が低い「(スル)コトガデキル」に限られる。森山卓郎 (1988: 215) は、「可能動詞も基本的なふるまいは同じである」としているが、非情物主体を擬人化し、有情物と同じような力を有すると捉えない限り、可能動詞の形は成立しにくい。

5.7　C 物事の状態や変化⑪

　国立国語研究所編 (2004) の分類項目の中で、〈抽象的関係〉の「作用」「存在」「類」に属する動詞である。基本動詞は「開く、ある、消える、異なる、出来る、解ける、なくなる、外れる、流行る、広がる、曲がる、揺れる、割れる」など。非情物を主体にとる無意志動詞で、単にある現象として捉えられる状態や変化を表すタイプである。「主体の意志表現形式」とは共起しないが、「自然現象」を表す動詞と同様に、話し手の願望を表す表現として命令 (-(シ)ロ) の形式と共起する動詞 (「幸せあれ」「割れろ」「外れろ」など) がある。ここに属する動詞は単なる現象として現れる状態や変化を捉えているために、通常可能形式とは共起しにくい。

5.8　本節のまとめ

　以上5節では、332の基本動詞と「主体の意志表現形式」との共起関係に基づいて「動詞の意志性」をタイプ分けし、可能形式との関わりについて考察を試みた。その結果、「動詞の意志性」は截然と意志 (A) か無意志 (C) かに分けられるのではなく、その間には「意志的な生理現象」、「理解類の知覚・思考」、「心的態度類の心理作用」を表す中間的な領域 (B) に位置付けられる動詞が存在することがわかった。また、その中間領域の動詞 (B) は、いわゆる意志動詞のように主体の意志で動作達成までをコントロールすることはできないが、主体の意志如何で動作生起や変化を起こし得る動詞であることから、二つの可能形式とも共起可能であることが明らかになった。このように「主体の意志表現形式」との共起の度合いによって、「動詞の意志性」を分けると、大きく三つのA、B、Cに分類できるが、可能形式との共起関係から見ると、「動詞の意志性」は大きく二つに分けることができそうである。つまり、「動詞の意志性」は可能形式との共起関係から見れば、二つの可能形式とも自由に共起可能なタイプ (意志動詞を広く捉えて中間領域の動詞 (B) を含むもの) と、基本的

に可能形式と共起しにくいタイプに分けることができる。

【表2】「意志表現形式」及び「可能形式」との共起関係による分類

意志表現形式 との共起関係	動詞の語彙的な意味	可能形式と の共起関係
(A)	①意図的な行為：遊ぶ、打つ、押す、食べる、話す等 ②「判断」類の知覚・思考：覚える、考える、図る等 ③「意志表出」類の心理作用：諦める、謝る、従う等	二つの可能 形式とも共 起可能
(B)	④意志的な生理現象：生きる、産む、眠る、痩せる等 ⑤「理解」類の知覚・思考：疑う、思う、知る、悟る等 ⑥「心的態度」類の心理作用：怒る、泣く、喜ぶ等	
(C)	⑦無意識・不注意による動作：遅れる、間違える等 ⑧「心的状態」類の心理作用：慌てる、驚く、困る等 ⑨非意志的な生理現象：(病気に) かかる、疲れる等 ⑩自然現象：乾く、凍る、咲く、光る、吹く、降る等 ⑪物事の状態や変化：異なる、割れる、なくなる等	可能形式と 共起しにく い

　仁田義雄（1988）は、動きの発生・過程・達成を動きの主体が自分の意志でもって制御できる動詞のみを意志動詞としているが、「動詞の意志性」と可能形式との関わりから考えると、意志動詞には、主体の意志で動作達成までのコントロールが可能な動詞（A）に限らず、動作達成までのコントロールができなくても主体の意志による動作生起や変化を起こし得る動詞（B）も含まれると規定した方がより正確な記述になるだろう。稀に、無意志動詞（C）が可能形式と共起することもあるが、これは主に話し手の願望を表すことが可能な動詞に限られる現象であり、その場合でも構文上の制約が弱い可能形式「(スル) コトガデキル」に限られる。これは、本来可能表現が動作主の期待する、もしくは動作主が期待している（待ち望んでいる）であろうと話し手が考える動作・状態の実現・非実現を表すものであり、願望形式の使用が事態の実現の望ましさを図るものであることに起因する。つまり、願望形式と共起する動詞は事態実現への期待を表すことができ、それが可能形式との共起にもつながると思われる。

6　おわりに

　これまでの研究において、「動詞の意志性」と可能形式との関連性は数多く指摘されてきたが、その関わりについて正面から扱っている研究は非常に少ない。また、可能文を構成する動詞は主体の意志で当該動作がコントロールできる意志的な動詞でなければならないと言われてきたが、何を基準にどこまでを意志動詞と捉えるかについては必ずしも明確でないところがある。

　本章では、可能形式との関わりを視野に入れながら、「動詞の意志性」について考察を行った。まず、332の基本動詞と「主体の意志表現形式」との共起関係から動詞の意志性を測り、次にその意志性と可能形式との関わりについて検討した。その結果、「主体の意志表現形式」との共起の度合いから見ると「動詞の意志性」は大きく三つ（意志：A、中間領域：B、無意志：C）に分類できるが、可能形式との共起関係から考えると二つ（中間領域の動詞（B）を意志動詞に含むものと、無意志動詞（C））に大別されることを明らかにした。つまり、「動詞の意志性」と可能形式は基本的に連動しているが、必ずしも意志性の高い動詞だけが可能形式をとるとは限らない。従来の研究では、一般に主体の意志によって制御できる動作を表す動詞（A）のみを意志動詞とし、意志動詞だけが可能文に用いられるとしてきたが、実例に当たると、動作達成までの制御ができなくても主体の意志如何で動作生起や変化を起こし得る動詞（B）が可能文に用いられる例も少なくない。よって、可能形式との共起から考えると、むしろ意志動詞を広く捉えて中間領域の動詞（B）を含める方がより妥当であろう。このように、「動詞の意志性」と可能形式との関わりを見ることによって、従来の研究において漠然と考えられてきた中間領域の動詞（B）の位置付けが可能になり、「動詞の意志性」をより的確に捉えることができる。

注 [1] ①人間動作主（主体名詞：人間、例：考えることにする）、②有情物動作主（主体名詞：動物、例：逃げようとする）、③経験者（主体名詞：人間、例：出会いたい）、④自発的発生（主体名詞：モノ、例：固まることができる）、⑤自然現象（主体名詞：自然、例：雨が降りがちだ）、⑥仮定可能（主体名詞：時、例：やがて時がたつと）。

[2] 同コーパスは、新規出版物の刊行情報に基づく生産実態サブコーパス（1300万語）、図書館蔵書に基づく流通実態サブコーパス（1500万語）、特定目的の日本語を収集した非母集団サブコーパスとして、ベストセラーモジュール（230万語）、白書モジュール（480万語）、Yahoo!知恵袋モジュール（520万語）、国会会議録モジュール（490万語）、合計4520万語（短単位）からなる。

[3] 丸数字は「主体の意志表現形式」との共起関係により下位分類できる各タイプを表す。詳しくは、【表1】を参照されたい。

[4] 宮島達夫（1972: 426）は、本人の力ではどうにもならない可能動詞的なものとして、「うかる、たすかる、つとまる、もうかる、ありつく、える、とげる、みてとる、わかる」などを挙げている。

[5] 金子尚一（1986: 82）は、動詞「知る」の例を取り上げて「接尾辞の-eruをもつ可能の動詞を使おうとしてもそうはできず、あらわれる動詞はその位置では無意味な形態となってしまう」と指摘して、「デキル」によって作られる可能形式の重要さについて述べている。

第3章
日本語における可能表現の意味分類について
実現可能性の在り処を基準に

1 はじめに

これまで現代日本語の可能表現の意味・用法に関する研究は多く為されてきたが、可能表現の意味とそれを支える構造を結びつけて研究したものは数少ない。本章では、可能動詞を文末述語とする可能表現の意味・構造的な類型を探り、それらがどのような構造的な特徴によって支えられているかを明らかにする。また、各タイプがどのような〈可能〉の意味を表すかについて考察を行う。

2 可能表現の意味分類──先行研究と本研究の立場

論者によって用語の違いはあるが、一般に現代日本語における可能表現の意味は大きく二つに分けられる。本章と本質的に関わる研究だけを挙げると、奥田靖雄（1986）の「可能」と「実現」、渋谷勝己（1993）の「潜在系可能」と「実現系可能」、尾上圭介（1998b）の「可能」と「意図成就」がそれである。

奥田靖雄（1986: 208）は、「動作・状態が人あるいは物にそなわっている、ポテンシャルな特性としてとらえられているときには、可能表現の文は可能あるいは不可能を表現しているし、いちいちの、具体的な現象として動作・状態がとらえられているときには、実現あるいは非実現を表現している」と述べている。また、「／可能／を表す文は、具体的な動作のもっている時間的な規定性をうしなっているポテンシャルな動作を

さしだし、／実現／を表す文は、特定な時間にいちいちの具体的な動作がさしだされる、ある動作・状態がアクチュアルに存在している」と説明している。渋谷勝己（1993a: 9）は、このような奥田靖雄（1986）の考えを踏まえて、「様々な条件によって、ある動作を実現することが、やる（やった）かどうかは別にして、潜在的に可能・不可能である（あった）」ことを表す可能表現を「潜在系（potential）の可能」とし、「様々な条件によって、ある動作を実現することが可能・不可能である・あった（＝実現する・した：実現しない・しなかった）」ことを表す可能表現を「実現系（actual）の可能」としている。

　一方、尾上圭介（1998b, 99）は、「うちのおじいさんは歯が丈夫だから煎餅が食べられる」のような、いわゆる潜在可能文を「可能」としている。「よかった！食べられた」「太郎ががんばって首尾よく持ち上げられた」のような、いわゆる実現可能文については「（動作主が）やろうとしてその行為が実現した」ことを表すため、許容性や萌芽の有無を問題にする「可能」とは別の意味合いを持つものであるとし、「意図成就」と名付けている。

　可能表現の表す意味が截然と二種類に分類できるとは考えにくいが、本研究では便宜上、可能表現の表す意味を《潜在可能》と《実現可能》の二つに分けて論を進めていく。渋谷勝己（1993a）の意味分類との相違点は、渋谷勝己（1993a）は、「動作実現を含意するか否か」を意味分類の基準としているが、本章における意味分類の基準は「現実界における事態実現」を表すか否かである。本章では、まず可能動詞を文末述語とする可能表現の意味・構造的な類型を立てる。次に、それらを支えている構造的な特徴、主に動作主の有無と人称、どの意味役割が主題化されるか、従属節と主節の接続関係、副詞などの修飾成分、述語動詞のテンス・アスペクトなどを明確にすると共に、各タイプがどのような〈可能〉の意味を表すかについて考察する。

　これにより、どのような場面や条件のもとで二種類の可能表現の意味が表れやすくなり、または相互に近づいていくかが明らかになってくるであろう。

3 用例採集と分類基準について

3.1 用例採集

『新潮文庫の100冊CD-ROM版』をテキスト化したもののうち、昭和生まれ作家の昭和戦後の23作品（『新源氏物語』と方言を用いている野坂昭如の作品を除いたもの）から用例を抽出した。電子化資料は、次のような文字列検索（grep）を実行した後、手作業により可能動詞を文末述語とする可能表現を選別し、2905例を収集した。

ⅰ）［えけげせぜてねべめれ］［そたちてなねぬまばるれよんっ、］
ⅱ）（でき｜出来）

3.2 分類基準

本章において、《潜在可能》と《実現可能》の用法を判断する基準は次のようである。

ⅰ）《潜在可能》
動作主の動作・状態が現実に実現するか否か（実現したか否か）は問題にせず、単に潜在的に存在する実現の可能性だけを言い表す可能表現
ⅱ）《実現可能》
動作主が意図を持って実現を試みた事態の結果が現実界の特定の時間に具体的な姿で表される可能表現

基本的に《潜在可能》を言い表す可能表現の文は、事態実現の可能性のみを表現することから、具体的な時間性に欠けていて、現在のテンス、すなわち「スル形」と結びつきやすい性格を持つ。それに対し、《実現可能》を言い表す可能表現の文は、実際に動作主が実現を試みた結果を表すため、過去のテンス、すなわち「シタ形」と結びつきやすいということが考えられる[1]。

しかし、このような可能表現の表す意味と述語動詞のテンスとの関連性は否定できないものの、必ずしも述語動詞のテンスが現在の形（スル形）をしているから《潜在可能》を表し、過去の形（シタ形）が《実現可能》を表すとは規定できない。なぜなら、述語動詞のテンスが現在の形をしていても、《実現可能》を表し、過去の形をしていても、《潜在可能》を表すことがあるからである。次の表は、述語動詞のテンスの形と可能表現の意味がどう結びつくかを明らかにするために、二種類の可能表現の例数を挙げたものである。

【表1】潜在可能と実現可能の用法の割合（括弧内はパーセンテージ）

可能表現の用法	全用例数	肯定と否定	現在の形	過去の形
潜在可能	1114（38.3）	可能	472	51
		不可能	530	61
実現可能	719（24.8）	実現	5	192
		非実現	165	357
二つの〈可能〉の境界例[2]	149（5.1）	／	118	31
判断不明の例[3]	77（2.7）	／	40	37
その他	846（29.1）	／	355	491
モダリティ化したもの（〜と言える、〜ように思える、など）		／	214	258
慣用的なもの（〜てもらえますか、しきれない、ずにはいられない、など）		／	85	38
可能か自発かあいまいなもの		／	15	105[4]
可能か受身かあいまいなもの		／	41	90
合計	2905（100）	—	1685	1220

　【表1】からもわかるように、可能表現の表す意味が述語に表されるテンスの形と深く結びついていることは否定できないが、必ずしも連動しているとは言い難い。よって、「述語動詞のテンスの形」を基準に可能表現の類型を立てるのには無理があると思われる[5]。
　そこで、本章では「事態実現の可能性がどこにあるか」という点に注目したい。なぜなら、可能表現の表す意味が《潜在可能》であれ、《実現

可能》であれ、動作主が意図を持ってある事態を引き起こそうとした時、それが実現するだけの可能性がどこにあるのかということがまず問題になってくるからである。

4　可能表現の意味・構造的な類型

ここでは、可能表現を「実現可能性の在り処」を問うことで、大きく次の三つに分けて考える。

（ⅰ）実現の可能性が主題化される対象（人やモノ）に恒常的に備わっている可能表現（以下〈恒常的内在型可能〉）
　　例）彼は3ヶ国語ができる。／井戸水は飲めない。
（ⅱ）実現の可能性が主題化される対象ではなく、ある条件に依存している可能表現（以下〈条件型可能〉）
　　例）彼はアメリカ育ちだから、英語が話せる。
　　　　人間は水がないと生きていけない。
　　　　夏になれば国へ帰れる。／車が壊れて迎えに行けない。

（ⅰ）のタイプは、動作主が意図を持ってある事態を引き起こそうとした時、それが実現するだけの可能性が主題の位置に立つ事態参与者（動作主や動作対象など）に恒常的に備わっている・いない（もしくは、かけている）可能表現である。

（ⅱ）のタイプは、動作主が意図を持ってある事態を引き起こそうとした時、それが実現するだけの可能性がある「条件」に依存していて、その条件により、動作主の意図する事態の成立が決まる可能表現である。ここで言う「条件」とは、動作主の意図する事態が成り立つために必要とされる条件で、言語的にテクストの上で明示される。「ば、と、たら、なら、ても、ては」のような条件的な形を用いる句や節に限らず、原因・理由・逆接なども含むより広い意味での条件表現を用いて具現化されるものを指す。

例えば、「彼は3ヶ国語ができる」という文と「彼はアメリカ育ちだから、英語が話せる」という文は、両者とも主題化される動作主の恒常的

な性質を捉えている点で共通しているが、文の構造的な特徴が異なる。前者は実現の可能性が常に主題に立つ動作主に備わっていて、それを裏付ける要素は構造上現れない〈恒常的内在型可能〉であるが、後者は動作主ではなく、文中に与えられる条件に実現の可能性が依存している〈条件型可能〉である。このように、〈恒常的内在型可能〉と〈条件型可能〉は意味上において重なることもあるが、文の構造的な特徴から考えると異なる可能表現として捉えられる。

> （ⅲ）実現の可能性がどこにあるのかは問題にならず、単に動作主が事態実現を試みた結果だけが差し出される可能表現（以下〈条件不問型可能〉）
> 例）夜遅く、彼女にやっと会えた。／よくあんな高い所に上がれたね。

動作主の引き起こす動作実行の結果だけが重んじられるタイプで、実現の可能性がどこにあるかは特に問題にならないため文中に現れず、事態実現の結果のみが述べられる。

以下では、これらがどのような構造的な特徴によって支えられているか、またどのような〈可能〉の意味を表すかについて考察していく。

4.1 〈恒常的内在型可能〉

描かれる対象（動作主、動作対象、場所、相手など）は「ハ」、「ナラ（バ）」、「ダッテ」などの取り立て助詞で主題化される。基本的に単文構造、あるいはそれに準ずる構造をとり、複文では並列節の形で表現されることが多い。「私は不器用だから大工にはなれない」のように、従属節で表現される可能表現は、〈条件型可能〉の「既定条件文」に属する。詳しくは、4.2.4を参照されたい。

> (1) 太郎[6]は無限に隠し場所を考え出せる。靴の中、ツリザオのケースの中、台所においた牛乳壜の中……。　　　　　　　　　　（太郎物語）
> (2) 東京生活半年足らずの菅野康三郎は思った。いやこの院長先生は人物だ。なんにしても偉い人だ。これでこそあの大病院も経

営できるし衆議院議員にもなれるのだ。　　　　　　（楡家の人びと）
(3) 「イカなら、ウニ焼きでも、煮つけでも、天ぷらでも何でも使えるんだけどねえ。蛸ばかりは、使いようがないわねｰ」　（太郎物語）
(4) 「ラ・セール」は銀座七丁目にあるナイトクラブで、ピアノの演奏をバックに歌がうたえる、というのを売りものにしている店のようだった。
　　　　　　　　　　　　　　　　　　　　　（新橋烏森口青春篇）

　用例（3）、（4）のように、非情物（動作対象、手段、場所など）が主題に立つ場合、基本的に動作主は不特定者で、「誰が」ということは特に問題にならず、構文上消去される（「この魚は生でも食べられる」類[7]）。しかし、非情物が主題に立っても「動作主の実現可能・不可能な能力範囲」を示す文の動作主は、通常話し手を含む特定者であり、構文上省略されているだけである。

(5) 「（私は：引用者注）麻雀はできませんよ」　　　（女社長に乾杯！）
(6) （彼は）車は運転できません、馬なら乗れるけど。

　過去の形を述語にする〈恒常的内在型可能〉は、小説の地の文に多く見られるが、時を表す副詞成分を伴わない場合、現在と切り離された過去における恒常的な特性を表すのか、それとも現在まで続く特性を捉えているのかが判然としない。

(7) 荻江を知っている人々は荻江を無愛想な男勝りな女だと言っていたが、実際に会って話してみると、外から見る印象とは随分違っていた。荻江は漢文は勿論だが、茶も華道もさらに和裁までできた。
　　　　　　　　　　　　　　　　　　　　　　　　　　（花埋み）
(8) しげは昔の「奥」勤めの女中の一人であったが、今は小さく萎びた、かなり狷介な老婆となっていた。言葉使いも乱暴で、以前から子供たちが台所にたむろしていたりすると、「こんなとこで邪魔ばっかりして。さあ、あっちへ行った、行った！」などと追い立てもした。そして、このしげが主になって作る料理は、病院の賄いのそれにも似て実質的ながら無味乾燥なもので、お世辞にも

第3章　日本語における可能表現の意味分類について

美味とは言えなかったのである。　　　　　　（楡家の人びと）

(9) 終日、ぎんは奥の八畳間で過した。部屋では布団が敷きづめだったが、気分の良い時は床の上に起きて過した。部屋からは川上の家と同じように縁越しに庭が眺められた。　　　　（花埋み）

このように、〈恒常的内在型可能〉の文構造は、動作主の有無や、どの意味役割が主題化されるかなどによって違ってくるが、いずれも主題の位置に立つ人やモノに恒常的に備わっている「特性」を表していて具体的な時間性を持たない点で共通している。つまり、現実界において動作主が実現を試みた個別的な出来事を表しているのではなく、特定の時間から切り離されて潜在的に存在する実現の可能性を表しているのである。よって、〈恒常的内在型可能〉は、述語動詞のテンスに拘らず、《潜在可能》の意味を持つと考えられる。

4.2 〈条件型可能〉

〈恒常的内在型可能〉の場合、実現の可能性は常に主題の位置に立つ対象に備わっていてそれを裏付ける要素が構造上現れないのに対し、〈条件型可能〉は文中に与えられる条件に実現の可能性が依存している点で〈恒常的内在型可能〉とは異なる。基本的に主従関係にある複文の構造か、それに準ずる構造をとる。ある条件のもとで、動作主の期待する、もしくは意図して努める事態の実現が可能・不可能である・あった（実現する・しない：実現した・しなかった）ことを言い表す。事態実現を左右する条件は、その生起との関わりと主節の述語動詞に表されるテンスによって、さらに次のように分けられる。

【表2】

可能のタイプ	動詞のテンス	現在の形	例数	過去の形	例数
〈条件型可能〉		前提条件	133	前提条件	12
		未定条件	136	反事実の条件	15[8]
		既定条件	520	既定条件	546
合計		—	789[9]	—	573

4.2.1　前提条件

　ある事態を実現するための条件が、それ自体の生起は問題にせず、単なる前提として差し出されるタイプである。基本的に、従属節と主節が「条件－帰結」の関係を成していて、条件となる事柄は「-スレバ／スルト（-シナケレバ／シナイト）」を伴う条件節の形で現れる複文構造が多い。これは条件形式「-バ」と「-ト」が繰り返し起こる事態や必然的関係を成す事態に用いられやすいからであろう。

(10)　「小説家は一メートル四方のすわる場所と、机がわりの木の箱でもあれば、小説がかけるのだ。仕事ができるのだ」　（ブンとフン）
(11)　「コジュケイは遅いからね。あれは助走するスペースがないと、飛び上れないのよねえ」　（太郎物語）
(12)　当時はお金さえ払えば、誰でも銃が買えた。

　ある条件を前提として成立する事態の実現可能性を表すだけで、その事態が実際に実現するか否か（実現したか否か）は特に問題にならない。「自然の法則」（「夏になれば、海で泳げる」類）や「社会の法則」（「外国人は再入国の許可をもらわないと日本に戻れない」類）として捉えられる可能表現もここに属する。

　一方、奥田靖雄（1996: 139）は、「保釈になれば、家に帰れる」のように「社会の法則」を表す可能表現を「規範可能」として扱っている。奥田靖雄は、「規範可能」について、「社会的な規範によって条件づけられていて、規範の観点から見て、ある活動、ある動作は許されるか、許されないかの評価をうけとる。（中略）その活動、動作は決まって時間・空間的なありか限定がかけていて、そのことが活動、動作にポンテンシャルな、一般的な性格を与えている」とし、肯定の形は「してもいい」に、否定の形は「してはいけない」、「してはならない」に置き換えられると述べている。

　「前提条件」において、実例の8割以上が一般的な事態を表し、動作主は一般化されたり、不特定者で構文上消去されたりするが、次のように動作主が話し手を含んだ特定者である場合は動作主の恒常的な性質として捉えられる習慣や性格が表現される。

(13) 未熟であること、孤独であることの認識はまだまだ浅い。何を書きたいのだろうか？ <u>家族</u>と<u>生活している</u>と、何も考えずにいても楽しく<u>過せるのだ</u>。けれども、母は、父は、昌之は、ヒロ子ちゃんは、どれだけ私を知っているのであろうか、どのような事で悩んでいるのか、何をやりたがっているのか知っているのであろうか。　　　　　　　　　　　　　　　　（二十歳の原点）

(14) 下書きをして清書をする。さらにそこへ筆を入れ、もう一度清書しなければ原稿の体をなさなかった。別に名文を書こうとしていたわけではない。<u>そうでもしなければ</u>意味の通じる文章を<u>書けなかったのだ</u>。　　　　　　　　　　　　　　　（一瞬の夏）

用例（13）、（14）のように、特定動作主の恒常的な性質を表す場合も、一般的な事態を表す文と同様に前提となる条件の生起は問題にならず、単に後件が成り立つための必要な要素として差し出される。つまり、前提条件文は動作主の有無や人称がどうであれ、個別・具体的な時間性に欠けていると言える。

以上のように、〈条件型可能〉の「前提条件」は、述語動詞のテンスに関係なく、単なる実現の可能性だけを表現することから、《潜在可能》の意味を持つと考えられる。

4.2.2　未定条件

〈条件型可能〉の可能表現の中で、その条件となる事柄がまだ起こっていないタイプを指す。「前提条件」の動作主は、一般化されたり、不特定者で構文上消去されたりすることが多いのに対し、「未定条件」の動作主は通常話し手本人であるか、特定できる誰かである。未生起の事柄によって条件付けられるタイプとはいえ、「前提条件」に比べると、より具体的で個別化された事態を捉えている。例えば、「高い車はお金さえあれば誰でも買える」といった「前提条件文」と、「（私は）後10万円があれば車が買える」といった「未定条件文」を比べると、後者の方がより具体的でアクチュアルな事態を表していることがわかる。

つまり、事態実現に結びつく条件の生起が問題にならない「前提条件文」より、未生起の条件ではあるが、特定動作主にとって条件の生起が

具体的に期待できる「未定条件文」の方がより個別化されたアクチュアルな事態を表すと言えよう。

(15) しかし、ジムのソファに坐り、茫然と外に眼をやっていると、この無為な時間がたまらなく貴重なものに思えてくる。あるいは、この無為の時間をくぐり抜けると、以前の自在な自分に戻れるのかもしれない……。　　　　　　　　　　（一瞬の夏）
(16) 志方は少しためらったが、すぐ意を決したように言った。
「出来ればお金を貯めておいて欲しいのです」
「私が？」
「ええ、お金さえもう少しあれば開拓はもっと楽に進めることができます。鍬や鋸ももっといいものを買えます。米も食べられます。夜、火を灯すこともできます」　　　　　　（花埋み）

このように、「未定条件文」は、条件として差し出される前件の生起が未定であるため、後件の事柄の成立もまだ確定はできないが、動作主にとって具体的に期待できる事態を捉えていることから、ある程度事態の実現が想定できるタイプと言える。このことは、特定動作主の期待する事態が個別の出来事として近未来に関わる場合、より明確になる。次の用例は、時を表す副詞的成分（もうじき、五時半）が未定条件となっていて、動作主の事態実現への重要な役割を果たしている。

(17) 「ああ君か。君はもうじき退院できるよ。ぼくが、オーソリティが保証するのだから大丈夫だ」　　　　　　　　　（楡家の人びと）
(18) 私は青山にあるオールナイト営業のスーパーマーケットの場所を教えた。「そこの中にあるコーヒー・スタンドで待っててくれ。五時半までには着けるから」　　　　　　　　　（世界の終わり）

このように、時間の具体化が進むほど（もうじき→五時半）よりアクチュアルな事態となり、現実界における実現度も高まっていく。つまり、未生起の事態ではあるが、個別化された出来事が未来の具体的な時間に関わっていると、実現の可能性が顕在的に表れるようになり、より実現

の意味に近づいていく[10]のである。よって、個別の出来事が具体的な未来時に関わる未定条件文は意味的に《潜在可能》から《実現可能》へ移行していくタイプとして捉えられる。

　以上のことから考えると、《潜在可能》から《実現可能》へ移行するタイプの文は、本来《潜在可能》の意味を持つ文が、時を表す副詞的成分を伴う（それが事態実現を左右する条件として差し出される）ことで、実現の可能性がより顕在的に表れるようになり、《実現可能》の意味を帯びるようになると捉えられる。

　一方、主節の述語動詞が過去の形をしている〈条件型可能〉の文は、通常これからの可能性として起こり得る事柄（条件）を表すことができないために、「未定条件」は存在しない。たとえ文中に現れたとしても、現実に反する事態の可能性を想定して、それに対応する仮定的な条件を作り上げる「反事実仮定」としか捉えることができない。

4.2.3　反事実条件

　このタイプの動作主は基本的に話し手を含む特定者である。発話時においてすでに起こった事態の結果が、動作主（もしくは話し手）にとって望ましくない、もしくは残念でならないという気持ちからその事実に反する事態の可能性を想定して、それに対応する仮定的な条件を作り上げているタイプである[11]。その仮定的な条件は、主に条件節の形をとって当該文に差し出される。述語動詞に「はずだ」「にちがいない」などの確信のムード形式や、「だろう」「かもしれない」などの推量のムード形式を伴う。

（19）五郎さえいなかったら、私はこのめぐまれた環境のなかで、留学生活を平和にすべり出せたにちがいない。　　　　　　　（驢馬）

（20）「今度の事件は完全に私のミスでしたよ。地主の反対もあって、あなたの計画をそのまま実行するわけにはいかなかったが、それでもあれを聞いていたらもう少し何とか手の打ちようを考えられたでしょう」　　　　　　　　　　　　　　　　（パニック）

（21）「どうして最初にそれをすっかり教えてくれなかったんだ？そうすればこんな馬鹿気たところにわざわざ来る必要もなかった

し、時間だって<u>節約できた</u>」　　　　　　　　（世界の終わり）

　このタイプは、現実界における出来事が動作主（もしくは話し手）にとって好ましいこともあろうと考えられるが、実例からは安堵の気持ちで作り上げる反事実の条件文（「太郎が生きていたら、彼女とは結婚できなかったはずだ」類）は見当たらなかった。述語動詞のテンスは過去の形に偏る（過去の形15例、現在の形1例）[12]。
　「反事実条件」は、動作主にとってどうすることもできない現実の出来事に反する条件を仮想して作り上げ、動作主の期待する事態実現の可能性を捉える可能表現である。つまり、「反事実条件」は、あくまでも話し手が現在にすでに起こっている事実に反する事態生起の可能性を想定しているだけで、アクチュアルな事態として具体的な時間に位置付けられるものではない。よって、〈条件型可能〉の「反事実条件」は、特定の時間から切り離されて潜在的に存在する実現の可能性を表す《潜在可能》の意味を持つと捉えられる。

4.2.4　既定条件

　何らかの既成事実に条件付けられているタイプである。他の〈条件型可能〉は条件句や節の中に事態実現の条件となる事柄を伴う「条件－帰結」といった複文の構造が一般的であるのに対し、「既定条件」の文は理由句や節の中に条件となる事柄が現れる「原因－結果」の因果関係を成す複文の構造をとる。文中に差し出される条件の継続性を基準に考えると、大きく「恒常的な事柄」「一時的な事柄」「個別一回的な事柄」に分けられる。

①　恒常的な事柄
　事態実現の可能性が既成事実に依存している可能表現で、基本的に主題の位置に立つ人やモノの恒常的な性質や動作主を取り巻く状況が事態実現を左右する条件として構文上に現れる。

(22)　<u>ぼく</u>は<u>貧しいので</u>子供に高価な画材を<u>買ってやれない</u>。
　　　　　　　　　　　　　　　　　　　　　　　（裸の王様）

(23) 賞与式には欠くべからざる喉をきかせるおじさんが、いつもにこにこと彼女を迎えてくれる。同じように小柄なおばさんも優しくお茶を入れてくれたりする。ここは言ってみれば天国のようなものであった。青雲堂は帳面になっていたから、なんでも無代で買えるのだ。　　　　　　　　　　　（楡家の人びと）
(24) 当時は受験日が別々になっていたから、彼女にふさわしく何回でも受験できたのである。　　　　　　　　　　　（楡家の人びと）

　用例（22）、（23）のように、主題に立つ人やモノの「特性」が事態実現を左右する条件として働く場合、文の表す意味は主題に立つ事態参与者の恒常的な性質を表す。これは意味上において〈恒常的内在型可能〉と重なるところである。しかし、文構造において〈恒常的内在型可能〉は、実現の可能性が主題化される対象に恒常的に備わっているだけで、それを裏付ける他の要素は文中に（構造上）現れない（「花子はロシア語ができる」）のに対し、このタイプの文は主題化される対象の特性が構造上に現れて事態実現を左右する条件となる（「花子はロシア生まれだからロシア語ができる」）点が大きく異なる。つまり、文の表す意味は似ていても、文の構造的な特徴が異なる。このように、〈条件型可能〉の「既定条件」において、事態実現の可能性が「恒常的な事柄」に依存している可能表現は、現実界における個別一回的な出来事ではなく、潜在的に存在する実現の可能性を捉えている点から《潜在可能》の意味を持つと言えよう。

　② 一時的な事柄
　通常、同一主体＝動作主の異なる時間帯における状態や状況を比べる時に用いられる。動作主は話し手本人を含む特定者で、一定の時間に限られる動作主の気分的・肉体的状態や置かれた状況により、動作主の期待する、もしくは意図し努める事態の実現が一時的に可能・不可能である・あったことを言い表す。時を表す副詞成分を伴うことで、動作主の異なる時間帯における一時的な状態や状況であることが明らかとなる。

(25)「柳はなんと言っているんです」
　　「三日前にスパーリングをしていて鼓膜を破ってしまったと言う

んだ。だから<u>できないと</u>……」 (一瞬の夏)
(26) 「風呂へ入れよ。それから飯にしよう。(今日は：引用者注) 親爺が
いないから、三人でのんびり<u>食える</u>」 (太郎物語)
(27) <u>初めの一カ月は貯えもなく</u>、米を買うにも一升ずつしか<u>買えな
かった</u>。 (花埋み)

　ある一定の時間を伴い、その時の動作主の一時的な状態や状況が事態実現を左右する条件として働いていることから、「恒常的な事柄」に比べてより個別的で具体的な事態を表現するタイプと言える。文の表す事態がある一定の時間に限定されることで、事態実現の可能性がよりアクチュアルに描かれるようになり、実現の意味に近づいていく。つまり、動作主が特定され、時間の具体化が進むほど文の表す事態はよりアクチュアルな出来事を描くようになり、実現の意味が表れやすくなるのである。
　このように、事態実現の可能性が「一時的な事柄」に依存している〈条件型可能〉の既定条件文は、実現の意味が顕在的に表れていることから、《潜在可能》から《実現可能》へ移行していくタイプとして位置付けられる。

③ 個別一回的な事柄
　事態実現の可能性が「個別一回的な事柄」に依存している可能表現で、基本的に発話時や物語世界内の出来事時を設定時とする特定の時間に関係付けられる。ここまで見てきた可能表現と違って、時間とは切り離せない関係にある。通常動作主は話し手本人で、3人称でも1人称に準じるもの（小説の地の文における感情移入など）である。

(28) カーテンを閉め、横になったが<u>眼が冴えて</u>どうしても<u>眠れない</u>。
 (一瞬の夏)
(29) 槌の音がより激しくなり、黒人兵は叫びたてると、背後から僕の喉を巨きい掌で掴んだ。<u>僕の喉の柔かい皮膚に黒人兵の爪が食いこみ痛かったし、喉ぼとけが圧迫されて呼吸ができない</u>。
 (飼育)

(30) 「こんどのことは、あんたには上出来じゃったの。」
母がいった。私はうれしく、「うん。」と素直に首肯できた。
(忍ぶ川)
(31) 熱の残ったナイフの鋭利な刃先が、私の下腹部に軽く食いこみ、それが定規で線を引くみたいに右に走った。私は一瞬腹を引こうとしたが、大男に背中をブロックされていたせいで、ぴくりとも動けなかった。
(世界の終わり)

このタイプは、過去の形を述語にする文が「実現」と「非実現」のどちらの用法にも用いられるのに対し、述語動詞が現在の形である場合、「非実現」の用法に偏っている[13]ことが特徴的である。これはおそらく本来可能表現が動作主の事態実現への期待を表すものであるため、動作主の期待通り、もしくは意図して努めた通りに実現する場合は、その結果が重んじられることで実現の意味が明確に表れる過去の形（完了）を用いてしまうからであろう。

例えば、このタイプの否定文は「調子が悪くて早く走れない」と現在の形で述べても、それに対応する肯定文は「調子がいいから早く走れた」のように通常過去の形（完了）で述べられる。もし、「調子がいいから早く走れる」のように現在の形にすると、個別的な意味はなくなり、潜在的に存在する実現の可能性を表すようになってしまう。そこで、「実現」の意味を表すためには、「調子がいいから早く走れている」のように、発話行為時にアクチュアルに関係付けられる「V-テイル」形式（継続相アスペクト）を用いる必要が生じる。このような点から考えると、可能表現の意味が述語に表されるテンスの形と深く関わっていることは確かである。

以上のように、〈条件型可能〉の「既定条件」において、条件が「個別一回的な事柄」である文は、述語動詞のテンスによる用法の違いは見られるが、いずれの場合も現実界において動作主が事態実現を試みた個別的な出来事を描いている点で共通している。よって、このタイプの文は時間とは切り離せない関係にある《実現可能》の意味を持つと考えられる。

4.3 〈条件不問型可能〉

実現の可能性がどこにあるのかは特に問題にならず、動作主の期待や意図に応じる、またはそれに反する結果のみが差し出される可能表現である。事態実現の可能性が文中に現れないため、なぜ実現したのか、もしくはしなかったのかを判断すること自体が難しい。「結局、とにかく、どうやら、なんとか、やっと、よく」などの副詞成分と共起して現れることが多いが、これは完結性を持つ副詞成分に事態の結果に焦点を向けさせる働きがあるからであろう。動作主は話し手本人で文中に現れないことが多いが、動作主が3人称である場合は、誰にとっての結果なのかを示すため動作主が明示される。

(32) とにかく、五月さんと一緒に花吹雪の中を歩けた！　　（太郎物語）
(33) それでも峻一はどうやら医学部を卒業し、慶応精神科の医局にはいれた。　　　　　　　　　　　　　　　（楡家の人びと）
(34) 「ニクソンがマリファナを厳重に取り締ろうとして、大学の医学部教授や有名な医者を集めて調査委員会を作ったんだけど、結局は有害を示す証拠は何も得られなかったんだから。ニクソンったらがっかりしてその委員会を解散しちゃったわ」
　　　　　　　　　　　　　　　　　　　（若き数学者のアメリカ）
(35) もっとも、家へ帰る途中にかかっているあの橋は、あのように幅の広い大きな橋ですし、欄干も頑丈にできている上に、壊れた部分も見あたらず、わたしにはとても妻が川に落ちたなど考えられなかったのですが、わたしにしろ村の者にしろ他に心あたりが何もないのですからしかたがありません。ずいぶん下流の方まで捜したのですが、妻の姿は発見できませんでした。
　　　　　　　　　　　　　　　　　　　　　（エディプスの恋人）

渋谷勝己（1993a: 29）は、このように事態実現の結果だけを差し出す可能表現を「結果可能」とし、「実現系可能には、条件を無視して単に実現の有無（結果）だけを問題にする用法がある」と述べている。また、可能の条件と動作の実現の対応関係が新たに発生した場合などがその典型で

あるとし、「(鉄棒で、今までできなかったわざをはじめて成功させて) できた！」(渋谷勝己の (21)) の例を挙げている。

　動作実行の結果のみを表す可能表現であることから、通常述語動詞のテンスは過去の形に限られる。「パソコンは問題なく使えている」のようにアスペクト形式「V-テイル」形を用いて、結果継続を表す例も考えられるが、今回の調査では見当たらなかった。また、現在の形を述語とする可能表現にも、なぜ動作主の期待する事態が実現しないのかが明示されず、単に非実現の結果のみが差し出されることがあるが、その場合、文脈から発話時に限られる動作主の「能力の欠如」(「本当にもう飲めない」類) が事態実現を左右する条件であることが明らかに表れるため、「既定条件」の「個別一回的な事柄」に属すると考える。

　〈条件不問型可能〉は、動作主が実際に事態実現を試みた結果を言い表す可能表現で、時間とは切り離せない個別一回的な出来事を捉えている点から、《実現可能》の意味を持つと捉えられる。

4.4　本節のまとめ

　本節では、まず「実現可能性の在り処」を問うことで可能動詞を文末述語とする可能表現の意味・構造的な類型を探り、それらがどのような構造的な特徴によって支えられているか、またどのような〈可能〉の意味を表すかについて考察した。次の表は、上述した可能表現のタイプと文の表す意味がどう関わっているかを明らかにするため、例数を挙げたものである。【表1】の全体用例2905例のうち、「判断不明」の72例と「その他」の846例を除いた1982例を、「実現可能性の在り処」を基準にタイプ分けし、各タイプがどのような〈可能〉の意味を表すかを検討したものである。【　】内は【表1】で、「二つの〈可能〉の境界例」として挙げているもので、《潜在可能》から《実現可能》へ移行していくタイプの例数である。

　次の【表3】からもわかるように、〈恒常的内在型可能〉は、述語動詞のテンスの形がどうであれ《潜在可能》の意味を持ち、〈条件不問型可能〉は、過去の形を述語にする可能表現で《実現可能》の意味を持つと捉えられる。〈条件型可能〉は、実現の可能性がどのような条件に依存するかによって、大きく《潜在可能》と《実現可能》に分かれるが、本来

《潜在可能》の意味を持つ文が、《実現可能》の意味を帯びるようになる用例（【　】内のもの）もある。また、〈条件型可能〉の述語動詞が現在の形で《実現可能》を表す場合は、「非実現」の意味に偏ることが指摘できる。

【表3】可能表現のタイプと用法の割合（括弧内はパーセンテージ）

可能表現のタイプ	全用例数	用法	肯定と否定	現在の形	過去の形
〈恒常的内在型可能〉	553 (27.9)	潜在可能	可能	232	22
			不可能	269	30
〈条件型可能〉[14]	1362 (68.7)	潜在可能	可能	317【69】	51【19】
			不可能	302【49】	40【12】
		実現可能	実現	5	115
			非実現	165	367
〈条件不問型可能〉	67 (3.4)	実現可能	実現		44
			非実現		23
合計	1982 (100)			1290	692

以上、ここまで見てきた4節の内容を簡単にまとめると、次の通りである。

① 〈条件型可能〉は、条件とその生起との関わりで大きく四つのタイプ（「前提条件」「未定条件」「反事実条件」「既定条件」）に分けられるが、文中に差し出される条件と時間性の関わりによって、《潜在可能》《実現可能》、または二種類の可能表現の移行関係を表すタイプが存在する。
② 〈条件型可能〉の「未定条件」において、個別の出来事が具体的な未来時に関わる文（「今行けば5時の電車に乗れる」）と、「既定条件」において事態実現を左右する条件が一時的な事柄に依存している文（「今は足を怪我して歩けない」）は、《潜在可能》から《実現可能》へ移行するタイプとして捉えられる。
③ 《潜在可能》から《実現可能》へ移行するタイプの文は、本来《潜

在可能》の意味を持つ文が時を表す副詞的成分を伴うことで、時間の具体化が進み、実現の可能性が顕在的に表れるようになる。つまり、時間の具体化が進むことで現実界における実現度が高まり、《実現可能》の意味に近づいていくのである。

④可能動詞を文末述語とする可能表現で、《実現可能》の意味を持つのは、基本的に〈条件型可能〉の「既定条件」で、条件が「個別一回的な事柄」である文（ただし、述語動詞が現在の形である場合は「非実現」の用法に偏る）と、〈条件不問型可能〉に限られる。

⑤動作主が特定され、時間の具体化が進むほど文の表す事態はよりアクチュアルな出来事を描くようになり、《実現可能》の意味が表れやすくなる。

5 おわりに

本章では、可能動詞を文末述語とする可能表現の意味がきれいに《潜在可能》と《実現可能》という二種類の可能表現に分けられるのではなく、《潜在可能》から《実現可能》への移行関係を表すタイプが存在することを指摘し、どのような構造的な特徴のもとで二種類の可能表現の意味が表れやすくなり、移行していくかを明らかにした。また、可能動詞を文末述語とする可能表現の意味と述語に表されるテンスの形との結びつきは否定できないが、可能表現の意味は「文の表す事態や時間性との関わり」により方向付けられるもので、それは述語動詞のテンスの形のみならず、文全体の構造により支えられていることを明確にした。

以上、第2部では、日本語の可能表現の研究において残されている問題として「動詞の意志性」と「可能の意味分類」を取り上げ、考察を試みた。第2章では、まず動詞の意志性を計るために実際のデータを用いて、述語動詞と「主体の意志表現形式」との共起関係を検討した。次に、その共起の度合いによって「動詞の意志性」をタイプ分けし、可能形式との関わりについて考察を試みた。その結果、「主体の意志表現形式」との共起の度合いによる「動詞の意志性」は大きく三つ（意志：A、中間領域：B、無意志：C）に分類できるが、可能形式との共起関係から見ると二つ（中間領域の動詞Bを意志動詞に含むものと、無意志動詞C）に大別されること

を明らかにした。つまり、「動詞の意志性」と可能形式との関わりから考えると、意志動詞には主体の意志で動作生起から達成まで制御可能な動詞（A）に限らず、動作達成までの制御ができなくても主体の意志如何で動作生起や変化を起こし得る動詞（B）も含まれることが明らかになった。

　一方、第3章では可能動詞を述語とする可能表現の意味・構造的な類型を探り、それらがどのような構造的な特徴によって支えられているかを考察した。そして、可能動詞を文末述語とする可能表現は「文の表す事態や時間性との関わり」により〈可能〉の意味の違いが生じるということを明らかにし、どのような構造的な特徴のもとで《潜在可能》と《実現可能》という二種類の可能表現の意味が表れやすくなり、移行していくかを明確に明示した。次の第3部では、可能表現の日韓対照研究の準備的考察も兼ねて、現代日本語の可能表現を手掛かりとしながら、韓国語の可能表現の意味特徴とその用法について考察を行う。

注　[1]　小矢野哲夫（1979: 89）は、可能動詞の過去形の用法について、「ほとんどの場合、基準となる時点において事柄が実現したことを表す」としている。また、奥田靖雄（1986: 200）は、「「することができる」を述語とする可能表現の意味とテンスとの関わりについて、「することができる」という、語彙的・構文的な手続きをとる可能表現の文が、その現在のかたちにおいては〈可能〉を表現し、過去のかたちにおいては〈実現〉を表現している、という一般的な規定は、いまのところくつがえす必要はないだろう。それぞれが対立する意味を実現するときには、特殊な条件が必要である」と説明している。

　　　[2]　「今行けば5時の電車に乗れる」のように個別的な出来事が具体的な未来時に関わっている文や、「今は足を怪我して歩けない」のように一定の時間に限られる動作主の状態を表す文は、《潜在可能》から《実現可能》へ移行していくタイプとして捉えられる。詳しくは4.2で述べる。

　　　[3]　「あれが彼の仕業とは考えられない」のように、動作主の内的情態を表す文は《潜在可能》か《実現可能》かの判断が難しい。

　　　[4]　「～（Nの、自動詞）ように感じられた、～（自動詞）のが感じられた」の形が多い。

　　　[5]　渋谷勝己（1993a: 19）は、「実現系可能と潜在系の可能は、もともと意味的に異なるものであるから、（中略）どちらの可能においても、過去を表すものと現在あるいは未来を表すものとがあると解釈すべきである」と指摘

	し、可能表現の表す意味が述語動詞のテンスの形によって方向付けられるものではないと捉えている。
［6］	本章では、動作主に網掛け、動作主以外の事態参与者に枠囲い、条件に破線、述語に下線を施す。
［7］	寺村秀夫（1982a: 259-260）は、このような表現を「受動的可能表現（passive potential）」とし、受動とつながっていると捉えている。
［8］	述語動詞が現在の形を用いる反事実条件文も1例あった。
［9］	現在の形を用いる反事実条件文の1例を含めると790例になる。
［10］	鈴木重幸（1972: 278）は、「潜在的なものの顕在的なものへの転化を表し、この用法は動作動詞の基本的な用法と変わりない」とし、奥田靖雄（1986: 206）は、「具体的な動作・状態が未来に関わっている時には、／可能／と／実現／とがひとつにとけあっているようである」としている。また、渋谷勝己（1993a: 24）は、「未来時の実現に関する実現系可能は、潜在系可能との区別があいまいになる」と捉えている。
［11］	小矢野哲夫（1979: 88）は、このような用法について、「実際上は（現在の事実に対する：引用者注）反対の実現を含意しているが、表面的に解釈すれば、反実仮想という条件のもとで可能性の実現を表すものである」と説明している。
［12］	現在の形を用いて、現在の事実に反する仮定として動作主の期待する事態が表現されることもある。 ・「ああ、せめて僕が奈良県に生れてたらなあ。もしかしたら国体に出られるんだけどなあ」　　　　　　　　　　　　　　　　　　　　　（太郎物語）
［13］	現在の形を述語にする《実現可能》の意味を持つ可能表現170例のうち、「実現」の意味を表すのは、5例しかなかった。
［14］	〈条件型可能〉は、「前提条件」「未定条件」「反事実条件」「既定条件」に下位分類できるが、ここではタイプ別に例数を挙げず、全体例数を示す。

第3部
現代韓国語における
可能表現の
意味特徴と用法

本書では、韓国語の可能表現を大きく「形態的な可能形式」と「語彙的な可能形式」に分けて考える。可能表現の日韓対照研究の準備的考察として、まず第4章では現代韓国語における形態的な可能形式について考察する。韓国語の可能表現において生産的に作られる文法的な形式、すなわち「ha-l swu issta / epsta（ある事を成す可能性や力がある／ない）」、「ha-l cwul alta / moluta（ある事を成す方法を知っている／知らない）」、「mos hata / ha-ci moshata（ある事ができない／ある事をすることができない：不可能専用)」を可能形式として捉え、各形式間における用法の重なりや相違点について考える。これらの考察により、日本語の可能表現と違って韓国語の可能表現は「可能の生起条件」(「能力」か「状況」か）や「出来事の種類」(「ポテンシャル」か「アクチュアル」か）によって異なる可能形式を用いる点を示す。

　次の第5章では、韓国語の代表的な、形態的な可能形式「ha-l swu issta / epsta」について、より詳しく見ていく。可能表現において「動作主の能力や状況による事態実現の可能性を表す可能」と、「見込みの存否やその度合いを表現する蓋然性を表す可能」とは別の意味合いを成すという考えから、韓国語の可能形式「ha-l swu issta / epsta」を大きく《ちからの可能》と《蓋然性の可能》に分けて考察を行う。韓国語の可能形式「ha-l swu issta / epsta」は、他の可能形式「ha-l cwul alta / moluta」「mos hata / ha-ci moshata」と違って、単に動作主の能力や状況による事態実現の可能性を表すのではなく、事態生起に対する見込みの存否やその度合い、すなわち蓋然性を表すことができる。日本語における「（シ）ウル／エル」も蓋然性を表す可能形式であるが、「ha-l swu issta / epsta」に比べると文法的な制限が多い。第5章では、このような「ha-l swu issta / epsta」の《蓋然性の可能》の用法に焦点を当て、《ちからの可能》との相違点やそれを支えている構文的特徴について明らかにする。主に可能形式「ha-l swu issta / epsta」が表す《ちからの可能》と《蓋然性の可能》における意味特徴と用法を見ていくが、日本語の「（シ）ウル／エル」との比較も視野に入れながら考察を行う。

　第6章と第7章では、韓国語において語彙的な可能表現の担い手として用いられる「cita」「toyta」を「語彙的な可能形式」と称し、考察を試みる。使用場面が限られていて生産的な形式とは言えないが、意味的な

面において可能表現の意味を担っている「cita」「toyta」がどのような構文的な特徴により〈可能〉の意味を表すようになるかを明らかにする。

　このように、第3部では「韓国語における可能表現の意味特徴と用法」を明らかにすることで、日本語の可能表現が韓国語の可能表現とどのように対応し得るかをら考えていきたい。

第4章
韓国語における形態的な可能形式（1）
日本語の可能表現を手掛かりとして

1　本章における研究対象及び方法

　本章では、韓国語の「形態的な可能形式」である「ha-l swu issta / epsta」、「ha-l cwul alta / moluta」、「mos hata / ha-ci moshata」について考察を行う。これらは、可能表現以外の用法で用いられることもある[1]が、可能表現の意味を持たない用法は考察の対象から除く。また、語彙的な可能表現の役割を担う形式である「cita」「toyta」については、それぞれ第6章と第7章で考察する。

　研究方法としては、対訳版および翻訳版のある言語資料を用いて、可能形式を文末述語とする現代日本語と韓国語の可能表現の用例を収集し、その用法と意味特徴を明らかにしていく。

　言語資料は、翻訳版のある日本語と韓国語の小説6冊（日本語5＋韓国語1）と対訳版のあるネット上の新聞社説（中央日報の日本語版）「噴水台」の2008年6月から12月までのデータから1443例を収集し、検討した。用例提示において、出典がないものは基本的に作例である。

2　韓国語における可能表現の様相――先行研究を中心に

　第1章で述べたように、韓国語には日本語の可能動詞のように広い意味で〈可能〉と言えるような専用の可能形式がない。形式名詞「swu」、「cwul」や不可能の意味を持つ副詞「mos」、または補助動詞「-ci moshata」が文法化した形式「ha-l swu issta / epsta」、「ha-l cwul alta / moluta」、「mos hata / ha-ci moshata」はあるが、日本語の可能動詞とは形態的に異なる。要するに、韓国語の可能表現は日本語の可能動詞のような統語的な可能形式を持たず、語彙的なもので成り立っている点で日本語の可能表現とは大きく異なる。

　また、現代日本語における可能表現の研究は形式より意味を優先とするアプローチが多いのに対し、韓国語では可能表現を一つの文法カテゴリーとして扱っている研究がほとんどなく、意味よりも形態を重視するアプローチが主流である。例えば、「可能、能力、方法」を表す「swu」、「cwul」と、「不可能、不能力」を表す「mos」は別々に扱われることが一般的で、前者が形式名詞の研究で後者が副詞や否定辞の研究の中で別々に取り上げられている。つまり、これらの形式によって表される意味の違いや重なりについては問題にされていない。

　韓国語の可能形式を取り出し、日本語の可能形式と対照を行っているものは、管見の限りでは、鄭寅玉（1997）と李慶實（2009）のみである。金美仙（2006）は、「ha-l swu issta / epsta」「ha-l cwul alta / moluta」をそれぞれ一つの分析的な述語形式として扱いながら、両形式の正確な意味記述を試みている。金美仙（2006）は、日本語と韓国語の可能表現に関する対照研究ではないが、日本語の可能表現を参考にして考察を行っている点から、ここで紹介する。これ以外の可能表現に関する先行研究は関連する各節で取り上げる。

2.1　鄭寅玉（1997）

　鄭寅玉（1997）は、日本語と韓国語の可能表現に関する対照研究がほとんどなされていない中、両言語における可能表現の形式と意味について考察を試みた点で、意義があると言える。鄭寅玉（1997）は、日本語の可能表現の文を韓国語で訳す際に用いられるものを基準とし、「swu issta」「cwul alta」「l, hi, li, ki」「cita」「calhata」「manhata」を韓国語の可能表現を表す形式として捉えている。日本語の可能表現の意味（「潜在系可能」と「実現系可能」）とその用法に、韓国語の可能表現を照らし合わせながら、韓国語の可能形式が持つ形態・統語・意味的な特徴を示そうとしている。

　すでに研究のある日本語の可能表現を踏まえて、韓国語の可能表現の形式や意味特徴を立てようとする試みは評価できるが、各形式によって

表される意味の違いや重なりに関する記述がきちんと為されていない。また、韓国語の可能表現の代表的な可能形式の一つとも言える「mos hata / ha-ci moshata」については全く言及していない。筆者が集めた実例（約1400）において、可能表現の約50％以上が否定文に現れているが、鄭寅玉（1997）では例のほとんどが作例で肯定文に偏っており、否定文の意味・用法については記述されていない。

2.2　李慶實（2009）

　李慶實（2009）は、現代日本語の可能形式である「可能の助動詞・可能動詞」「デキル」「得ル」と、現代韓国語の可能形式「-l swu issta / epsta」「-l cwul alta / moluta」「mos」との比較・対照を行い、両言語の可能表現における意味・用法上のずれと重なりを考察している点で注目できる。李慶實（2009）は、実例を用いて、日・韓両言語の可能表現がいかに解釈されているのかを分析し、日本語と韓国語の意味特徴を示そうとしている点に意義がある。

　しかしながら、両言語の対訳における単語同士を対応付けて解釈し、その意味上のずれや重なりを示しているだけで、その要因に関する分析や記述が為されていない。それ故に、両言語の可能表現における意味・用法上のずれや重なりに関する裏付けが薄弱である。

　例えば、李慶實（2009: 326）は、日本語と韓国語の可能形式における相違点として「日本語の場合、三者の形式（「可能の助動詞・可能動詞」「デキル」「得ル」）が表せる意味・用法は〈状況可能〉であるのに対して、韓国語の場合、三者（「-swu-」「-cwul-」「mos」）が表せる意味・用法は〈能力可能〉である」としているが、日本語の可能形式は、〈能力可能〉をも表すことができる。「得ル」は現在形終止用法の場合、無意志動詞と共起しやすく、主に蓋然性を表す可能形式として用いられるが、李慶實（2009: 326）が〈状況可能〉の例として挙げている現在形連体用法の場合は、「大統領にもなり得る男」「この車が走り得る最高速度は」のように、〈能力可能〉の意味で主体の力による事態の実現可能性を表す。

　李慶實（2009）は、実例を用いて現代の日本語と韓国語の可能形式が両言語においてどのように訳されるかをわかりやすく示している点で評価できるが、意味上のずれや重なりに関する説明に適切でないところがある。

第4章　韓国語における形態的な可能形式（1）

2.3　金美仙（2006）

　金美仙（2006）は、意味上類似する可能形式「ha-l swu issta / epsta」「ha-l cwul alta / moluta」を一つの分析的な述語形式として扱っている点で意義がある。金美仙（2006: 311）は、「ha-l swu issta / epsta」と「ha-l cwul alta / moluta」の意味を比較しながら、「「ha-l swu issta / epsta」は可能を表しているが、「ha-l cwul alta / moluta」は主体の能力や動作に対する話者の評価の意味を表す」としている。このような金美仙（2006）の考えは基本的に正しいと思われるが、「ha-l cwul alta / moluta」の意味は必ずしも「能力への評価」を表すとは限らない。なぜなら、「너 피아노 칠 줄 알아? ne phiano chi-l cwul al-a?（あなたピアノ弾けるの?）」と尋ねる場合は、単に主体の能力を訊くのではなく、「果たして主体にピアノを弾く能力があるだろうか」という話し手の気持ちが入ることから「主体の能力への評価」の意味が読み取れるが、「아니, (피아노) 칠 줄 몰라 ani, (phiano) chi-l cwul mol-la.（ううん、（ピアノ）弾けない）」という答えに、話し手本人が自分の能力を評価しているという意味は読み取りにくいからである。

　「ha-l swu issta / epsta」「ha-l cwul alta / moluta」の意味は、単に「能力可能」を表すか「能力への評価」を表すかで分けられるのではなく、動作主の有無や人称、文の種類、可能を成り立たせる条件がどこにあるかなども関わっていると考えられる。特に、「ha-l swu issta / epsta」「ha-l cwul alta / moluta」の用法の違いにおいて、可能を成り立たせる条件が動作主の心理的なものや能力などによる内的条件なのか、それとも動作主を取り巻く外的条件によるかは、重要な要因となる。金美仙（2006）は、鄭寅玉（1997）と同様に韓国語の可能表現の代表的な可能形式の一つである「mos hata / ha-ci moshata」について考察を行っていないが、意味上において類似する可能形式「ha-l swu issta / epsta」「ha-l cwul alta / moluta」の使い分けを試みている点は注目すべきである。

3　韓国語における可能表現の用法
　　──日本語の可能表現を手掛かりとして

　第1章で述べたように、日本語における各可能形式は、意味上におい

てさほど変わりはないが、「可能動詞」の方が話し言葉的で会話文に多く用いられるのに対し、「(スル)コトガデキル」は書き言葉的で、論理的な説明文によく現れるという傾向が見られる。しかし、韓国語の可能表現は、文体の違いだけで可能形式を使い分けることは非常に難しい。不可能専用の可能形式「mos hata / ha-ci moshata」において、短い形の「moshata」の方が話し言葉的で会話文に多く用いられる傾向があるが、音節が長い動詞や状態動詞に「-ci moshata」が付く点を考えると簡単には規定できない[2]。

韓国語の可能形式について考えると、文体よりむしろ形式間の意味に違いがあるようである。例えば、日本語で「(私は自転車に)乗れない」といった場合、韓国語では①「(나는 자전거를) 탈 수 없다 (na-nun cacenke-lul) tha-l swu epsta」、②「(나는 자전거를) 탈 줄 모른다 (na-nun cacenke-lul) tha-l cwul mollu-nta」、③「(나는 자전거를) 못 탄다 (na-nun cacenke-lul) mos ta-nta」の三つに訳せる。とはいえ、三つの形式が全く同じ意味で捉えられるわけではない。①「tha-l swu epsta」が動作主の何かしらの事情(能力欠如、不利な状況または不都合)により、自転車に乗れないことを言い表すのに対し、②「tha-l cwul mollu-nta」は、動作主が自転車の乗り方を知らないために、自転車に乗れないといった動作主の後天的な能力欠如を言い表す。一方、③「mos ta-nta」[3]は、①と②のいずれの意味も表し得る。これは、次のように「荷物が多くて/足を怪我して」や「もともと」という言葉を入れることでより明らかとなる。

(1) 私は荷物が多くて/足を怪我して自転車に乗れない。
  a. 나는 짐이 많아서/다리를 다쳐서 자전거를 탈 수 없다 {tha-l swu epsta}.
  b. *나는 짐이 많아서/다리를 다쳐서 자전거를 탈 줄 모른다 {tha-l cwul mollu-nta}.
  c. 나는 짐이 많아서/다리를 다쳐서 자전거를 못 탄다 {mos ta-nta}.
(2) 私はもともと自転車に乗れません。
  a. ?나는 원래 자전거를 탈 수 없다 {tha-l swu epsta}.
  b. 나는 원래 자전거를 탈 줄 모른다 {cwul mollu-nta}.
  c. 나는 원래 자전거를 못 탄다 {mos ta-nta}.

第 4 章　韓国語における形態的な可能形式 (1)

このように、韓国語の可能形式は日本語と違って、可能形式間に意味の違いがあり、その用法も異なっている。要するに、「ha-l swu issta / epsta」「ha-l cwul alta / moluta」「mos hata / ha-ci moshata」は韓国語において（不）可能を言い表すという点で共通しているが、事態の生起を可能にする条件（以下「可能の生起条件」）が異なるため、違った意味、用法を持つと考えられる。

以上のことを踏まえ、本章では「可能の生起条件」を意味分類の基準とし、韓国語の可能表現を大きく〈能力可能〉と〈状況可能〉の二つに分けて考察を試みる[4]。「可能の生起条件」が動作主本人の能力や特性などの内的条件にあるのを〈能力可能〉、動作主を取り巻く状況や都合などの外的条件にあるのを〈状況可能〉とする。以下では、「可能の生起条件」（「能力」か「状況」か）を基準とし、韓国語の可能形式間における意味、用法の違いや重なりについて見ていく。

3.1 〈能力可能〉

ここでは便宜上、可能・不可能の意味を言い表す「ha-l swu issta / epsta」「ha-l cwul alta / moluta」と、不可能の意味だけを言い表す「mos hata / ha-ci moshata」に分けて、見ていくことにする。

3.1.1 「ha-l swu issta / epsta」「ha-l cwul alta / moluta」

次の例は、人やモノに備わっている能力によって事態の実現が可能になることを表している可能表現で、特定の時間軸に位置付けることのできない人やモノの性質を表している。

(3) 太郎は3ヶ国語が<u>できる</u>。
(4) 「浪花節<u>やれる</u>？」　　　　　　　　　　　　（ルージュ）
(5) 24時間、<u>戦えますか</u>。　　　　　　　　　　（五体不満足）
(6) 「あのタワーのほうに車は<u>入れますか</u>？」　　（ルージュ）

これらは、日本語の可能表現をもとに考えると、いずれも動作主の能力を表す文であり、特にその違いが現れない。しかし、韓国語に訳してみるとその違いが浮き彫りになる。すなわち、(3)、(4) が「ha-l swu issta」と「ha-l cwul alta」の二つの可能形式が使えるのに対し、(5) と (6) は「ha-l swu issta」しか使えない。それは、二つの可能形式「ha-l swu issta / epsta」「ha-l cwul alta / moluta」における「事態実現の要因」が異なるからである。

「ha-l swu issta / epsta」「ha-l cwul alta / moluta」は、両者とも動作主の能力による事態実現の可能性を表している点で共通しているが、両形式の「事態実現の要因」を探っていくとその違いが明らかとなる。「ha-l swu issta / epsta」の場合、動作主が当該の動作を行う能力を備えていることが前提になっている。つまり、動作主が意図してある事態を引き起こそうとした時、その事態の実現を左右するものは動作主に備わっている能力で、その能力の拠り所は特に問題にならない。それに対し、「ha-l cwul alta / moluta」は、動作主が当該の動作を遂行する知識や技能を習得しているか否かによって事態の実現が左右される点が大きく異なる。要するに、「ha-l swu issta / epsta」は、動作主が恒常的に有している能力に「事態実現の要因」があるのに対し、「ha-l cwul alta / moluta」は動作主が後天的に習得した知識や技能による能力が「事態実現の要因」として働くのである。

したがって、(5) に「ha-l cwul alta」を用いると、動作主に向けて「24時間、戦うための知識や技能があるか」といった問いになり、動作主の単なる実現能力を問う文にはならない。また、(6) の場合は、非情物動作主で動作主の知識や技能を問うこと自体が考えられない文であるため、「ha-l cwul alta」を用いることができない。よって、次のように動作主における身体的な能力欠如が事態の実現を妨げる要因となる場合、「ha-l swu epsta」は用いられるが、「ha-l cwul moluta」は動作主の持つ知識や技能の欠如による不可能や非実現の意味を表すために用いることができない。

(7) (手のないボクは：引用者注) 雑巾を手で挟むことができないため、壁や机を拭くことができない。必然的に床を拭くことになるが、これも乾拭きしかできない。　　　　　　　　　　　(五体不満足)

前述のように、金美仙 (2006: 311) は、「ha-l swu issta / epsta」「ha-l cwul

alta / moluta」の意味を比較しながら、「両形式は、何らかの形で「能力」を表す点において共通しているが、(中略)「ha-l swu issta / epsta」は能力を可能の要因として捉えているが、「ha-l cwul alta / moluta」は、能力を主体の属性として評価的に表す」としている。

このような金美仙 (2006) の考えは基本的に正しいと思われるが、「ha-l swu issta / epsta」と「ha-l cwul alta / moluta」の意味を「能力可能」か「能力への評価」かによって分けるより、両形式の「事態実現の要因」が異なると見て、「ha-l cwul alta / moluta」を、動作主の習得した知識や技能による能力の有無を言い表す可能形式である、と規定した方がより正確であろう。

3.1.2 「mos hata / ha-ci moshata」

この項では、不可能専用の可能形式である「mos hata / ha-ci moshata」の意味的な特徴とその用法を明らかにするために、他の可能形式「ha-l swu epsta」「ha-l cwul moluta」と対照しながら考察を試みる。

① 恒常的な能力欠如を表すもの

「mos hata / ha-ci moshata」は、次のように動作主の特性とも言える恒常的な能力欠如を言い表す。

(8) "난 운전을 못 해요 {wuncen-ul mos hayyo}."
「ぼくは運転できないんです」　　　　　　　　　　(ルージュ)
(9) "수영복 안 가져왔어?"
「水着は持ってこなかったの？」
"수영 못 해요 {swuyeng mos hayyo}."
「泳げないの」　　　　　　　　　　　　　　　　　(ルージュ)
(10) "그녀는 술 못 마셔 {mos masye}."
「彼女は飲めないんだ」　　　　　　　　　　　　　(ルージュ)

このように、会話文において動作主の恒常的な能力欠如を表す文には、不可能専用の可能形式の中で短い形「mos hata」が多く用いられる。「ha-ci moshata」に置き換えることもできるが、その場合「(スル)コトガ

第3部　現代韓国語における可能表現の意味特徴と用法

デキナイ」のような書き言葉的な文体となる。

　用例（8）、（9）は、「ha-l cwul moluta」を用いることができるが、その場合、文の表す意味は動作主の持つ知識や技能の欠如によって、事態の実現する見込みがないことを言い表すようになる。また、特別な知識や技能の習得に関わりのない用例（10）のような文に「ha-l cwul moluta」を用いると不自然な文になる。

　一方、用例（8）〜（10）は、用例（3）〜（5）（「thalo-nun 3kay kwuke-lul ha-l swu issta」（太郎は3ヶ国語ができる）のタイプ）と同様に動作主の能力を表しているにもかかわらず、「ha-l swu epsta」を用いると不自然な文になってしまう。これは、本来可能表現が、動作主の動作・状態の実現への期待を言い表すものであることから、動作主に備わっている能力だけで事態が実現する見込みがある場合（〈能力可能〉の肯定文）は、わざわざなぜ事態の実現が可能であるかなど示す必要がないのに対し、事態が実現する見込みがない場合（〈能力可能〉の否定文）は、なぜ動作主が意図しても実現する見込みがないのかを示す必要が生じるからであろう。「mos hata / ha-ci moshata」は、そのままの形で動作主の恒常的な能力欠如による事態の不可能を表すことができるが、「ha-l swu epsta」は、文脈の明確な支えがないと動作主自らの能力欠如によるものである事を表すことができない。

　したがって、「ha-l swu epsta」を用いる際には、次のように当該の動作のできない能力欠如の要因を文中や段落の中に明示しなければならない。用例（11）〜（13）は、「ha-l swu epsta」が用いられているが、「mos hata / ha-ci moshata」とも自由に置き換えることができる。

（11）손이 없는 나는 모래놀이를 할 수 없다 {molaynoli-lul ha-l swu epsta}.
　　　手のないボクは自分で砂遊びをすることができない。
　　　　　　　　　　　　　　　　　　　　　　　　　　　（五体不満足）

（12）팔다리가 없기 때문에 바로 나인 것이다. 그리고 아무도 '나를 흉내낼 수 없다 {hyungnaynay-l swu epsta}.'
　　　ボクは、手足がないからボクなんだ。そして、誰も「ボク」になることはできない。
　　　　　　　　　　　　　　　　　　　　　　　　　　　（五体不満足）

（13）걸레를 손에 잡을 수 없었기 때문에 창틀이나 책상을 닦을 수는 없

었다 {takku-l swu-nun eps-ess-ta}.
雑巾を手で挟むことができないため、壁や机を拭くことはできない。　　　　　　　　　　　　　　　　　　　　　　　　（五体不満足）

② 属性規定的なもの

　次のように文の表す事態が実現しない個別の理由は特に問題にならず、単に主題に立つ人やモノの属性を規定する可能表現（「人は水がないと生きていけない」のタイプ）には、可能形式「ha-l swu issta / epsta」が用いられる。このタイプは、「社会的通念」として捉えられる事柄が述べられる。したがって、動作主個人が持つ知識や技能による能力を言い表す「ha-l cwul alta / moluta」を用いることはできない。

（14）"물은 사람을 죽일 수 있지만 {cwuki-l swu iss-ciman} 맥주는 괜찮다"는 유럽 속담이 있다.　　　　　　　　　　（中央日報2008.8.15）
　　　「水は人を殺すことができるが、ビールは大丈夫だ」という欧州のことわざがある。

（15）그러나 사람은 자동차 없이는 살아도 식량이 없으면 살 수 없다 {sa-l swu epsta}.　　　　　　　　　　　　（中央日報2008.6.30）
　　　しかし人は自動車なしに生きることはできても、食糧がなければ生きられない。

（16）사람은 살아 있는 이상 도저히 고통에서 벗어날 수가 없다 {pesena-l swu-ka epsta}.
　　　人は生きていく以上どうしても苦しみを免れることができないのだ。　　　　　　　　　　　　　　　　　　　　　　　（ルージュ）

（17）마틴 루서 킹 목사는 분노만으로 세상을 바꿀 수 없다 {bakkwu-l swu epsta}고 했다.　　　　　　　　　（中央日報2008.6.24）
　　　マーティン・ルーサー・キング牧師は、憤怒だけで世の中を変えることはできないと語った。

　用例（15）～（17）は、不可能を表す可能表現であるから、一見「mos hata / ha-ci moshata」と置き換えることもできそうだが、実例を見ると、このタイプにおいて不可能を表すほとんどの例文が「ha-l swu epsta」を

用いている。これは、「ha-l swu epsta」の方が「mos hata / ha-ci moshata」より、ポテンシャルな出来事を表す可能表現に適しているからである。つまり、「ha-l swu issta / epsta」は、単に実現の可能性として存在するポテンシャルな出来事を表す可能表現に用いられやすい反面、特定の時間において具体的に表されるアクチュアルな出来事を言い表す可能表現には用いられにくい。

一方、「mos hata / ha-ci moshata」はポテンシャルな出来事に限らず、現実世界におけるアクチュアルな出来事をも言い表すことができる。さらに言えば、「mos hata / ha-ci moshata」は、基本的に動作主の意図はあるが、能力が欠如している、もしくは動作主を取り巻く外的条件によって動作主の意図通りにできない事柄を描く可能形式であることから、「ha-l swu issta / epsta」に比べると、アクチュアルな出来事を述べるのにより適していると考えられる。実際、次の用例 (18)、(19) は、ある特定の時間に置かれた動作主の一時的な不都合による非実現を表す〈状況可能〉の可能表現であるが、アクチュアルな出来事を表していることから、「mos hata / ha-ci moshata」が用いられる。

(18) 어떻게든 그녀의 마음을 확인하고 싶다는 생각이 절실하여, 하쓰다이에 있는 '도쿄 오페라 시티'에서 식사를 하면서도 어색한 말밖에 하지 못했다 {mal-pakkey ha-ci mos-hayss-ta}.
とにかく彼女の気持ちをたしかめたいという思いが強くて、初台の〈東京オペラシティ〉で食事をしたのだが、ぎこちない会話しかできなかった。
(ルージュ)

(19) 아침 일찍 일어나, 뜰에 물을 뿌렸다. 출근하는 아빠와 마주쳤다. 내가 벌거숭이 같은 꼴로 물을 뿌리고 있어서, 부끄러워 다가오지 못하는 듯 했다 {takao-ci mosha-nun tus hayss-ta}.
朝早く、起きて、庭で水を撒いた。出勤する父に会った。私が裸みたいな格好で水撒きをしているので、恥ずかしくて近寄れないようだった。
(ハネムーン)

これらは、特定の時間に関係付けられる出来事を言い表しているために、「ha-l swu epsta」に置き換えると不自然な文になる。つまり、「ha-l swu epsta」と「mos hata / ha-ci moshata」は出来事の種類（「ポテンシャル」か「アクチュアル」か）が異なると言える。

3.2 〈状況可能〉

　ここで取り上げる〈状況可能〉は、「可能の生起条件」が動作主本人の能力や特性などによる内的条件にあるのではなく、動作主を取り巻く状況や都合などの外的条件にあるものを指す。その条件となる事柄は、通常文脈の中に与えられる。

　韓国語の可能表現において、〈状況可能〉を表す可能形式は、「ha-l swu issta / epsta」と「mos hata / ha-ci moshata」（不可能専用形式）に限られる。動作主が後天的に習得した知識や技能による実現の可能性を表す「ha-l cwul alta / moluta」を用いることはできない。

(20)　갑자기 다쓰로도 트림을 해보고 싶었다. (중략) 맥주를 마시고 있으니 언제든 <u>할 수 있다</u> {ha-l swu issta}.
　　　ふと、達郎もゲップをしてみたくなった。（中略）ビールも飲んでいるし、いつでも<u>出せる</u>。　　　　　　　　　　　（義父のヅラ）

(21)　이제 이 집에서는 할 일이 없으니까, 어디든지 <u>갈 수 있어</u> {ka-l swu iss-e}、라고 히로시는 말했다.
　　　もうこの家でやることがないから、どこにでも<u>行ける</u>、と裕志は言った。　　　　　　　　　　　　　　　　　　（ハネムーン）

(22)　"저어어……이치로는 미국에 있어서 저희들도 <u>만날 수가 없는데요</u> {manna-l swu-ka eps-nunteyyo}."
　　　「ええと……イチローはアメリカだから、ぼくらでも<u>会えないんですけど</u>」　　　　　　　　　　　　　　　（ホットコーナー）

(23)　"저렇게 춥고, 무지막지한 파도 속에서, 나 같으면 불안해서 <u>못 놀 것 같은데</u> {mos no-l kes kath-untey}."
　　　「あんな寒そうな、ものすごい波の中で、僕だったら心細くて<u>遊んでいられないな。</u>」　　　　　　　　　　（ハネムーン）

　〈状況可能〉の肯定文である用例（20）、（21）は「ha-l swu issta」を用いて、動作主を取り巻く状況や都合により、動作主の期待する事態が実

現できることを言い表している。

また、〈状況可能〉の否定文である用例（22）、（23）は両者とも、動作主を取り巻く外的条件によって動作主の期待する、または意図する事態の実現が阻まれていることを言い表している。（22）は「ha-l swu epsta」、（23）は「mos hata」が用いられているが、両者を置き換えても意味上の違いは生じない。

動作主の外的条件による実現の可能性を言い表す〈状況可能〉には、次のように文の表す事態が未来に関わる実現の可能性を表すことがある。その場合、用いられる可能形式は「ha-l swu issta / epsta」に限られる。

(24) "구로카와 씨가 이렇게 사리정연한 사람인 줄은 몰랐군요. 동기 따위 얼마든지 있잖아요. 지금보다 마음껏 재능을 <u>발휘할 수도 있을테고 {palhwiha-l swu-to iss-ultheyko}</u>, 하고 싶은 일을 선택할 수 있는 자유를 <u>얻게 될 수도 있고 {et-key toyl swu-to iss-ko}</u>."
「黒川さんがこれほど理屈っぽいとは思わなかったわ。動機なんていくらでもあるじゃない。いまよりももっと才能を<u>発揮できるかもしれない</u>し、やりたい仕事を選ぶ自由を<u>獲得できるかもしれない</u>」
(ルージュ)

(25) "아니야, 내가 설 장소를 분명히 하고 싶을 뿐. 그렇지 않고서는 인생을 <u>시작할 수 없어 {sicakha-l swu eps-e}</u>."
「いや、自分の立つ場所をはっきりさせたいだけ。でないと人生をはじめられない。」
(ハネムーン)

(26) "그래서 그 다음에는?"
"그야 친구네로 갔지. 다시는 <u>돌아 갈 수 없잖아 {tolaka-l swu eps-canha}</u>. 한번 죽은 거나 다름없고."
「それでどうしたの？」
「友達のところへ行ったの。だって、もう<u>帰れないよ</u>。それって、一度死んだってことだし。」
(ハネムーン)

用例（25）、（26）において、「ha-l swu epsta」を「moshata / ha-ci moshata」に置き換えると不自然な文になってしまう。「ha-l swu issta / epsta」は基本的にポテンシャルな出来事を表す可能表現に適している可能形式である

ことから、未来に関わる実現の可能性を表すことができるが、「mos hata / ha-ci moshata」は「ha-l swu issta / epsta」に比べると、よりアクチュアルな出来事に適しているため、単にこれから先の未来における実現可能性を言い表す可能表現には用いられにくいと考えられる。

3.3 本節のまとめ

以上、3節では「可能の生起条件」と「出来事の種類」の違いに注目しながら、韓国語の可能形式「ha-l swu issta / epsta」「ha-l cwul alta / moluta」「mos hata / ha-ci moshata」の間における意味、用法の違いや重なりについて考察した。その結果を示すと、次のようになる。

① 「可能の生起条件」が動作主本人の能力特性などの内的条件にある〈能力可能〉の可能表現において、「ha-l swu issta / epsta」と「ha-l cwul alta / moluta」は両者とも動作主の能力による事態実現の可能性を表している点で共通しているが、両形式の「事態実現の要因」が異なる。「ha-l swu issta / epsta」は、動作主が恒常的に有している能力に「事態実現の要因」があるのに対し、「ha-l cwul alta / moluta」は、動作主が後天的に習得した知識や技能による能力に「事態実現の要因」がある点で大きく異なる。

② 「ha-l cwul alta / moluta」は、「可能の生起条件」がもっぱら動作主の内的条件にある〈能力可能〉に用いられ、動作実現のための知識や技能を持っている(持っていない)という意味を表すのに対し、「ha-l swu issta / epsta」は、〈能力可能〉はもちろん、「可能の生起条件」が動作主の外的条件にある〈状況可能〉をも表し得る。こういった点から、「ha-l cwul alta / moluta」は「ha-l swu issta / epsta」に比べて使用場面が限られていると言える。

③ 〈能力可能〉の可能表現において、「mos hata / ha-ci moshata」は、そのままの形で動作主の恒常的な能力欠如による事態の不可能を表すことができるが、「ha-l swu epsta」は、文脈の明確な支えがないと動作主自らの能力欠如によるものであることを表すことができない。

④ 単に主題に立つ人やモノの属性を規定する〈能力可能〉(「人間は水

がないと生きていけない」のタイプ）はポテンシャルな出来事を表す可能表現で「ha-l swu issta / epsta」が多く用いられるが、特定の時間におけるアクチュアルな出来事を言い表す可能表現（「もうこれ以上歩けない」のタイプ）には「mos hata / ha-ci moshata」が用いられる。これは、「ha-l swu issta / epsta」が基本的にポテンシャルな出来事を表す可能表現に適している可能形式であるのに対し、「mos hata / ha-ci moshata」はより具体的でアクチュアルな出来事を表す際に用いられやすい可能形式であるためである。

⑤ 「可能の生起条件」が動作主を取り巻く状況や都合などの外的条件にある〈状況可能〉の可能表現において、文の表す事態が未来に関わる実現の可能性を表す場合、基本的に「ha-l swu issta / epsta」が用いられる。「ha-l swu issta / epsta」に比べ「mos hata / ha-ci moshata」の方がよりアクチュアルな出来事に適しているため、単にこれから先の実現可能性を言い表す可能表現には用いられにくいのである。

このように、韓国語の可能表現は「可能の生起条件」（「能力」か「状況」か）や「出来事の種類」（「ポテンシャル」か「アクチュアル」か）によって異なる可能形式を用いる。

4　結論

本章ではまず、日本語と韓国語の可能表現を直接対照している先行研究を取り上げ、どのような点に注目し対照を行っているか、何が明らかとなり、残された問題点は何かを示した。次に、韓国語の可能形式「ha-l swu issta / epsta」「ha-l cwul alta / moluta」「mos hata / ha-ci moshata」の間における意味、用法の違いや重なりについて考察した。その結果を簡単にまとめると、「ha-l swu issta / epsta」は「可能の生起条件」が動作主の内的条件にある〈能力可能〉であれ、動作主の外的条件にある〈状況可能〉であれ、自由に用いられるが、時間の具体化が進んだアクチュアルな出来事を表す文には用いられにくい。一方、「mos hata / ha-ci moshata」は不可能専用の可能形式ではあるが、「ha-l swu issta / epsta」と同様に「可

能の生起条件」に関係なく自由に用いられる反面、未来に関わる実現の可能性を言い表すポテンシャルな出来事を表す文には用いられにくい。「ha-l swu issta / epsta」と「mos hata / ha-ci moshata」が、時間に関わる出来事の種類にのみ使用が制限されているのに対し、「ha-l cwul alta / moluta」は、使用場面が非常に限られている。「可能の生起条件」が動作主の内的条件にある〈能力可能〉、特に「動作主が後天的に習得した知識や技能による能力」にある場合に限って用いられ、「動作実現のための知識や技能を持っている（持っていない）」という意味を表す。

　これらの考察結果をまとめると、次の【表1】ようになる。

【表1】 韓国語の可能形式における使用上の制限

可能形式	可能の生起条件		出来事の種類	
	能力可能	状況可能	ポテンシャル	アクチュアル
「ha-l swu issta / epsta」	○	○	○	△
「ha-l cwul alta / moluta」	○	×	○	×
「mos hata / ha-ci moshata」	○	○	△	○

　日本語の可能表現は、可能形式間において意味や用法の違いがほとんど見られないが、韓国語の可能表現は、「可能の生起条件」や「出来事の種類」によって異なる可能形式を用いる点で日本語の可能表現とは大きく異なる。

注　[1]　例えば、「ha-l cwul alta / moluta」は、単に動作主がある事実を知っているか否かを表す（例：「onul-i ne sayngil-inci mol-lass-ta（今日が君の誕生日とは知らなかった））場合にも用いられる。「mos hata / ha-ci moshata」も、「ku yenghwa-nun asik mos pwass-ta（その映画はまだ見ていない）」のように、「（まだ）～していない」といった動作未完了を表すことがある。
　　[2]　韓国語の可能形式における形態上の特徴は、第1章を参照されたい。
　　[3]　「mos ta-nta」は、「ta-ci mosha-nta」の形で用いられることもあるが、この場合、「乗ることができません」のようにやや書き言葉的になる。
　　[4]　渋谷勝己（1993a）は、可能の意味は、大きく「能力可能（主体の持つ能力によってある動作を実現することが可能であることを表すもの）」と「状況可能（主体の外の状況に主体がある動作を行うことを妨げるような条件がないためにその動作を実現することが可能であることを表すもの）」の二つに区別できると述べている。

第5章
韓国語における形態的な可能形式（2）
可能形式「ha-l swu issta / epsta」の用法について

1　はじめに

　韓国語の可能形式「ha-l swu issta / epsta」は、他の可能形式「ha-l cwul alta / moluta」、「mos hata / ha-ci moshata」と違って、意志動詞はもちろん無意志動詞にも用いることができる。これは、「ha-l swu issta / epsta」が単に動作主の能力や状況による事態実現の可能性を表すのではなく、事態生起における可能性の有無や見込みの存否、すなわち蓋然性をも表すことができるからである。本章では、このような可能形式「ha-l swu issta / epsta」の用法を取り上げ、その意味特徴とそれらがどのような構文的な特徴によって支えられているかを明らかにする。また、日本語において蓋然性を表す可能形式「（シ）ウル／エル」との比較による類似点や相違点についても考察を試みる。

2　主な先行研究

　ここでは、まず用語の定義を兼ねて本章と本質的に関わる可能表現の意味分類と動詞の意志性について見ていくことにする。

2.1　可能表現の意味分類

　日本語の可能表現の用法について、金子尚一 (1980) は、「ちからの可能（"できる"の意味を問題にする可能）」と「認識の可能（"みこみ"の存在を問題にする可能）」に分けて考えている。「ちからの可能」は、いわゆる可能

動詞や可能の助動詞「-(ラ)レル」、動詞「できる」によって表される可能で、「認識の可能」は、「(シ)ウル/エル」によって表される可能である。金子尚一(1980: 71-72)は、「認識の可能」を「ちからの可能」と対立して存在する可能として捉え、可能動詞や可能の助動詞「-(ラ)レル」、動詞「できる」では表現できない可能の意味を、「(シ)ウル/エル」が表す時、その前要素の内容は実現する、あるいは存在する"認識上の可能性がある(もしくはない)"という意味を表すと説明している。金子尚一(1986: 86)では、「認識の可能」を「蓋然性の可能」と名を改めて、「デキゴトの生起・存在の蓋然性の存在/非存在の意味を言い表す」としているが、基本的な概念は変わっていない。

本章では、金子尚一(1980, 1986)の考えに基づいて、「"できる"の意味を問題にする可能」[1]と「"みこみ"の存在を問題にする可能」は別のものとして捉える。なぜなら、「動作主の能力を表す可能」と、「事態生起における蓋然性を表す可能」とは異なる意味を成すからである。

小矢野哲夫(1981: 32)は、この二種類の可能について「「ちからの可能」の意味を担う形式は、用法上、可能動詞を用いて有情物を経験者格に立てる、能力の表現をその典型として一方の極に持ちながら、「れる」「られる」から「できる」へと並ぶ形で、次第に、事態成立の可能性を表す「認識の可能」へと近付いていく勢いを含んでいる」と述べている。また、「可能だ」「不可能だ」「動詞+かねる(肯定形)」「動詞+がたい」などは、「ちからの可能」に属していても「認識の可能」にかなり近いところに位置付けが可能な表現形式であるとし、可能表現の範囲は、「有情物の能力を表す可能から、可能性・蓋然性を表す可能まで、その間に質的に異なるものを含むけれども、連続した表現形式として認めることができる」と説明している。小矢野哲夫(1981)の指摘のように、「ちからの可能」と「認識の可能」は質的に異なる可能表現であるが、表現形式における連続性は否定できない。

一方、韓国語における可能表現の用法について見ていくと、金美仙(2006)は、「ha-l swu issta / epsta」を出来事志向か聞き手志向かによって、「対出来事可能」と「対聞き手可能」に分けている。出来事における可能を「対出来事可能」、出来事に対する話者の判断における可能を「対聞き手可能」と呼び、「対聞き手可能」に「出来事が起こり得る/起こり得な

いという蓋然性」を表す用法があることを指摘している。しかし、どのような構造的な特徴によって蓋然性の意味が表れるようになるかについては全く触れず、「蓋然性を表す「ha-l swu issta / epsta」は、基本的に「～할/안할 지도 모른다 ha-l /anha-l ci-to molu-nta (～する／しないかも知れない)」「～할 가능성이 있다/없다 ha-l kanungseng-i issta /epsta (～する可能性がある/ない)」、そして、特に否定形の場合は「～할 리가 없다 ha-l li-ka epsta (～するはすがない)」に言い換えることができる」(同論文: 300) という説明に留まっている。また、金美仙 (2006) は、「오늘 친구를 만날 수 있었다 onul chinkwu-lul manna-l swu iss-ess-ta (今日は友だちに会うことができた)」のように、「実現」を表す場合も「対聞き手可能」の用法として捉えているが、これは出来事に対する話者の判断における可能、すなわち「対聞き手可能」というより、むしろ「ちからの可能」の用法として捉える方がより妥当であろう。このように、金美仙 (2006) の「対聞き手可能」の枠組みがあいまいであることから、本章では「ha-l swu issta / epsta」を「対出来事可能」と「対聞き手可能」ではなく、「ちからの可能」と「蓋然性の可能」に分けて考察を試みる。

　白峰子 (2004: 393-394) は、「ha-l swu issta / epsta」について可能性や能力を表す表現であるとしか言及していないが、「-는 수가 있다 -nun swu-ka issta」の用法について可能性の確率は高くない方であるが、事実の可能性や動作が起こる場合を表す表現であると指摘している。白峰子 (2004) が可能性の確率として挙げている「-nun swu-ka issta」の全用例 (5例: 日本語訳が「することが／こともある」になっている) を「ha-l swu issta」に置き換えても、意味上の違いが見られないことから、「ha-l swu issta」も「-nun swu-ka issta」のように蓋然性の意味を表すと捉えることができる[2]。

　염재상 Yem, Cay-sang (1999, 2002) は、「-l swu issta」を多義的なモダリティ表現とし、主に「可能性、散発性、偶発性、譲歩」の意味を持つと捉えている。Yem, Cay-sang (2002) は、四つの意味範疇 (「可能性、散発性、偶発性、譲歩」) において最も基本となるのは「可能性」で、「能力」と「許可」も「可能性」から派生したものであるとし、「可能性」が談話上においてどのように実現されるか、つまり具体的かつ事実的に表れるのか、それとも不確実な出来事として表れるのかによって様々な意味が生じる

と説明している。

　以上のように、これまでの先行研究において詳しく取り上げられることはなかったが、韓国語の可能形式「ha-l swu issta / epsta」は、「사람은 공기가 없으면 살 수 없다 salam-un kongki-ga eps-umyen sa-l swu epsta（人は空気がないと生きていけない）」のように、動作主の能力を表す（以下、《ちからの可能》と称する）こともあれば、「위험을 무릅쓰다 죽을 수도 있다 wihem-ul mulupss-ta cwuk-ul swu-to issta（危険を冒して死ぬこともある）」のように可能性の有無を表す（以下、《蓋然性の可能》と称する）こともある。つまり、一つの可能形式「ha-l swu issta / epsta」で、《ちからの可能》と《蓋然性の可能》を表すことができるのである。これは、「ha-l swu issta / epsta」が本来動詞の語幹に連体形語尾「-(u)l」が付いた後、「能力」や「可能性」を表す形式名詞「swu」と、有無を表す「issta / epsta（ある／ない）」が組み合わさった形式であるからである。それ故に、形式名詞「swu」の前に立つ動詞の種類により、「ある事を成し遂げる能力がある／ない」の意味になったり、「ある事が起こる可能性がある／ない」の意味になったりするのである。

　日本語の可能形式「（シ）ウル／エル」も、《ちからの可能》と《蓋然性の可能》を表し得るが、韓国語の「ha-l swu issta / epsta」に比べて文法的な制限が多い。例えば、「（シ）ウル／エル」は《蓋然性の可能》を表す場合、意志的な動作を表す動詞に付きにくく、主に書き言葉に用いられる。また、《ちからの可能》を表す場合、現在終止形には用いられにくく、もっぱら現在連体形（「逆転し得る可能性」「堪え得る者」）に用いられるといった制限がある。

　寺村秀夫（1982a: 269–270）は、「（シ）ウル／エル」を文語的な文脈に限定される言い方であるとし、可能形式に入れていない。寺村秀夫（1982a: 269–270）は、英語の可能表現（'can～''possible'）が日本語の可能表現と違うのは、「あることが起こる、あるいはある状態である可能性がある」ということを表す用法（本章における《蓋然性の可能》）を持つ点であると述べている。このように、論者によって、「（シ）ウル／エル」を可能形式に入れない考えもあり、「（シ）ウル／エル」が「ha-l swu issta / epsta」に比べて文法的な制限が多いのは確かである。このような韓国語の可能形式「ha-l swu issta / epsta」と日本語の「（シ）ウル／エル」との比較は6節で

詳しく取り上げることにする。

2.2　動詞の意志性について

韓国語における動詞の意志性について、野間秀樹（2007a: 494）は、命令形や勧誘を持つかどうかを分類基準とし、「意味の上から主体の意志で左右しうるような動作を表す用言が意志用言、左右できないような動作を表す用言が無意志用言である」と述べている。形態的な分類においては動詞の場合、同じ動詞であっても、他のいかなる単語と結びつくかによって、意志動詞か無意志動詞かが分かれてくるとし、「単語は常に全体の中で動的に振る舞う一部分である」と捉えている。このような現象は、日本語においても見られる。つまり、同じ動詞であっても結びつく単語との組み合わせにより、意志動詞か無意志動詞化が決まるということである。例えば、「2階に上がる」と「物価が上がる」では同じ形の動詞「上がる」でも、前者が有情物を主体にとる意志動詞であるのに対し、後者の場合は非情物を主体にとる無意志動詞である。このような動詞は他にも数多く見られるが、圧倒的に自動詞に多く、特に主体の動作を表す自動詞に偏る。要するに、第2章で述べたように、同じ動詞でも有情物を主体にとる場合は主体の動作を表す意志動詞になるが、非情物を主体にとる場合はある状態（物理的な現象・自然現象など）を表す無意志動詞になると言える。動詞の意志性に関する議論は今なお続いているが、本章では第2章で明示した「意志動詞」「無意志動詞」の定義に従う。

以下では、可能形式「ha-l swu issta / epsta」が表す《ちからの可能》と《蓋然性の可能》を詳しく取り上げ、その意味特徴とそれを支える構造的な特徴について考察していく。

本章における言語資料は、翻訳版のある日本語と韓国語の小説3冊（日本語2＋韓国語1）と、対訳版のあるネット上の新聞社説（中央日報）「噴水台」の2008年6月から12月までのデータである。また、必要に応じて、先行研究の用例やネット上のコーパス用例検索サイトである高麗大学（http://transkj.com/）、21世紀世宗企画（http://sejong.or.kr/）の用例を用いることもある。用例採集は、小説と新聞社説の場合、手作業により「ha-l swu issta / epsta」の用例をすべて収集し、コーパス資料の場合は、「swu」を形態素検索にかけた後、手作業により「ha-l swu issta / epsta」を用い

る例を選別し、出現した順から150例を収集した。

3 「ha-l swu issta / epsta」の用法について

上述したように、「ha-l swu issta / epsta」の用法は大きく《ちからの可能》と《蓋然性の可能》に分けられる。《ちからの可能》は、動作主の期待する、もしくは話し手が動作主に期待する動作・状態を実現する力が動作主にあることを表す。一方、《蓋然性の可能》は動作主や話し手の期待や意図とは別個に存在するもので、単にある事態が起こる可能性の有無や見込みの存否を表す。

3.1 《ちからの可能》を表す「ha-l swu issta / epsta」

基本的に、「ha-l swu issta epsta」が《ちからの可能》を表す場合、日本語の可能動詞や「(スル)コトガデキル」と対応する。動作主は有情物で述語動詞は動作性動詞、つまり動作主の意志介入が可能な意志動詞が用いられる。

(1) "손이 없는 나는 모래놀이를 <u>할 수 없다</u> {ha-l swu epsta}."
「手のないボクは自分で砂遊びを<u>することができない</u>」
(五体不満足)

(2) 그러나 사람은 자동차 없이는 살아도 식량이 없으면 <u>살 수 없다</u> {sa-l swu epsta}. （中央日報2008.6.30)
しかし人は自動車なしに生きることはできても、食糧がなければ<u>生きられない</u>。

(3) 그 결과 루스벨트는 "한국인을 위해 일본에 <u>간섭할 수는 없다</u> {kansep-ha-l swu-nun epsta}." 고 말하기에 이른다. (中央日報2008.8.4)
その結果、ルーズベルトは「韓国人のために日本に<u>干渉することはできない</u>。」と言うに至った。

(4) 이제 이 집에서는 할 일이 없으니까, 어디든지 <u>갈 수 있어</u> {ka-l swu iss-e}, 라고 히로시는 말했다.
もうこの家でやることがないから、どこにでも<u>行ける</u>、と裕志は言った。
(ハネムーン)

よって、次のように動作主が有情物であっても、述語動詞が無意志動詞である場合は、《ちからの可能》を表すことができない。

(5) 사람이니까 <u>실수할 수 있다</u> {silswuha-l swu issta}.
　　 人だから<u>間違えることもある</u>。
(6) 그의 말이 건방지게 <u>들릴 수도</u>[3] 있다 {tulli-l swu-to issta}.
　　 彼の言うことが生意気に<u>聞こえるかもしれない</u>。
(7) 어쩌면 그의 말대로 자신이 <u>오해한 것일 수도 있다</u> {ohay-ha-n kes-i-l swu-to issta}. 　　　　　　（私の名前はキム・サムスン）
　　 もしかすると、ジノンの言う通り、私がいろいろと<u>誤解している部分もあるかもしれない</u>。

このように動作主が有情物であっても、述語動詞が動作主の意志介入ができない無意志動詞である場合は、《蓋然性の可能》を表す。

3.2 《蓋然性の可能》を表す「ha-l swu issta / epsta」

「ha-l swu issta / epsta」が《蓋然性の可能》を表す場合、日本語の「（シ）ウル／エル」「する可能性がある／ない」「することがある／ない」などに対応する。また、肯定文の場合「するかもしれない」、否定文の場合「するはずがない」に訳されることもあるが、これは、《蓋然性の可能》が出来事に対する話し手の推量や判断を言い表す表現であるからである。

文構造を見ると、《ちからの可能》は有情物動作主で意志動詞を述語とするが、《蓋然性の可能》は述語動詞が状態を表す無意志動詞であれば、動作主の有無や動作主が有情物か否かは問題にならない。

(8) 일본이 4개의 나라로 나뉘는 날이 <u>올 수도 있다</u> {o-l swu-to issta}.
　　 日本が四つの国に分かれる日が<u>来るかもしれない</u>。
(9) 올해 연간 수출은 제로 성장에 <u>머물 수도 있다</u> {memwu-l swu-to issta}. 　　　　　（http://transkj.com/、5月輸出)
　　 今年の年間輸出はゼロ成長にとどまる<u>可能性もある</u>。

第5章　韓国語における形態的な可能形式 (2)

(10) 하지만 지구온난화를 방치한다면 훗날 큰 재앙으로 <u>다가올 수도 있다</u> {takao-l swu-to issta}.　　　　　　　　　　(中央日報 2008.7.11)
しかし地球温暖化を放置すれば、後に大きな災難として<u>迫ってくるおそれがある</u>。

　《蓋然性の可能》の肯定文は、基本的に形式名詞「swu」に助詞「ka（ガ）」「to（モ）」が付いた「ha-l swu（-ka）/（-to）issta」の形で用いられ、否定文は形式名詞「swu」に助詞「nun（ハ）」が付いた「ha-l swu-nun epsta」の形で用いられる。

(11) 나이가 성공에 장벽이 될 <u>수는 없다</u> {toy-l swu-nun epsta}.
年齢が成功の障壁に<u>なることはない</u>。
(12) 물을 많이 주면 뿌리가 <u>썩을 수가 있으니</u> {sseku-l swu-ka iss-uni}, 조심해.
水をたくさんやると根が<u>腐ることがあるから</u>、気をつけて。
(13) 환경호르몬으로 생식이 위협받는 요즘 시험관 아기가 인류가 살아남기 위한 중요한 수단이 <u>될 수도 있다</u> {toy-l swu-to issta}.
　　　　　　　　　　　　　　　　　　　（中央日報 2008.7.25）
環境ホルモンで生殖が脅かされる最近、試験管ベビーが人類生き残りのための重要な手段になる<u>可能性がある</u>。
(14) 낯선 사람, 특히 잦은 접촉이 없었던 외국인에게는 혐오감이 <u>따를 수 있다</u> {ttalu-l swu issta}.　　　　　（中央日報 2008.8.28）
よく知らない人、特にあまり接触がない外国人には嫌悪感が<u>生じるかもしれない</u>。

　用例（14）「혐오감이 따를 수 있다 hyemokam-i ttalu-l swu issta（嫌悪感が生じるかもしれない）」は形式名詞「swu」の後ろに助詞「ka（ガ）」や「to（モ）」を付けた形で、「혐오감이 따를 수（가）/（도）있다 hyemokam-i ttalu-l swu（-ka）/（-nun）issta（嫌悪感が生じるかもしれない）」に置き換えても意味上における違いはない。
　以上のように、韓国語の可能形式「ha-l swu issta / epsta」は述語動詞の意志性により、《ちからの可能》と《蓋然性の可能》に分けられる。つ

まり、《ちからの可能》を表す場合は有情物動作主で、意志動詞を述語とするが、《蓋然性の可能》を表す場合は述語動詞が無意志動詞であれば、動作主の有無や有情物か否かは特に問題にならない。それでは、有情物動作主で意志動詞を述語とする「ha-l swu issta / epsta」は《蓋然性の可能》を表すことができないのだろうか。

次の4節では、このような点に注目しながら可能形式「ha-l swu issta / epsta」を用いる《ちからの可能》と《蓋然性の可能》の使い分けについて考察を行う。

4 《ちからの可能》と《蓋然性の可能》の使い分け

4.1 二つの用法を表し得る「ha-l swu-to issta」

《ちからの可能》を表す「ha-l swu issta / epsta」は、動作主が有情物で意志動詞を述語としなければならないが、有情物動作主で意志動詞を述語とする「ha-l swu issta / epsta」が必ずしも《ちからの可能》を表すとは限らない。次のように、形式名詞「swu（コト）」の後ろに助詞「to（モ）」が付いた肯定の形「ha-l swu-to issta」は、《ちからの可能》はもちろん《蓋然性の可能》をも表すことができるからである。用例（15）、（16）は《ちからの可能》を、用例（17）、（18）は《蓋然性の可能》を表している。

(15) 한국말을 쓸 수도 말할 수도 있어요 {ssu-l swu-to malha-l swu-to iss-eyo}.
朝鮮語は書く事も話す事も出来ます。
（『コスモス朝和辞典』(2002) の例）

(16) "알았어. 히로시 군한테 도망친 거라고는 생각지 않는다고, 전해 주렴. 어른이 되면, 자기 의지로 만나러 갈 수도 있을테니까 {ka-l swu-to iss-ultheynikka}."
「わかったわ。逃げたとは思っていないと、伝えてね。大人になれば、自分の意志で会いに行くこともできるから。」（ハネムーン）

(17) 아이들이니까 싸울 수도 있다 {ssawu-l swu-to issta}.

子供だから喧嘩することもある。

(18) "생각을 해, 생각을!"하며 머리를 쥐어짜는 지미의 행동은 관객들에게 스트레스를 <u>줄 수도 있겠다</u> {cwu-l swu-to iss-keyss-ta}.

(http://sejong.or.kr/、東亜日報社2002)

「考えてよ、考えて！」といいながら自分の髪の掴み取るジミの行動は観客にストレスを<u>与えるかもしれない</u>。

　用例（15）、（16）のように、《ちからの可能》を表す「ha-l swu-to issta」は、動作主にとって「実現可能な他の事柄の存在」を表す際に用いられる。例えば、「20살이 되면 술을 <u>마실 수도 있다</u> {masi-l swu-to issta}（二十歳になればお酒を<u>飲むこともできる</u>）」のように、一つの事柄しか挙がっていない場合でも、列挙できる複数の事柄のうち一つの例を提示しているだけで、他の事柄（煙草が吸える、免許をがとれるなど）の存在を含意していることが読み取れる。

　一方、用例（17）、（18）の「ha-l swu-to issta」も有情物動作主で動作性を持つ意志動詞を述語としているが、《ちからの可能》を表しているとは考えにくい。用例（17）、（18）は動作主にとって、「実現可能な他の事柄の存在」を提示するのではなく、起こり得る事態生起の可能性を表している。つまり、これらは動作主の実現能力を表すのではなく、他の事態生起の可能性を差し出す文で《蓋然性の可能》を表すと捉えられる。これは、形式名詞「swu」の後ろに助詞「to（モ）」が付くことで、他に起こり得る事態生起の可能性の意味が表れるようになり、それが《蓋然性の可能》の意味に解釈されるようになると考えられる。助詞「to（モ）」は、本来〈命題〉の外で話し手の「主観的な意見」、すなわちmodalな意味を表し得る要素であるため、《ちからの可能》はもちろん《蓋然性の可能》をも表すことができるのである。以下では、これらの使い分けについて考察する。

4.2　構文上における使い分け

　有情物動作主で意志動詞を述語とする肯定の形「ha-l swu-to issta」は、一つの形式で《ちからの可能》と《蓋然性の可能》を表すため、その用法の判断ができない場合がある。

(19) 값이 싸니까 살 수도 있다 {sa-l swu-to issta}.
値段が安いから買うこともできる。
値段が安いから買うかもしれない。
(20) 비가 오면 집에 있을 수도 있다 {iss-ul swu-to issta}.
雨が降ったら家にいることもできる。
雨が降ったら家にいるかもしれない。

これらは、《ちからの可能》とも《蓋然性の可能》とも解釈できる文で、このままでは用法の違いが見られないが、後ろに前件を取り消す意図的な表現を付けることで使い分けができる。用例(21)、(22)のように、《蓋然性の可能》を表す肯定の形「ha-l swu-to issta」は、後ろに動作主の意図を表す表現を用いて前件を取り消すことができない。なぜなら、《ちからの可能》は動作主の意志介入が前提となる可能表現であることから、動作主が意図すれば事態の生起を取り止めることができるが、《蓋然性の可能》は動作主の意志とは別個に存在する事態生起の可能性の有無を表すものであるため、動作主の意図を表す表現とは共起できないのである。

(21) 값이 싸니까 살 수도 있지만 안 사겠다 {sa-l swu-to iss-ciman an sa-keyss-ta}.
値段が安いから買うこともできるが、買わない。
*値段が安いから買うかもしれないが、買わない。
(22) 비가 오면 집에 있을 수도 있지만 나가겠다 {iss-ul swu-to iss-ciman naka-keyss-ta}.
雨が降ったら家にいることもできるが、出かける。
*雨が降ったら家にいるかもしれないが、出かける。

このように、動作主の意図的な取り消す表現を伴うことで両者の使い分けができるのは、本来《ちからの可能》と《蓋然性の可能》の文構造が異なるからである。《ちからの可能》は命題の中で命題を構成する要素に関して論じられるのに対し、《蓋然性の可能》は命題の外側に置かれて命題全体に対して論じられる点で大きく異なる。

この違いは、否定の形「ha-l swu-to epsta」の例を見るとより明らかとなる。有情物動作主で意志動詞を述語とする肯定の形「ha-l swu-to issta」は、通常《ちからの可能》と《蓋然性の可能》を表せるが、否定の形「ha-l swu-to epsta」は《ちからの可能》の意味しか表すことができない。次の用例（23）～（25）は、動作主にとって「（Aだけではなく）Bもできない」といった動作主の能力欠如による実現不可能な事柄を挙げている。

(23) '아참. 나 혼자 힘으로는 지갑에서 돈을 꺼낼 수도 {kkenay-l swu-to}, 커피를 꺼낼 수도 없잖아 {kkenay-l swu-to eps-canha}?' 순간 당황했다.
　　ボクひとりでは、財布からお金を出すことも、商品を取り出すこともできないのだ。さて、困った。　　　　　　　　　（五体不満足）
(24) 많은 구성원이 수긍하지 못하는 인사로는 조직을 원활히 꾸려갈 수도 {kkwul-ye-ka-l swu-to}, 국정을 성공적으로 수행할 수도 없다 {swuhayngha-l swu-to epsta}.　（http://sejong.or.kr/、東亜日報社 1999）
　　［多くの構成員が納得できない人事では組織をうまく引っ張っていくことも、国政を成功的に遂行することもできない］
(25) 나는 말을 잃었고, 평소처럼 제대로 웃을 수도 없었다 {wus-u-l swu-to eps-ess-ta}.
　　わたしは、無口になっていて、うまくはいつものように笑えなかった。　　　　　　　　　　　　　　　　　　　（ハネムーン）

　否定の形「ha-l swu-to epsta」が《ちからの可能》しか表さないのは、《蓋然性の可能》が《ちからの可能》と違って、出来事に直接関わらない表現であるからである。《ちからの可能》は肯定の形「ha-l swu-to issta」の後ろの形式「issta」を否定の形式「epsta」に変えることで、動作主の力による事態実現の可能を表す文から不可能を表す文に変えることができるが、《蓋然性の可能》はこれができない。《蓋然性の可能》は、出来事に対する話し手の主観的な意見を表すために、出来事自体を否定することができないのである。
　例えば、前述した用例（20）の「pi-ka o-myen cip-ey iss-ul swu-to issta」

第3部　現代韓国語における可能表現の意味特徴と用法

は、「ちからの可能（雨が降ったら家にいることもできる）」とも「蓋然性の可能（雨が降ったら家にいるかもしれない）」とも解釈できる例であるが、これを否定文に直した用例（26）の「pi-ka o-myen cip-ey iss-ul swu-to epsta」は、《蓋然性の可能》を表さない。

(26) 비가 오면 집에 있을 수도 없다 {iss-ul swu-to epsta}.
　　雨が降ったら家にいることもできない。
　　*雨が降ったら家にいるかもしれなくない。
(27) 비가 오면 집에 있을 리가 없다 {iss-ul li-ka epsta}.
　　雨が降ったら家にいるはずがない。

　《蓋然性の可能》は、用例（27）のように可能形式ではなく他の表現「할 리가 없다 ha-l ri-ka epsta（するはずがない）」に言い方を変えて、出来事に対する話し手の意見を変えることはできても、《ちからの可能》のように可能形式「ha-l swu-to epsta」を用いて出来事自体を否定することはできない。つまり、《蓋然性の可能》は命題に対する話し手の［主観的な意見］は変えられるが、命題そのものを変えることはできないのである。
　これは、《ちからの可能》が出来事自体を表す「命題」に、《蓋然性の可能》が命題の外側に置かれる「モダリティ」の部分に属しているからである。韓国語の文法範疇において、「ha-l swu issta / epsta」が可能表現ではなく、モダリティ表現として扱われることが多いのも、「ha-l swu issta / epsta」における《蓋然性の可能》の意味が重んじられることに起因すると考えられる。しかしながら、《蓋然性の可能》が命題の外側に置かれ話し手の「主観的な意見」を表す点からモダリティ表現として扱うことは妥当であるが、《ちからの可能》との用法の違いを区別せず、「ha-l swu issta / epsta」の形式をまとめてモダリティ表現として扱うことには無理があると思われる。

4.3　意味上における使い分け

　《ちからの可能》と《蓋然性の可能》は、意味的な面から見ても文の表す意味特徴が異なる。文の表す意味が動作主にとってプラスの事象なのか、それともニュートラルな事象なのかによって、《ちからの可能》と

《蓋然性の可能》は使い分けができる。例えば、用例（20）の「pi-ka o-myen cip-ey iss-ul swu-to issta」のように、《ちからの可能》とも《蓋然性の可能》とも解釈可能な文の場合でも、動作主が事態の実現をどのように捉えているかによって使い分けが可能である。動作主（1人称の場合、話し手本人）、または話し手にとって好ましい事象であれば《ちからの可能》に、そうでなければ《蓋然性の可能》に解釈できる。つまり、「ha-l swu-to issta」の形式は結果として《ちからの可能》と《蓋然性の可能》のいずれかの意味になり得るのであって、意志動詞を述語とするからといって必ずしも《ちからの可能》を表すとは限らない。次の用例（28）は、相手のために命をかけることが動作主（＝話し手）にとって好ましいことであるため、《ちからの可能》を表すのに対し、用例（29）は話し手（動作主不問）が危険を冒して死ぬことをニュートラルに捉えているため、《蓋然性の可能》を表すと考えられる。

(28) 너를 위해서라면 죽을 수(도) 있다 {cwuk-ul swu-(to) issta}.
　　 君のためなら死ぬこともできる。
(29) 위험을 무릅쓰다 죽을 수(도) 있다 {cwuk-ul swu-(to) issta}.
　　 危険を冒して死ぬこともある。

このように、文の表す意味が動作主にとってプラスの事象なのか否かが明確に表れる場合、「ha-l swu-to issta」は「ha-l swu issta」に置き換えても意味上において違いが見られない。

(30) =(16) "알았어. 히로시 군한테 도망친 거라고는 생각지 않는다고, 전해 주렴. 어른이 되면, 자기 의지로 만나러 갈 수(도) 있을테니까 {ka-l swu-(to) iss-ultheynikka}."
　　 「わかったわ。逃げたとは思っていないと、伝えてね。大人になれば、自分の意志で会いに行くこともできるから。」（ハネムーン）
(31) =(18) "생각을 해, 생각을！"하며 머리를 쥐어짜는 지미의 행동은 관객들에게 스트레스를 줄 수(도) 있겠다 {cwu-l swu-(to) iss-keyss-ta}. 　　　　(http://sejong.or.kr/、東亜日報社2002)
　　 「考えてよ、考えて！」といいながら自分の髪の掴み取るジミの行

動は観客にストレスを与えるかもしれない。

　用例（30）は「自分の意志で会いに行く」のが動作主にとって好ましい事象であるため、《ちからの可能》を表すが、用例（31）は「観客にストレスを与える」ことが動作主の意図した好ましい事象とは言えないため、《蓋然性の可能》を表すと捉えられる。このように文脈から文の表す事態が動作主にとってプラスの事象なのか否かが明らかに表れる場合の「ha-l swu-to issta」は「ha-l swu issta」に置き換えることができる。
　一方、次の用例（32）、（33）のように《ちからの可能》にも《蓋然性の可能》にも解釈できる「ha-l swu-to issta」は「ha-l swu issta」に置き換えると、《ちからの可能》の意味に解釈されやすくなる。

（32）＝（19）값이 싸니까 살 수(도) 있다 {sa-l swu-(to) issta}.
　　　 値段が安いから買うこともできる。＞値段が安いから買うかもしれない。
（33）＝（20）비가 오면 집에 있을 수(도) 있다 {iss-ul swu-(to) issta}.
　　　 雨が降ったら家にいることもできる。＞雨が降ったら家にいるかもしれない。

　これは、有情物動作主で意志動詞を述語とする「ha-l swu issta」の場合、modalな意味を表し得る「to（モ）」が付かないと他の事態生起の可能性もあり得るといった蓋然性の意味もなくなり、自然と《ちからの可能》に解釈されやすくなるからである。言い換えると、有情物動作主で意志動詞を述語とする肯定の形「ha-l swu issta」は、通常動作主の能力を表す《ちからの可能》を表すが、形式名詞「swu」の後ろに助詞「to（モ）」を付けることで、動作主による実現可能の有無だけではなく、他の事態生起の可能性をも表せるようになり、《蓋然性の可能》の意味にも解釈されるようになるのである。
　以上、4節では韓国語の可能形式「ha-l swu issta / epsta」の二つの用法《ちからの可能》と《蓋然性の可能》の使い分けに焦点を当て、考察を試みた。まず、《ちからの可能》と《蓋然性の可能》の構造的な特徴について考察し、《ちからの可能》が命題を問題にする可能であるのに対し、

《蓋然性の可能》は命題の外側に置かれるモダリティ（話し手の主観的な意見）を問題にする可能であることを明らかにした。次に、意味上における両者の違いとして、文の表す意味が動作主にとってプラスの事象である場合は《ちからの可能》を、ニュートラルな事象である場合は《蓋然性の可能》を表すことを明確に示した。

以上の点から考えると、従来の研究において「ha-l swu issta / epsta」を《ちからの可能》と《蓋然性の可能》の用法の違いを区別せず、まとめてモダリティ表現として扱うことには無理があると言える。よって、本書では「ha-l swu issta / epsta」を可能表現として捉え、《ちからの可能》が「命題に関わる可能」を、《蓋然性の可能》が命題の外側に置かれる「モーダルな可能」を表すと規定する。しかしながら、上述した「ha-l swu-to issta」の用法からもわかるように、二つの「可能」は常に截然と分けられるのではなく、互いに開かれた関係にある。

5　《蓋然性の可能》の分析——〈傾向性〉と〈見込み〉について

金子尚一（1980: 72）は、「認識の可能（epistemic possibility）」（金子尚一（1986）では《蓋然性の可能》と名を改めている）を表す「（シ）得る」は、「常識は変わることがある」が「常識は変わりうる」に置換可能であるように、「くりかえしのすがた（sporadic aspect）」も表すと指摘している。韓国語の可能形式「ha-l swu issta」も、《蓋然性の可能》に用いられる場合、「（シ）ウル」と同様に「くりかえしのすがた（sporadic aspect）」を表すことがある（「常識は変わることがある」→「상식은 바뀔 수 있다 sangsik-un pakkwi-l swu issta」、以下〈傾向性〉と称する）。そこで、本節では《蓋然性の可能》を表す「ha-l swu issta」の用法について詳しく見ていくことにする。

次の用例は、繰り返して起こり得る事態、すなわち〈傾向性〉の意味を表す《蓋然性の可能》である。

(34) 사람은 누구나 <u>실수할 수 있다</u> {silswuha-l swu issta}.
　　 人は誰でも<u>間違えることがある</u>。
(35) 원숭이도 나무에서 <u>떨어질 수가 있다</u> {tteleci-l swu-ka issta}.
　　 猿も木から<u>落ちることがある</u>。

(36) 이니셜은 긍정적인 단어 (ACE：일인자, HUG：껴안다, JOY：환희) 나 부정적인 단어 (PIG：돼지, BUM：부랑자, DIE：죽다) 가 될 수도 있고 {toy-l swu-to iss-ko}, JFK처럼 의미 없는 글자가 될 수도 있다 {toy-l swu-to issta}.　　　　　　　　　　　　（中央日報2008.6.25）
イニシャルは肯定的な単語（ACE：第一人者、HUG：抱きしめる、JOY：歓喜）や否定的な単語（PIG：豚、BUM：浮浪者、DIE：死ぬ）になる場合があり、JFKのように意味のないものになることもある。

このタイプは、次のように事態生起の見込みを表す表現（以下、〈見込み〉[4]と称する）とは異なる。

(37) 일본이 4개의 나라로 나뉘는 날이 올 수도 있다 {o-l swu-to issta}.
日本が四つの国に分かれる日が来るかもしれない
(38) ＝(14) 낯선 사람, 특히 잦은 접촉이 없었던 외국인에게는 혐오감이 따를 수 있다 {ttalu-l swu issta}.　　　　　（中央日報2008.8.28）
よく知らない人、特にあまり接触がない外国人には嫌悪感が生じるかもしれない。

　用例（34）～（36）のように、〈傾向性〉の意味を表す「ha-l swu issta」は、事態生起における傾向を表す「할 때가 있다 ha-l ttay-ka issta（する時がある）」に置き換えられるが、用例（37）、（38）のように〈見込み〉を表す「ha-l swu issta」は話し手の主観性が強い「할 지도 모른다 ha-l ci-to molu-nta（するかもしれない）」に置き換えられる。
　このように《蓋然性の可能》の肯定の形「ha-l swu issta」は、〈傾向性〉と〈見込み〉の意味を表す。両者は命題の外側に置かれて命題全体に対して論じられる（話し手の主観的な意見）点で共通しているが、その述べ方が異なる。繰り返して起こり得る事態を表す〈傾向性〉は話し手の主観的な意見と言っても、より一般化された常識的な事柄を表現するのに対し、事態生起の予想を表す〈見込み〉は話し手の個人的な判断による意見が述べられる。つまり、〈傾向性〉は〈見込み〉に比べて、より一般的かつ事実的であると言える。

また、〈傾向性〉の方は、基本的に実際に起こった出来事をもとにしているのに対し、〈見込み〉の方は、まだ起こっていない出来事について用いられるのが自然である。つまり、前者が過去、あるいは現在を含んだ既定の事実をもとにして述べられるのに対し、後者は未定や未確認の出来事について述べられる。よって、次の用例（40）のように〈傾向性〉を表す「ha-l swu issta」は未生起の出来事に用いられる副詞「어쩌면 eccemyen（もしかしたら、ひょとしたら）」とは共起しにくい。

(39) 그의 말이 어쩌면 건방지게 들릴 수도 있다 {tulli-l swu-to issta}.
　　　彼の言うことがもしかしたら生意気に聞こえるかもしれない。
(40) ?어쩌면 사람이니까 실수할 수도 있다 {silswuha-l swu-to issta}.
　　　?もしかしたら人だから間違えることもある。

　一方、《蓋然性の可能》を表す肯定の形「ha-l swu issta」が〈傾向性〉と〈見込み〉の意味を表すのに対し、否定の形の「ha-l swu epsta」は意味上において〈傾向性〉しか表さない。

(41) 며칠사이에 사람이 쉽게 바뀔 수는 없다 {pakkwi-l swu-nun epsta}.
　　　数日で人が簡単に変わることはない。
(42) 여름의 태양과 겨울의 태양이 다를 수는 없다 {talu-l swu-nun epsta}.
　　　夏の太陽と冬の太陽が違うことはありえない。
(43) 그러나 선풍기 바람으로 한여름 실내에서 체온이 28도 이하로 떨어질 수는 없다 {tteleci-l swu-nun epsta}.　　（中央日報2008.7.9）
　　　しかし、扇風機の風で真夏の室内で体温が28度以下に落ちることはない。
(44) 눈에 보이지 않는 것에는, 좋을 것도 끔찍한 것도 있어, 사람들은 절대로 그것에서 자유로워질 수 없다 {cayulow-e ci-l swu epsta}.
　　　目に見えないものには、いいものも恐ろしいものもあり、決して人はそれから自由になることはない。　　　　　　　（ハネムーン）

　このように、《蓋然性の可能》が繰り返して起こり得る事態、すなわち

〈傾向性〉の有無を表す場合は「ha-l swu issta / epsta」を用いて表現することができるが、事態生起の〈見込み〉の有無を表す場合は否定の形の「ha-l swu epsta」を用いることができない。

例えば、「내년에 물가가 오를 수도 있다 naynyen-ey mwulka-ka olu-l swu-to issta（来年、物価が上がるかもしれない）」という事態生起の〈見込み〉を否定するためには、「내년에 물가가 오르지 않을 수도 있다 naynyen-ey mwulka-ka olu-ci anh-ul swu-to issta（来年、物価が上がらないかもしれない）」のように、「내년에 물가가 오르다 naynyen-ey mwulka-ka oluta（来年、物価が上がる）」から「내년에 물가가 오르지 않다 naynyen-ey mwulka-ka olu-ci anhta（来年、物価が上がらない）」に命題を変えなければならない。つまり、可能形式を用いる述語部分（命題の外側）ではなく、可能形式の前に来る命題の要素（出来事自体）を変えて否定しなければならないのである。よって、事態生起の〈見込み〉を表す《蓋然性の可能》は、〈傾向性〉のように可能形式の否定の形「ha-l swu epsta」を用いて否定文を作ることができない。

以上、5節では《蓋然性の可能》を表す「ha-l swu issta / epsta」の用法について詳しく考察を試みた。ここでは、肯定の形「ha-l swu issta」が事態生起における〈傾向性〉だけでなく、〈見込み〉の意味も表し得るのに対し、否定の形「ha-l swu epsta」は〈傾向性〉しか表さないことを明らかにした。このように、《蓋然性の可能》を表す「ha-l swu issta / epsta」は肯定か否定かによって用法上の違いは見られるが、いずれも命題の外側に置かれる「モーダルな可能」であり、事態生起における蓋然性を表している点で共通している。

次の6節では、「ha-l swu issta / epsta」と日本語の「（シ）ウル／エル」を比較しながら、両形式の類似点と相違点を簡単に見ていく。

6 「ha-l swu issta / epsta」と「（シ）ウル／エル」の比較

「ha-l swu issta / epsta」と「（シ）ウル／エル」は、蓋然性を表す可能形式である点で共通している。しかし、「ha-l swu issta / epsta」が無意志動詞に限らず意志動詞（「아이들이니까 싸울 수도 있다 aitul-inikka ssawu-l swu-to issta（子供たちだから喧嘩することもある）」類）とも共起し、書き言葉と話し

言葉に自由に用いられるのに対し、「(シ)ウル/エル」は無意志動詞に付くことが多く、主に書き言葉に用いられる点で、「ha-l swu issta / epsta」とは大きく異なる。金子尚一 (1980:72) は、「(シ)ウル/エル」を用いる《蓋然性の可能》について、「「認識の可能」を表すための要素としての「(シ)ウル/エル」は、それほど多くの動詞と直接には結びつかない場合が多いようである。(中略) 前要素として使用される動詞は、無意志動詞の場合が多い (例えば、"生じる、起こる、成立する、成り立つ" などの無意志動詞は「認識の可能」としか結びつかない)」と説明している。また、他の可能形式に比べると文体的なレベルでの差異があることも指摘している (金子尚一 1980: 64)。

　一方、韓国語の可能形式「ha-l swu issta / epsta」は次の用例のように形容詞や指定詞 (日本語のコピュラ (copula) に該当するもの) にも直接付けて用いることができるが、日本語の「(シ)ウル/エル」はもっぱら動詞の連用形に付く形式であるため、このような使い方はできない。

(45) 그래야 마음이 편할 수가 있지 {phyenha-l swu-ka iss-ci}.
　　 そうすれば気が楽だという事もあるんだよ。
　　　　　　　　　　　　　　　　　　　　　　　　　　(『コスモス朝和辞典』1991)

(46) 여름의 태양과 겨울의 태양이 다를[5] 수는 없다 {talu-l swu-nun epsta}.　　　　　　　　　　　　　　　　(中央日報 2008.12.25)
　　 夏の太陽と冬の太陽が違うことはありえない。

(47) 문장이 엉망진창이다. 그림으로 치면 추상파다. 피카소일 수도 있고 미치광이일 수도 있다 {phikhasoi-l swu-to iss-ko michikwangii-l swu-to issta }.
　　 無茶苦茶な文章だ。絵でいうならアブストラクトだ。ピカソかもしれないし、狂人かもしれない。　　　　　　(女流作家)

　また、韓国語の可能形式「ha-l swu issta / epsta」は《蓋然性の可能》はもちろん、有情物を動作主とする意志動詞と結びつくことで動作主の能力を表す《ちからの可能》にも自由に用いられるのに対し、日本語の「(シ)ウル/エル」は《蓋然性の可能》にのみ偏って用いられる。「(シ)ウル/エル」も、《ちからの可能》を表すことができないわけではない

が、その用法はかなり制限される。小矢野哲夫 (1980: 27) は、「(シ)ウル／エル」について、「「貨物車を引きうる男」や「いついかなるところでも十分な睡眠をとりうる人」のように現在形連体用法には、意志的動作か無意志的作用・状態かといった制限がほとんどなく、かなり自由に事柄の実現可能性が表現されるが、現在形終止用法には認めにくいようである」と述べている。

このように、「ha-l swu issta / epsta」と「(シ)ウル／エル」は、蓋然性を表す可能形式である点で共通しているが用法が異なるため、両者を自由に置き換えることはできない。次のように、《蓋然性の可能》を表す「ha-l swu issta / epsta」が無意志動詞と結びつき、書き言葉に用いられる場合は「(シ)ウル／エル」に置き換えられるが、文によっては「する可能性がある／ない」「することがある／ない」、特に肯定文の場合「するかもしれない」、否定文の場合「するはずがない」などに対応するため、常に置き換えが可能なわけではない。

(48) 되풀이된다면 외국 위성방송과의 경쟁은 커녕 21세기 한국 방송의 대재앙이 <u>될 수도 있다</u> {toy-l swu-to issta}.

(http://sejong.or.kr/、東亜日報社 1999)

［繰り返されれば外国衛星放送との競争どころか21世紀韓国放送の大災難に<u>なり得る</u>］

(49) 지방고검장의 폭탄발언이 엄청난 파문을 일으키고 있다. 자칫하면 제3의 사법파동으로 <u>이어질 수도 있다</u> {ieci-l swu-to issta}.

(http://sejong.or.kr/、東亜日報社 1999)

［地方高等検察庁長の爆弾発言が途方もない波紋を起こしている。ともすると第3の司法波動に<u>つながり得る</u>］

「ha-l swu issta / epsta」は、一つの可能形式で《ちからの可能》と《蓋然性の可能》を表し得るが、「(シ)ウル／エル」は主に《蓋然性の可能》を表す際に用いられる形式で「ha-l swu issta / epsta」に比べ、文法的な制限が多いと言える。日本語の可能表現において、「(シ)ウル／エル」を可能形式に入れない考えもあるが、これは「(シ)ウル／エル」が文法的な制限が多いことに起因すると考えられる。

7　おわりに

　本章では、可能表現において「動作主の能力を表す可能」と、「事態生起における蓋然性を表す可能」とが別の意味合いを成すという考えから、「ha-l swu issta / epsta」を大きく《ちからの可能》と《蓋然性の可能》に分けて考察を試みた。また、日本語において主に蓋然性を表す可能形式「(シ)ウル／エル」との比較も簡単に行った。その結果を簡単に示すと、文構造において「ha-l swu issta / epsta」は《ちからの可能》を表す場合、有情物動作主で意志動詞を述語とするのに対し、《蓋然性の可能》は述語動詞が無意志動詞であれば、動作主の有無や動作主が有情物か否かは特に問題にならない。また、形式名詞「swu」の後に助詞「to（モ）」が付いた肯定の形「ha-l swu-to issta」は、意志動詞を述語とする場合、《ちからの可能》とも《蓋然性の可能》とも解釈できるが、後ろに前件を取り消す意図的な表現を付けることで両者の使い分けが可能である。

　一方、意味上における相違点を見ると、《ちからの可能》と《蓋然性の可能》は、文の表す事態が動作主にとってプラスの事象なのか、それともニュートラルな事象なのかによって、前者が《ちからの可能》を、後者が《蓋然性の可能》を表す。つまり、両者は意味的な面において文の表す意味特徴が異なると言える。

　以上、本章では従来の主な研究においてモダリティ表現として取り上げられてきた「ha-l swu issta / epsta」を可能表現と捉え、《ちからの可能》と《蓋然性の可能》の用法があることを示し、その意味特徴とそれを支えている構文的な特徴を明らかにした。また、《ちからの可能》が「命題に関わる可能」を、《蓋然性の可能》が命題の外側に置かれる「モーダルな可能」を表し、互いに開かれた関係にあることを明確に示した。

　日本語の「(シ)ウル／エル」との比較においては、「ha-l swu issta / epsta」と「(シ)ウル／エル」は、蓋然性を表す可能形式である点で共通しているが、「ha-l swu issta / epsta」に比べ日本語の「(シ)ウル／エル」の方が文法的な制限が多いことを明確にした。

　ここまで第4章と第5章では、韓国語の可能表現における「形態的な可能形式」について考察を行った。まず第4章では、日本語の可能表現

の場合、可能形式間において意味や用法の違いがほとんどないのに対し、韓国語の可能表現は「可能の生起条件」や「出来事の種類」によって異なる可能形式を用いることを明らかにした。そして、第5章では、韓国語の代表的な可能形式「ha-l swu issta / epsta」を取り上げ、日本語の可能形式と違って《ちからの可能》はもちろん《蓋然性の可能》をも表し得ることを述べた。

次の第6章と第7章では、韓国語において語彙的な可能表現の担い手と言える「cita」と「toyta」を取り上げ、その意味、用法を明らかにすると共に日本語の可能表現とどのように対応しているかについて考察する。

注 [1] 金子尚一(1980: 69)は、「「できる」ということの意味は「もととなる動きの内容を実現するためのちからが主体にある／ちからを主体がもつ」ということ」で、「述語である可能の形式の主語・主体が、その形式に含まれている動きの実現のためのちからを所有すること、あるいはその形式内に表現を受けているちからによるその動きの実現を表すこと」と説明している。

[2] 例えば、白峰子(2004: 393)の用例「원숭이도 나무에서 떨어지는 수가 있다 {tteleci-nun swu-ka issta}(猿も木から落ちることがある)」を「원숭이도 나무에서 떨어질 수가 있다 {tteleci-l swu-ka issta}」に置き換えても意味の違いは生じない。

[3] 韓国語の可能形式「ha-l swu issta / epsta」は、日本語の「～することができる／できない」のように、コトに該当する形式名詞'swu'の後に助詞の挿入が可能である。「할 수 (가)／(는)／(도) 있다 없다 ha-l swu-(ka)／(nun)／(to) issta / epsta (～すること(が)／(は)／(も) できる／できない)」

[4] 仁田義雄(1981)は、「ことがある」と「かもしれない」を「可能性・蓋然性を表す疑似ムード」とし、前者を「事象成立の可能性」、後者を「事象生起の蓋然性」と呼んでいる。また、〈蓋然性〉が〈可能性〉に比べて陳述性、作用性が高いことを指摘している。

[5] 韓国語において「다르다 taluta」は形容詞であるが日本語に訳すと動詞の「違う、異なる」になる。

第6章
韓国語における語彙的な可能形式（1）
補助動詞「cita」が表す〈可能〉と〈自発〉について

　上述したように、本書では韓国語の可能表現を大きく「形態的な可能形式」と「語彙的な可能形式」に分けられるとする。前の第4章と第5章では「形態的な可能形式」について詳しく述べたが、本章では、「語彙的な可能形式」の一つである「cita」について考察を行う。これまでの韓国語の文法研究において「cita」は、〈受動〉[1]の意味を表す補助動詞として取り上げられることが多かったが、「cita」は意味的な面において〈可能〉や〈自発〉の意味を担うことがある。本章では、補助動詞「cita」が表す〈可能〉と〈自発〉を取り上げ、その用法と意味特徴を明らかにするとともに、どのような構文的な特徴によって支えられているかを明らかにする。

1　本章における研究対象

　本章では、補助動詞「cita」が〈受動〉以外に〈可能〉や〈自発〉の意味をも表し得ることを明らかにするために、次のようなものは考察の対象から外す。

（ⅰ）本動詞や形容詞として用いられる場合
　◆自動詞：꽃이 지다 {kkoch-i cita}（花が萎れる）、그늘이 지다 {kunul-i cita}（影ができる）、때가 지다 {ttay-ka cita}（染みが落ちる）、홍수가 지다 {hongswu-ka cita}（洪水が起きる）、논쟁에 지다 {noncayng-ey cita}（論争に負ける）、など。
　◆他動詞：짐을 지다 {cim-ul cita}（荷物を背負う）、책임을 지다 {chaykim

-ul cita}（責任を負う）、빚을 지다 {pic-ul cita}（借金をする）、など。
- ◆形容詞：멋지다 {mes-cita}（素敵な）、값지다 {kaps-cita}（値打ちがある）、기름지다 {kilum-cita}（油っこい）、건방지다 {kenpang-cita}（生意気な）、など。

（ⅱ）自動詞と形容詞の両面性を持つ場合[2]
- ◆名詞＋cita：흉이 지다 {hyung-i cita}（傷跡が残る）、허기가 지다 {heki-ka cita}（空腹を感じる）、각이 지다 {kak-i cita}（角が立つ）、원수가 지다 {wenswu-ka cita}（恨みを持つ）、など。
- ◆合成語：따지다 {tta-cita}（責める）、쓰러지다 {ssule-cita}（倒れる）、떨어지다 {ttele-cita}（落ちる）、터지다 {the-cita}（破れる）、헤어지다 {heye-cita}（別れる）、など。

（ⅲ）形容詞の後に付いて、状態が変わる過程を表す自動詞を作る場合
좋아지다 {coha-cita}（良くなる）、나빠지다 {nappa-cita}（悪くなる）、더워지다 {tewe-cita}（暑くなる）、조용해 지다 {coyonghay-cita}（静かになる）、뚱뚱해지다 {ttwungttwunghay-cita}（太っていく）、익숙해지다 {ikswukhay-cita}（慣れていく）、など。

以下では、補助動詞「cita」が表す〈可能〉と〈自発〉に焦点を当て、その意味特徴と用法について考察し、それらがどのように構文的な特徴によって支えられているかを明らかにする。

2　主な先行研究

崔鉉培（1937: 399）は、状態変化を言い表す補助動詞「cita」に〈受動〉の意味以外にも〈可能〉や〈自然（いわゆる、自発）〉の意味があることを示唆している[3]。

（1）이런 덫에도 범이 <u>잡아지느냐</u> {cap-a ci-nunya}?　「할 수 있는 입음」

　　　　［こんな罠でも虎が捕らえられるのか？］　　［可能受動：引用者訳］
(2) 날씨가 따뜻하니, 서산의 눈이 녹아 진다 {nok-a ci-nta}.
　　　　　　　　　　　　　　　　　　　　　　　　「절로 되는 입음」
　　　［暖かいから、西山の雪が溶ける。］　　　　　［自然受動］
(3) 신라가 고려한테 망하여 (망해) 졌다 {mang-hay ci-ess-ta}.
　　　　　　　　　　　　　　　　　　　　　　　　「이해 입음」
　　　［新羅が高麗によって滅ぼされた。］　　　　　［利害受動］

　このように、崔鉉培（1937）は、「cita」を用いる文を「할 수 있는 입음 ha-l swu iss-nun ip-um（可能受動）」「절로 되는 입음 cello toy-nun ip-um（自然受動）」「이해 입음 ihe ip-um（利害受動）」に分けて、受動の下位分類として扱っている。これは、松下大三郎（1924）が可能表現を「可能的被動態」として〈被動態〉(受動態) の中に入れて考えているのと相通じる。つまり、崔鉉培（1937）は「cita」が〈受動〉だけではなく、〈可能〉や〈自発〉の意味を表し得ることを示唆している。

　「cita」を〈受動〉ではなく、他の意味を表す形式として正面から扱っている研究は数少ないが、禹仁惠（1992: 39）は、「cita」の基本的な機能を「起動相（inchoative）」であると捉えている。本来の起動相の意味は「状態や動作の開始を表すもの」であるが、禹仁惠（1992）はこれを広く捉えて起動相を「状態や動作の開始から生じる変化の様相に焦点を当てるもの」とし、「cita」が表す状態や動作の変化に注目している。

　Son, Se-mo-dol（1996）は、「cita」の基本的な意味を「変化」であると捉えている。それが制限された文脈によって、「受動」や「起動」、「話し手の心理態度」になるとし、「話し手の心理態度」は、また「変化について話し手がどのような心理態度を持つかによって「過程の困難」や「可能性」などに解釈できる」（同論文: 265）と指摘している。補助動詞「cita」に関する研究が「受動」や「起動」、「変化」の意味を持つという議論が多い中、円山拓子（2006, 2007）は、「cita」を受動・自発・可能・状態変化などの多様な意味を持つ補助動詞として捉えている。円山拓子（2006）は、①どのような意味的・文脈的な条件において「cita」が可能を表すのか、②「cita」の表す可能の意味は代表的な可能形式「hal swu issta」とどのように異なるのか、という二つの論点に焦点を当てて、意味的な側

面を中心に分析を行っている。その結論として、「日本語の可能研究で用いられている「状況可能」「能力可能」といった分類と「cita」の分布には相関関係が見られない」と指摘した上で、「cita可能とha-l swu issta可能の分布の境界を形作っているのは、「意志性」と「制御性」という二つの要素である」（同論文: 64）と述べている。円山拓子（2006）は、他の先行研究に比べ補助動詞「cita」の意味、用法を詳しく取り上げている点で優れているが、もっぱら意味的な側面に重点が置かれており、その根拠となる用例に例外が多く見られるため、その裏付けが十分ではない。

一方、円山拓子（2007）では、北海道方言の「ラサル」を媒介語とし、日本語（共通語）の「ラレル」と韓国語の「cita」を対照することで、日本語の「ラレル」とは性質の異なる自発用法と可能用法の存在を明示している。また、日本語の「ラレル」にない、非情物主語の到達用法[4]（結果状態を表すアスペクト形式"-a/e issta"と結合するもの。例）매일 신어서 구두바닥이 다 닳아졌다 mayil sin-ese kutu-batak-i ta talh-a ci-ess-ta（毎日履いたので靴底がすりへっている）のタイプ：引用者注）が、「ラサル」と「cita」に見られることも指摘している。円山拓子（2007: 65）は、「cita」の到達用法と受身用法の相違点として受身用法は、①動作主名詞句を伴い、②動作進行を表すアスペクト形式「-ko issta」と結合すると説明しているが、「cita」の受身用法は、「일류 요리사에 의해 생선이 구워져 있다 illyu yolisa-ey uyhay sayngsen-i kuw-e cy-e issta（一流シェフによって魚が焼かれている）」のように、「-a/e issta」と結合することがある。したがって、円山拓子（2007: 65）が「cita」の到達用法と受身用法との違いとして挙げている受身用法の特徴（①動作主名詞句との共起、②結果状態を表す到達アスペクト"-a/e issta"が付かない）は、必ずしも当てはまるとは限らない。しかし、方言文法の視点を取り入れることで日本語と韓国語の対照研究に新たな可能性を示している点において高く評価できる。

本章では、このような円山拓子（2006, 2007）の問題点を踏まえながら、補助動詞「cita」が表す〈可能〉と〈自発〉[5]の意味特徴と用法を考察し、両者がどのような構文的な特徴により支えられているかを明らかにする。

3 「cita」が表す〈可能〉について

　韓国語の文法研究において、補助動詞「cita」は「状態変化」や〈受動〉を表す形式として取り上げられることが多い。次の用例は、各用例出典の先行研究において〈受動〉を表す文として挙げられているものである。

(4) 제 시간에 잠이 안 깨져서 {an kkayci-ese} 항상 지각을 해요.
　　　　　　　　　　　　　　　　　　　　　　　　　　　　（白峰子2004）
　　決められた時間に起きられなくて、いつも遅刻をします。
(5) 입이 깔깔해서 도무지 뭐가 먹어지지를 않네 {meke-ci-ci-lul anh-ney}.　　　　　　　　　　　　　　　（Son, Se-mo-dol 1996）
　　［口の中がじゃりじゃりして全く何も食べられない。］
(6) 이 글씨는 아무리 지우려해도 지워지지 않는다 {ciwe-ci-ci anh-nunta}.　　　　　　　　　　　　　　　（南基心・高永根2007）
　　［この字はいくら消そうとしても消せない。］
(7) 연필이 좋으니까 글씨가 잘 써진다 {sse-ci-nta}.
　　鉛筆がいいから字がよく書ける。

　これらは先行研究において〈受動〉を表すとされているが、意味上において受身的な事実を描写している受動表現というより、むしろ動作主の期待する、もしくは意図し努める動作・状態が何らかの要因で実現する・実現しないことを表す可能表現であると捉える方がより妥当であろう。
　本節では、このような「cita」が表す〈可能〉についてより詳しく見ていく。まず3.1で「cita」が表す〈可能〉を〈受動〉の意味を持つ「cita」と比較しながら、その構文的な相違点について考える。次の3.2では「cita」が表す〈可能〉を意味、用法によってタイプ分けし、それらがどのような構文的な特徴によって支えられているかを明らかにする。

3.1 〈可能〉の意味を表す「cita」の構文的特徴

〈可能〉を表す「cita」は、構文上において〈受動〉を表す「cita」とは大きく異なる。〈受動〉を表す「cita」は、次のように①動作の受け手が非情物で動作主不問の文が多く（用例（8）～（10））、②動作主が当該文に明示される場合（用例（11））、動作主マーカーは基本的に「～에 의해서/의하여 -ey uyhayse/uyhaye（～ニヨッテ）」で表される。

(8) 그리고 3년상이 끝나면 왕의 신주는 종묘로 모셔진다 {myosye ci-nta}. 　　　　　　　　　　　　（http://transkj.com/、王の一生）
    それから3年の喪に服す期間が終れば王の位牌は宗廟に奉られる。

(9) 축제 기간 중에는 스키쇼나 패션쇼, 레이져쇼, 야외영화제, 외국인 노래자랑등 다채로운 행사도 함께 펼쳐진다 {phyelchye ci-nta}.
    祭りの期間中にはスキーショーやファッションショー、レーザーショー、野外映画祭、外国人の歌合戦など多彩なイベントも一緒に開かれる。　　　（http://transkj.com/、ロマンチックで純白な冬）

(10) 제1회 FIFA 월드컵의 개최권은 우루과이에 주어졌다 {cu-e ci-ess-ta}.
    第一回FIFAワールドカップの開催権はウルグアイに与えられた。　　　（http://transkj.com/、2002FIFA WORLD CUP KOREA JAPAN）

(11) 새로운 사실이 김박사의 연구진에 의해 밝혀졌다 {palkhye ci-ess-ta}.　　　　　　　　　　　　　　　　　　　　（南基心・高永根2007）
    ［新しい事実が金博士の研究陣によって明かされた。］

このように、〈受動〉を表す「cita」の構造（Xは動作の受け手で、Yは動作の仕手＝動作主）は、基本的に①「X이/가 V-아/어 지다{X-i/ka V-a/e cita}（Xガ V-ラレル）」、②「X이/가 Y에 의해서/의하여 V-아/어 지다{X-i/ka Y-ey uyhayse/uyhaye V-a/e cita}（Xガ Yニヨッテ V-ラレル）」である。②「X-i/ka Y-ey uyhayse/uyhaye V-a/e cita（Xガ Yニヨッテ V-ラレル）」のように、動作の受け手と動作主が文中に明示される場合、通常対応する能動文を持つ。

一方、〈可能〉を表す「cita」は、動作の受け手と動作主を区別すること自体が非常に難しく、対応する能動文を作ることができない。動作主は、特定できる誰かであることが多く、文中に明示される場合は、受動表現のような動作主マーカー「ey uyhayse/uyhaye（〜ニヨッテ）」ではなく、「i/ka（ガ）」「un/nun（ハ）」で表される。

(12) 요즈음은 바빠서 이곳에 <u>와지지 않아요</u> {wa-ci-ci anh-ayo}.
　　　　　　　　　　　　　　　　　　　　　（任瑢彬・洪璟杓・張淑仁1989）
　　最近は忙しくてここに<u>来れません</u>。
(13) 어저께는 길이 막혀서 잘 못 갔는데 오늘은 잘 <u>가지네</u> {ka-ci-ney}.
　　きのうは道が渋滞していてすいすい行けなかったが、きょうはうまく<u>行けるね</u>。
　　　　　　　　　　　　　　　　　　　　　（コスモス朝和辞典1991）
(14) 그 좁은 방에서 전원이 다 <u>자졌다</u> {caci-ess-ta}.
　　あの狭い部屋で全員が皆<u>寝られた</u>。
(15) 이번 시험에서는 그런 어려운 한자도 <u>써졌다</u> {sseci-ess-ta}
　　今回の試験ではそんな難しい漢字も<u>書けた</u>。　　（円山拓子2006）

　この他に、〈受動〉を表す「cita」と結合する動詞は基本的に他動詞に限られるが、可能表現の「cita」は他動詞に限らず自動詞とも結合できる。また、〈可能〉を表す「cita」は自然実現（動作主が意図しなくても、自然にある動きや状態が生じてしまうタイプ）の場合を除いて、可能形式「ha-l swu issta / epsta」と置き換えられるが、〈受動〉を表す「cita」は「ha-l swu issta / epsta」に置き換えることができない。さらに、〈可能〉を表す「cita」はアスペクト形式との結合ができないが、〈受動〉を表す「cita」は動作進行を表すアスペクト形式「-ko issta」や結果状態を表すアスペクト形式「- a/e issta」と結合する点で大きく異なる。
　以上のように補助動詞「cita」を用いる文は、〈受動〉に限らず、〈可能〉の意味をも表し得る。上述した点から見ても、〈受動〉と〈可能〉は文の表す意味や構文的な特徴が異なるため、二つの用法をまとめて受動表現とする考えには無理があると思われる。

3.2 〈可能〉の意味を表す「cita」のタイプ分け

〈可能〉を表す「cita」は、動作・状態の生起から実現までの過程に困難を伴うか否か[6]によって、大きく次の二つに分けられる。

(ⅰ)「意図実現」：動作・状態の生起から実現までの間に「過程の困難」がある。動作主の何らかの努力によって実現までの困難が乗り越えられるといった成果や達成の意味を表す。
(ⅱ)「自然実現」：動作・状態の生起から実現までの間に「過程の困難」がない。動作主の努力による実現ではなく、自然にある動作・状態が実現する事態を表す。

以下では、このタイプ分けに沿って、詳しく見ていくことにする。

3.2.1 「過程の困難」を伴う場合

〈可能〉の意味を表す「cita」において、動作・状態の生起から実現までの間に「過程の困難」を伴う文は、①動作主が意図し努めることで事態実現までの過程の困難が乗り越えられるといった成果を表す「意図実現」と、②動作主の意図し努める動作・状態が何らかの過程の困難により阻まれて動作主の意図に反する結果が生じる「意図非実現」に分かれる。

①「意図実現」のタイプ

次に挙げる用例は、動作・状態の生起から実現までの間に「過程の困難」はある・あったが、動作主の努力によって動作主の意図通りに実現する・したことを表す「意図実現」のタイプである。

(16) 당사자로서는 미치지 않고서는 견딜수 없을 것만 같은 일들을 살면서 숱하게 겪어오지만 막상 버티고 살아보면 어떻게든 미치지 않고 살아진다 {sala ci-nta}.

(http://blog.aladin.co.kr/782957143/4930900)

［当事者としては正気でいられないようなことも生きていく中で

多く経験するが、実際に生き抜いてみるとどうにか狂わず生きていける。]

(17) (그 많은 사람이) 그 차에 다 젔다 {thaci-ess-ta}. (Son, Se-mo-dol 1996)
 [(あんな多くの人が) その車に皆乗れた。]

(18) 처음에는 타이밍 맞추기가 매우 힘들었지만, 계속 따라다니면서 사진을 찍다보니까 점점 능숙해졌다. (중략) 그것이 성공했을까? FD들과 친해졌다 {chinhayci-ess-ta}.
(http://transkj.com/、MBC田園日記)
最初はタイミング合せが非常に大変だったが、ずっと彼らに付き添って写真を撮るうちにだんだん慣れていった。(中略) それが成功したのだろうか、フロアディレクターと親しくなることができた。

(19) 한달 전부터 열심히 공부한 덕분에 이번 시험에서는 그런 어려운 한자도 써졌다 {sseci-ess-ta}.
一ヶ月前から一所懸命に勉強したおかげで、今回の試験ではあんな難しい漢字も書けた。

　このタイプの文は、文中や段落に「過程の困難」が明示されることもあれば、文脈により実現までの過程が簡単ではないことが表されることもある。「意図実現」を表す文は、動作・状態の生起から結果に至るまで動作主の意図が働いており、動作主の何らかの努力によって実現までの困難が乗り越えられるといった成果や達成を表すため、結果完了を表す過去の形の述語動詞と結合しやすい。

②「意図非実現」のタイプ
　次の用例は、動作主の意図し努める動作・状態が何らかの要因に阻まれて (能力が足りなかったり、状況が不利だったり)、実現しない・しなかったことを表す「意図非実現」の文である。基本的に、動作主の意図する事態実現を妨げる「過程の困難」は文中や段落に差し出される。

(20) 내게는 이 구두는 너무 작아서 신어지지 않는다 {cin-e ci-ci anh-nunta}.

　　　　私にはこの靴は小さすぎて履けない。　　　　　　　　（円山拓子2006）
(21)　그러나 안혚집은 다리가 떨려서 빨리 나와지지를 않는다 {nawa-ci-ci-lul anh-nunta }.　　　　　　　　（http://transkj.com/、桑の葉）
　　　だがアンヒョプチプは脚が震えてすぐには出てゆくことができぬ。
(22)　체인을 벗기려 했지만 서두른 탓인지 고리가 걸려 벗겨지지 않는다 {peskye- ci-ci anh-nunta }.
　　　チェーンをはずそうとしたが、焦っているせいでフックがひっかかってとれない。　　　　　　　　　　　　　　　　（もやし）
(23)　＝(5) 입이 깔깔해서 도무지 뭐가 먹어지지를 않네 {meke-ci-ci-lul anh-ney}.　　　　　　　　　　　　　　　（Son, Se-mo-dol 1996）
　　　［口の中がじゃりじゃりして全く何も食べられない。］
(24)　＝(12) 요즈음은 바빠서 이곳에 와지지 않아요 {wa-ci-ci anh-ayo}.
　　　　　　　　　　　　　　　　　　　　　（任瑚彬・洪璟杓・張淑仁1989）
　　　最近は忙しくてここに来れません。

　「意図非実現」も、上述した「意図実現」と同様に事態実現への動作主の意図が前提となっていて動作・状態の生起から結果までに動作主の意図が働いているが、動作主の努める事態実現が何らかの障害により阻まれて最終的に実現には至らない事態を言い表す。
　このように、〈可能〉を表す「cita」が「過程の困難」を伴う場合、肯定文は「意図実現」を、否定文は「意図非実現」を表す。また、〈可能〉を表す「cita」が「意図（非）実現」を表す場合、可能形式「ha-l swu issta / epsta」と自由に置き換えることができる。これは、「ha-l swu issta / epsta」が単なる事態の可能性や動作主の意図による事態（非）実現を表す際に用いられる可能形式であるからである[7]。つまり、〈可能〉を表す「cita」が「過程の困難」を伴う場合、事態の生起から結果に至るまで動作主の意図が働いている（最終的に動作主の意図による事態実現までの制御ができない「意図非実現」においても）ため、可能形式「ha-l swu issta / epsta」との置き換えが可能になる。

3.2.2 「過程の困難」を伴わない場合

〈可能〉を表す「cita」において、「過程の困難」を伴わない文の用例を検討していくと、肯定文に限られるといった特徴が見られる。円山拓子 (2006: 73) も、「cita」を用いる可能表現にこのような可能文のタイプがあることを指摘し、否定文が見られないのは「状況の自然発生」を含意していることに関係していると述べている。また、このようは傾向について、「「意図していなかったがそうなった」という肯定文に対して、「意図していなかったがそうならなかった」という否定文はとりたてて表現する内容を欠いているため、言語化されにくい」と説明している。

このような円山拓子 (2006) の考えは基本的に正しいと思われるが、より詳しく説明すると、否定文の場合、ある事態が生起しない、もしくは実現しないというのは、それを阻む何かしらの要因が働いているからである。つまり、〈可能〉を表す「cita」の否定文は、ある動作・状態の生起から実現までの間に何らかの「過程の困難」があるが故に、事態が成立しないことを含意していると捉えられる。よって、「過程の困難」を伴わない文の用例は肯定文に限られ、文の表す意味は動作主の意図の有無に拘らず、自然にある動きや状態が生じてしまう「自然実現」の意味を成すと言える。

① 動作主の介入がないタイプ

下の用例 (25) ～ (29) は、動作・状態の生起から実現までの間に「過程の困難」を伴わない文で、動作主が意図しなくても、自然にある動きや状態が生じてしまう「自然実現」の意味を表す。自ずと成り立つ事態を支える役割として、「왠지 waynci (何故か)、저절로 cecello (ひとりでに)、뜻밖에 ttuspakkey (思いがけず)、우연히 uyenhi (偶然に)、이외로 ioylo (意外に)」などの (-) 意志性の副詞成分と共起しやすい。

(25) 삼돌이는 어깨에서 춤이 저절로 추어진다 {chwu-e ci-nta}.

　　　　　　　　　　　　　　　(http://transkj.com/、桑の葉)

　　サムドリはひとりでに體が踊りだしてくる思いだった。

(26) 오늘은 왠지 노래가 잘 불러진다 {pwulle-ci-nta}.

　　今日はなぜか歌がうまく歌える。

(27) 감자가 이외로 잘 <u>구워졌다</u> {kwuweci-ess-ta}.
　　 ジャガイモが意外とよく<u>焼けた</u>。
(28) 시간이 지나면 자연히 <u>잊혀진다</u> {ichyeci-nta}.
　　 時間が経てば自然に<u>忘れられる</u>。
(29) 피곤할 때는 아무 생각 없이 <u>자진다</u> {ca-ci-nta}.
　　 疲れている時は何も考えずに<u>寝られる</u>。

　(一) 意志性の副詞成分を伴うことで、動作主の意図的な行為による事態実現ではなく、自ずと成り立つ「自然実現」であることがより明らかになる。上述したように、可能形式「ha-l swu issta / epsta」は、通常単なる事態の可能性（ポテンシャルな出来事）や動作主の意図による事態（非）実現を表す際に用いられるが、用例（25）～（27）はアクチュアルな出来事を表しており、動作主の意図ではなく自ずと成り立つ事態を表しているため、「ha-l swu issta」に置き換えることができない。
　一方、用例（28）、（29）は動作主の意図はないが、実現の可能性を表していることから、「ha-l swu issta」の使用が可能になる。しかし、「cita」を用いる文を「ha-l swu issta」に置き換えると文の表す意味が変わってしまう。「cita」を用いる文は、自ずと成り立った事態の結果に重点が置かれているのに対し、「ha-l swu issta」に置き換えると、文の表す意味が動作主の意図が意識されるようになり、自ずと成り立った事態の結果ではなく、今後の事態実現への可能性に重点が置かれるようになる[8]。よって、「cita」を用いる文を「ha-l swu issta」に置き換えると、「自然実現」の意味より、動作主の期待や意図による「意図実現」の意味に近づいていくようになる。

　② 動作主の介入が前提となるタイプ
　〈可能〉の意味を表す「cita」において、「過程の困難」を伴わない文には文の表す事態に動作主の介入が前提となるタイプがある。「이 침대에서 자면 잘 <u>자진다 / 자졌다</u> {ca-ci-nta / ca-ci-ess-ta}（このベッドで寝ればよく<u>眠れる／眠れた</u>）」、「이 신발을 신으니까 빨리 <u>달려진다 / 달려졌다</u> {tallye-ci-nta / tallye-ci-ess-ta}（この靴を履いたら早く<u>走れる／走れた</u>）」のように、条件節や理由節を伴う文に偏って見られる。

次の用例は、動作主が当該動作の実現を試みる際にそれを阻む障害がないために、動作主の望んでいる動作が難なく実現することを含意しているが、事態を実現するために動作主の介入が必要である点が前述した「自然実現」(用例(25)～(29))とは異なる。

(30) a. 이 펜으로 쓰니까 글씨도 잘 <u>써진다</u>{sse-ci-nta}.
　　　　このペンで書いたら字もうまく<u>書ける</u>。
　　 b. 이 펜으로 쓰니까 글씨도 잘 <u>써졌다</u>{sse-ci-ess-ta}.
　　　　このペンで書いたら字もうまく<u>書けた</u>。
(31) a. 칡뿌리의 결을 맞추어 자르니까 쉽게 <u>잘라진다</u>{calla-ci-nta}.
　　　　葛の根のきめを合わせて切ったら簡単に<u>切れる</u>。
　　 b. 칡뿌리의 결을 맞추어 자르니까 쉽게 <u>잘라졌다</u>{calla-ci-ess-ta}.
　　　　葛の根のきめを合わせて切ったら簡単に<u>切れた</u>。
(32) a. 이 펜을 쓰면 글씨도 잘 <u>써진다</u>{sse-ci-nta}.
　　　　このペンを使えば字もうまく<u>書ける</u>。　　(円山拓子2006)
　　 b. 이 펜을 쓰면 글씨도 잘 <u>써졌다</u>{sse-ci-ess-ta}.
　　　　このペンを使えば字もうまく<u>書けた</u>。　　(円山拓子2006)
(33) a. 칡뿌리는 결을 맞추어 자르면 쉽게 <u>잘라진다</u>{calla-ci-nta}.
　　　　葛の根はきめを合わせて切れば簡単に<u>切れる / 切れた</u>。
　　 b. 칡뿌리는 결을 맞추어 자르면 쉽게 <u>잘라졌다</u>{calla-ci-ess-ta}.
　　　　葛の根はきめを合わせて切れば簡単に<u>切れた</u>。

　これらは、動作主が事態実現のためにある条件を満たせば、またはある条件を満たすことで望んでいる結果が得られる・得られたという事態を表している。動作・状態の生起から事態実現までの過程は異なるが、結果だけに焦点を当てて考えれば、ある条件のもとで自ずと成り立つという意味を表す点から「広義の自然実現」として捉えることができる。「잘cal(よく), 다ta(全部), 쉽게swipkey(簡単に)」などの副詞成分を伴うことでより主節の結果の方に焦点が当てられるようになる。
　このタイプの文は、事態生起において動作主の介入が前提となっていることから、可能形式「ha-l swu issta」の使用が可能であるが、用例(30)、(31)のaのように、動作主がある行為を行いながら発言している

場合（理由節を伴う文の述語動詞が現在のテンス：「써진다sse-ci-nta」）、文の表す事態は発話時におけるアクチュアルな出来事を表すため、「ha-l swu issta」を用いることができない。つまり、文の構成要素が同じであっても、述語動詞のテンスにより文の表す事態が変わり得る。よって、用例(30)、(31)のaのように、発話時におけるアクチュアルな出来事を表す場合は、「ha-l swu issta」に置き換えることができない。一方、他の用例は「ha-l swu issta」の使用が可能であるが、「cita」を用いる可能文とは意味が異なる。これは、上述したように「cita」を用いる文を「ha-l swu issta」に置き換えると、動作主の意図が著しく現れるようになり、「意図実現」へ近づいていくからである。

　ここまで、3.2.2では〈可能〉の意味を表す「cita」において、「自然実現」を表す文について考察した。このタイプは、肯定文に限って見られるという点が「過程の困難」を伴う可能文とは大きく異なる。事態の生起において動作主の介入やある条件を必要とする場合もあるが、動作主が事態実現を意図して最後まで努めた結果として得られる成果ではなく、結果的に動作主の望む事態が自然と成り立つ事態を表している点で「自然実現」の意味を表すと捉えられる。これが意味上において「意図（非）実現」と異なる点であり、〈自発〉と類似する点でもある。つまり、事態実現において動作主が最後までそうしようと意図しなくても自然にある動きや状態が生じてしまうことを表す点で、意味的に〈自発〉に近づくと言える。

　以上、3節では〈可能〉の意味を表す「cita」について考察を試みた。まず3.1では、〈可能〉の意味を表す「cita」を取り上げ、〈受動〉を表す「cita」と比較しながら、その構造的な特徴について簡単に述べた。次に3.2では、「cita」を用いる可能表現が「過程の困難」を伴うか否かで大きく二つにタイプ分けができることを明確にした。

　次の4節では、自動詞化する「cita」について考察を試みる。

4　自動詞化する「cita」文について

　〈可能〉を表す「cita」には動作主の介入が前提とされない、単なる特定のモノの属性のみを表す文がある。このタイプは、他動詞に補助動詞

「cita」が付いてモノ主語の属性を言い表す文で、事態の可能性より述語動詞に表される状態の変化が重視される点から、状態を表す自動詞に近い意味を持つ。

(34) 이 연필은 글씨가 잘 써집니다 {sse-ci-pnita}.
(任瑚彬・洪璟杓・張淑仁1989)
この鉛筆は字がよく書けます。
(35) 이 지우개는 볼펜도 다 지워져요 {ciwe-ci-eyo}.
この消しゴムはボールペンも全部消せます。
(36) 이 칼은 딱딱한 고기도 쉽게 잘라진다 {calla-ci-nta}.
このナイフは硬い肉も簡単に切れる。
(37) 이 행주는 기름때도 잘 닦아진다 {takk-a ci-nta}.
この布きんは油汚れもきれいに拭ける。

これらは、非情物を主語にとるタイプでモノの属性とも言える恒常的な性質を言い表している。動作主はそもそも問題にならないため、構造上消去されている。文の表す事態に動作主の介入が全く意識されない点が前述した条件節の用例(「이 펜으로 쓰면 글씨도 잘 써진다 {sse-ci-nta}(このペンで書けば字もうまく書ける)」類)や理由節の用例(「이 펜으로 쓰니까 글씨도 잘 써졌다 {sse-ci-ess-ta}(このペンで書いたら字もうまく書けた)」類)とは異なる。動作主の介入がないタイプではあるが、モノ主語の属性として単なる事態の可能性、すなわちポテンシャルな出来事を捉えている点から可能形式「ha-l swu issta」も用いることができる。しかし、「cita」を用いる可能表現を「ha-l swu issta」に置き換えると述語動詞に表される状態の変化の意味はなくなり、事態実現への可能性だけが浮き彫りになって意味の差が生じる。

特に否定文において意味の差が大きく現れる。つまり、モノ主語の属性を捉える「cita」の否定文は可能形式「ha-l swu epsta」に置き換えると、全く違った意味になってしまう。例えば、用例 (38) 〜 (40) は動作主の介入が全く意識されない文で単なるモノの属性を捉えているのに対し、用例 (41) 〜 (43) は「ha-l swu epsta」を用いることで動作主の介入が前提となる文に変わり、何らかの要因 (動作主の能力欠如、またはモ

ノの性質上）による事態実現の不可能を言い表すようになる。

(38) 이 운동화끈은 잘 풀어지지 않는다 {phwul-e-ci-ci anh-nunta}.
このスニーカーの紐はなかなか解きにくい（解けない）。
(39) 이 접시는 잘 깨지지 않는다 {kkay-ci-ci anh-nunta}.
この皿はなかなか割れにくい（割れない）。
(40) 이 천은 잘 찢어지지 않는다 {ccic-e-ci-ci anh-nunta}.
この生地はなかなか破れにくい（破れない）。
(41) 이 운동화끈은 잘 풀 수 없다 {phwul-swu epsta}.
このスニーカーの紐はなかなか解くことができない。
(42) 이 접시는 잘 깰 수 없다 {kkay-l swu epsta}.
この皿はなかなか割ることができない。
(43) 이 천은 잘 찢을 수 없다 {ccic-ul swu epsta}.
この生地はなかなか破ることができない。

このように、モノ主語の属性を捉える「cita」を可能形式「ha-l swu epsta」に置き換えると文の意味が変わってしまう。

一方、「풀어지다 phwul-e-cita（解ける）、깨어지다 kkay-e-cita（割れる）、찢어지다 ccic-e-cita（破ける）、잘라지다 calla-cita（切れる）、지워지다 ciwe-cita（消せる）、닦아지다 takk-a-cita（拭ける）、써지다 sse-cita（書ける）」などのように他動詞に補助動詞「cita」が付いてモノ主語の属性を言い表す文は、事態の可能性より述語動詞に表される状態の変化が重視される点から、状態を表す自動詞に近い意味を持つと考えられる。

日本語において、金田一春彦（1957: 239）は、「書ける、煮える、売れる、くずれる、決まる」などの動詞を「中相動詞」と呼び、「受動的な意味をもった、受動態ならざる自動詞という意味」を持つ中相態として捉えている。寺村秀夫（1982a）は、自発表現を広く捉えていて、「焼ける、割れる、取れる、抜ける、切れる、折れる、解ける」など他動詞から派生したと考えられる自動詞（鈴木重幸（1972a: 274）参考）も自発表現の動詞として取り上げている。このような自動詞は、他動詞の可能形と同形であるため、議論になることが多い。これらを自動詞と見るか可能形、または自発形として捉えるかについては検討の余地があるが、このような

動詞を韓国語に訳すとすべて補助動詞「cita」が用いられるというのは注目すべき点である。
　以上、4節では自動詞化する「cita」について簡単に考察を行った。
　以下5節では、〈自発〉の意味を表す「cita」を取り上げ、〈可能〉の意味を表す「cita」と比較しながら、両者における相違点を示すと共に、それらがどのような構造的特徴によって支えられているかを明らかにする。

5　〈自発〉を表す「cita」について

　次のように「cita」を用いる述語動詞が知覚・認識・感情などの心理作用に関わるもので肯定文に持ち込まれる場合、文の表す意味は動作主の意図とは別個に存在する出来事で、自然にある動きや状態が生じてしまう〈自発〉を表す。動作主が事態実現を意図しなくても自ずと成り立つ事態を表すことから動作・状態の成立において「過程の困難」は伴わないと捉えられる。よって、可能形式「ha-l swu issta / epsta」に置き換えることができない。動作主は1人称動作主[9]（=話し手本人）で、3人称でも1人称に準じるもの（小説の地の文における感情移入や心理描写など）である。動作主は当該の文中に省略されることが多いが、小説の地の文において作者が登場人物の気持ちを描写する場合、誰の心理描写なのかを示すために文中に明示される。

(44) 그 사람의 말이 사실인 것처럼 느껴진다 {nukkye-ci-nta}.
　　　　　　　　　　　　　　　　　　　　　　　（標準国語大辞典 1999）
　　　［彼のいうことが本当のように思われる。］
(45) 어쩐지 학생 전체가 나 하나를 탐정하고 있는 것처럼 느껴졌다 {nukkye-ci-ess-ta}.
　　　何だか生徒全体がおれ一人を探偵しているように思われた。
　　　　　　　　　　　　　　　　　（http://transkj.com/、坊っちゃん）
(46) 지금 리사는 모델이라기보다 우주인처럼 불가사의한 존재로 여겨질 뿐이다.
　　　いまや里彩はモデルというより異星人のような不可思議な存在

に思える。　　　　　　　　　　　　　　　　　（ルージュ）
(47) 우리가 즐겨 마시는 실론 티 B. O. P.가 바로 이 제다공장에서 만들어지는가 싶으니 그 기계며 집이며 종업원들이 아주 정답게 여겨졌다 {yekye-ci-ess-ta}.　　　　　　　　（KAIST コーパス 3652）
［私たちが好んで飲んでいるセイロンティー B. O. P.が正にこの製茶工場で作られているのかと思うとその機械や家や従業員らがとても親しく思えた。］

　このように、補助動詞「cita」を用いて〈自発〉の意味を表す文は肯定文に偏って見られるが、これは否定文の場合、無意識にせよ動作主の意志が働いてしまうからであろう。本来、自発表現というのは自然にある動作・状態が生じる事態を言い表すが、それが否定文になると、事態の生起過程に動作主の期待や意図が入り込むようになり、結果としてそれに反する事態が生じるといった段階を踏まなければならなくなる。要するに、動作主の意志がなくても、ある動作・状態は自ずと生起する、または成り立つことはできても、ある動作・状態を起こらないようにする、または成り立たなくすることは、何からの動作主の意志が介入されないとできないものである。したがって、日本語の自発表現が基本的に肯定文に限られているように、韓国語において「cita」を用いて〈自発〉の意味を表す文が肯定文に偏って見られるのは当然のことであろう。
　また、述語動詞に注目してみると、「cita」を用いる〈可能〉の述語動詞は、基本的に動作主の意志によって動作・状態がコントロールできる意志動詞（自動詞・他動詞という区別とは別のもの。詳しくは第3章を参照）であるのに対し、〈自発〉を表す述語動詞は、人の心理作用を表す感情動詞で主体の意志のよるコントロールが難しい無意志動詞である。これは、日本語における典型的な自発表現の述語動詞が基本的に知覚・認識・感情といった心理作用動詞に限られるという点とも相通じる。これらの点から考えて、「cita」を用いる〈可能〉より、「cita」を用いる〈自発〉の方が文法的な制約が高く、使用範囲も狭いと言えよう。
　一方、円山拓子（2007）は次のように動作主が無意識に間違って起こしてしまった失敗的な動作も〈自発〉に入れて考えている。

(48) 콜라를 사려고 했는데 나도 모르게 녹차 보턴이 눌려졌다 {nulle-ci-ess-ta}.　　　　　　　　　　　　　　　　　（円山拓子2007）
コーラを買おうと思ったのに、知らないうちに緑茶のボタンを押してしまった。
(49) 도를 칠려고 했는데 레가 쳐졌다 {che-ci-ess-ta}　　（円山拓子2007）
ドを弾こうとしたのにレを弾いてしまった。

　円山拓子（2007）は、このような用例を取り上げ、日本語（共通語）の「ラレル」の自発用法は、「思う、考える、感じる、思い出す、ためらう」といった、認識・感情などの内的な行為を表す動詞に限られるが、韓国語の「cita」は、具体的な変化を含意する動詞、つまり、他動性が高い動詞でも〈自発〉を作ることができると述べている。しかし、用例（48）、（49）のような用法は、動作主の意図せぬ事態を捉えている点で〈自発〉と相通じるところもあるが、自ずと成り立つ動きや事態ではなく、動作主の不注意によって行われた失敗的な動作から生じる結果を表していることから、〈自発〉とは異なる。つまり、自然にある動作・状態が生じる自発用法ではなく、動作主の不注意によって付随的に生じる事態を言い表すことから自発文とは異なると考えられる。
　このような例文から考えると「cita」を用いる文は〈受動〉や〈可能〉、〈自発〉以外の意味も表し得ると考えられるが、これに関しては今後の課題として検討していきたい。

6　本章のまとめ

　以上、本章では補助動詞「cita」が表す〈可能〉と〈自発〉を取り上げ、その意味特徴と用法について考察を試みた。その結果をまとめると、次のようである。

①従来の研究において、〈可能〉の意味を表す「cita」を〈受動〉を表す「cita」と区別せず、受動形式の一つとして扱われることが多かったが、両者の意味や構造の違いが明確であるため、二つの用法をまとめて受動形式とする考えには無理がある。

② 〈可能〉を表す「cita」には、動作・状態の生起から実現までの間に「過程の困難」を伴うか否かで、大きく（ⅰ）「意図（非）実現」と（ⅱ）「自然実現」に分けられる。つまり、〈可能〉の意味を表す「cita」が「過程の困難」を伴う場合、肯定文は「意図実現」を、否定文は「意図非実現」を表すのに対し、「過程の困難」を伴わない場合は肯定文に偏っており、もっぱら「自然実現」の意味を表す。
③ 〈可能〉の意味を表す「cita」において、「意図（非）実現」を表す可能文は、動作主の介入が前提となっている点で自由に可能形式「ha-l swu issta / epsta」と置き換えることができるが、動作主が意図しなくても自然と成り立つ「自然実現」の意味を表す可能文は、意味的に〈自発〉に近づいていくため、「ha-l swu issta / epsta」とは置き換えができない。
④ 「phwul-e-cita（解ける）, kkay-e-cita（割れる）, ccic-e-cita（破ける）, calla-cita（切れる）, ciwe-cita（消せる）, takk-a-cita（拭ける）, sse-cita（書ける）」などのように他動詞に補助動詞「cita」が付いてモノ主語の属性を言い表す文は、事態の可能性より述語動詞に表される状態の変化が重視される点から、状態を表す自動詞に近い意味を持つ。
⑤ 〈可能〉を表す「cita」の述語動詞は、基本的に動作主の意志によって動作・状態がコントロールできる意志動詞であるのに対し、〈自発〉を表す述語動詞は、人の心理作用を表す感情動詞で主体の意志のよるコントロールが難しい無意志動詞である。通常動作主は有情物の1人称動作主で、文は肯定文に限られる。

また、補助動詞「cita」が表す〈可能〉と〈自発〉の使い分けをまとめると【表1】のようになる。

【表1】補助動詞「cita」が表す〈可能〉と〈自発〉

意味特徴		構文特徴	過程の困難	文の肯否	可能形式「ha-l swu issta / epsta」との置換
可能	意図実現		◎	肯定・否定	◎
	自然実現	動作主の介入が前提となる場合	×	肯定文	○[10]
		動作主の介入がない場合			×
自発			×	肯定文	×

　日本語において、松下大三郎（1930: 352-363）は、「（ラ）レル」を用いる受動、可能、自発をそれぞれ人格的被動、可能的被動、自然的被動と称し、〈被動態〉の下位分類として扱っている。つまり、受動と可能、自発が同じ根から発していると捉えている。

　一方、上述したように崔鉉培（1937: 399）は、「cita」を用いる文を「ha-l swu iss-nun ip-um（可能受動）」「cello toy-nun ip-um（自然受動）」「ihe ip-um（利害受動）」に分けて、被動の下位分類として扱っている。つまり、補助動詞「cita」も日本語の「（ラ）レル」のように一つの形式で受動や可能、自発を表し得るとしている。これは、韓国語も日本語のように受動と可能、自発が相関性を持つということを示唆するものである。

　以上の点から考えると、日本語にしろ、韓国語にしろ、受動と可能、自発が相互に連動していて、その連続性と境界領域を探ることは容易なことではないが、両言語が共通の発想から出発しているといった点は否定できない。

　従来の研究において、補助動詞「cita」は一般に受動形式の一つとして扱われることが多かったが、本章では、補助動詞「cita」を用いる文には〈受動〉に限らず、〈可能〉や〈自発〉を表す場合があり、文の表す意味や構造的な特徴が異なるため、これらをまとめて受動表現とする考えには無理があることを述べた。

　次の第7章では、「cita」と共に「語彙的な可能形式」として捉えられる「toyta」を取り上げ、その意味用法を明らかにする。

注　[1]　韓国語では、「能動態」に対する「受動態」を「被動態」と表現する。
　　[2]　禹仁惠（1992: 47）を参照。
　　[3]　Son, Se-mo-dol（1996: 251）は、補助動詞「cita」は、崔鉉培（1937）以来、〈受動〉の意味を表す補助動詞として扱われることが多かったと述べている。
　　[4]　事態が自然の成り行きで実現することを表す用法。非情物主語の文で動作主を表す名詞句とは共起せず、到達アスペクト（結果状態）を表す。到達アスペクトは、「文のアスペクト特性がVendler（1967）の分類で到達（achievement）になることである。この用法は、「何らかの目標（状態）に至る行為の終了点を重点的に述べる」というアスペクト的な特徴を示す。（中略）結果状態として解釈される」（円山拓子2007: 62）
　　[5]　自発表現について簡単にまとめると次の通りである（日比稲穂（2000: 105）参照）。
　　　　①動作主がそうしようと意図しなくても自然にある動きや事態が生じてしまうことを指す。
　　　　②志向の対象が主語として表現され、動作主は言い表されないことが多い。
　　　　③典型的な自発表現の述語動詞は知覚・認識・感情に関するものに限られる。
　　　　④典型的な自発表現の述語動詞の形態は動詞の語幹にラレル（-(r)areru）が付く。
　　　　（「泣ける」「笑える」は例外）
　　　　・母国のことが思い出される。／腕を組んで歩くカップルがあちこちで見られる。
　　[6]　円山拓子（2006）は、「過程における困難」がcita可能の成立するための必要条件であるとしながら、［-制御］の状況を表すと捉えている。
　　[7]　詳しくは第4章を参照されたい。
　　[8]　円山拓子（2006: 75）は、cita可能は結果性を含意しているが、hal su issta可能はそれ自体では結果を含意していないため、置換できないとし、両者の違いを次の例を挙げて説明している。「「오늘을 컨디션이 좋아서 글도 얼마든지 *써졌는데 {sse-ci-ess-nuntey} / 쓸 수 있었는데 {ssu-l swu iss-ess-nuntey}, 안 썼다（今日は体調が良くて文章もいくらでも書けたのに、書かなかった）」のように後ろに「안 썼다 an ssu-ess-ta（書かなかった）」という節を追加し、結果性を否定すると、hal su issta可能の容認可能性には変化がないのに対し、cita可能は不適格になる」
　　[9]　円山拓子（2007: 55）は、自発表現の動作主について、「意志性の有無が問われていることから、1人称が動作主となる場合が典型的である」としている。
　　[10]　「ha-l swu issta / epsta」に置き換えると動作主の意図が著しく表れるようになり、「意図実現」へ近づいていくようになる。基本的に「ha-l swu issta / epsta」に置き換えが可能であるが、「이 펜으로 쓰니까 글씨도 잘 써진다 {sse-ci-nta}（このペンで書いたら字もうまく書ける）」のように、文の表す事態が発話時におけるアクチュアルな出来事を表す場合は、「ha-l swu issta」との置き換えができない。

第7章
韓国語における語彙的な可能形式（2）
韓国語の「toyta」の用法とその意味特徴

　本章では、韓国語の文法研究において「cita」と共に受動形式の一つとして扱われることの多い「toyta」を取り上げ、その用法と意味特徴について考察を行う。また、「cita」と照らし合わせながら、その類似点や相違点を明らかにする。

1　「toyta」の自動・受動に関わる問題

1.1　自動・受動の意味を表す「toyta」

　ここでは、まず従来の研究において「toyta」がどのように扱われてきたかを概観する。
　これまでの研究において、「toyta」は漢語名詞に付く受動の接辞として扱われることが多かったが、「toyta」は、本動詞や補助動詞としても用いられる。
　都恩珍・黄情児（2007: 103）は、韓国語の「toyta」について次のように述べている。

> 韓国語の「toyta」[1]は、自動詞として使われる場合と接辞として使われる場合がある。自動詞としての意味には、「成し遂げる」、「出来上がる」、「ある状態や身分に置かれる」、「ある数量に及ぶ」、「ある時がやってくる」、「物事がうまくいく」、「変わる」、「時間などが経過する」、「組み立てられる・成り立つ」、「可能だ・出来る」、「ある結果を呼び起こす」などといった多様な意味や用法があり、一般的

に日本語では「〜になる、〜となる」のように訳される場合が多い。こういった「toyta」本来の意味から、「toyta」が接辞として使われる場合においても、外部からの影響によって既存の状態に変化が起こったことを表すようになったのであろう。

都恩珍・黄情児（2007）の指摘のように、「toyta」が本動詞の自動詞として用いられる場合は多様な意味を持つが、主に「成る、成り立つ、出来上がる」の意味で表される[2]。次のように、自動詞の「toyta」が結果状態を表すアスペクト形式「-e issta」と結合する場合は、状態変化の結果を表すようになる。

(1) 책상위의 정리가 잘 되어 있어요 {toy-e iss-eyo}.
　　机の上の整理がきちんと出来ている。　　（コスモス朝和辞典1991）
(2) 이것은 세 가지 요소로 되어 있다 {toy-e issta}.
　　これは三つの要素から出来ている。　　（コスモス朝和辞典1991）

一方、「toyta」は外部からの影響により動作・状態の変化が生じる動態性名詞（動作性や状態性を持つ名詞）に付く場合、受動の意味を表す。つまり、本動詞の自動詞「toyta」だけでは受動の意味を表すことができず、対象への働きかけが可能な名詞に付く接辞「toyta」に限って、受動の意味が表れると言える。許明子（2004）は、toyta動詞（名詞に「toyta」が付く動詞：引用者注）の受動表現について、先行する名詞が他動性を帯びている名詞に限り「漢語＋toyta」の形式が受動の意味を表すと述べている。要するに、toyta動詞が受動の意味を表すか否かは先行する漢語名詞が自動性を帯びるか他動性を帯びるかによって決まると捉えている。

禹仁惠（1993:452）は、名詞に付く接辞の「toyta」を〈起動〉を表す形式として捉えている。非実体性名詞[3]に付く「toyta」が動詞のような特性を表す場合、〈起動〉の意味を表し得ると指摘し、このようなtoyta動詞は先行する名詞の種類によって、「変化開始」と「変化完了」を表し得る場合と、「変化完了」しか表せない場合があると説明している。つまり、禹仁惠（1993）の指摘は、「걱정되다 kekceng-toyta（心配になる）」と「사형되다 sahyeng-toyta（結局死刑になる）」のように接辞「toyta」の前に

来る名詞によって、toyta動詞が変化の始まりから結果までを含める（「kekceng-toyta」）のか、それとも変化の結果だけに限られる（「sahyeng-toyta」）のかが決まるということである。許明子（2004）と禹仁惠（1993）は、接辞「toyta」の表す意味は先行する名詞によって決まると指摘している点で共通している。

次の用例（3）の「toyta」は本動詞の自動詞で、（4）は自動性の漢語名詞に接辞「toyta」が付く形である。一方、用例（5）は他動性の漢語名詞に接辞「toyta」が付く形である。韓国語では、（5）のように他動性を持つ動詞に限って受動の意味が表れる。

(3) 얼음이 물이 되다 {toyta} / 친구가 연예인이 되었다 {toy-ess-ta}
   氷が水になる／友だちが芸能人になった
(4) 몸이 마비되다 {mapi-toyta} / 사태가 악화됐다 {akhwa-tayss-ta}
   体が麻痺する／事態が悪化した
(5) 범인이 체포되었다 {cheypho-toy-ess-ta} / 러시아가 정복됐다 {cengpok-twayss-ta}
   犯人が逮捕された／ロシアが征服された

韓国語の受動文は、基本的に対応する能動文の述語が他動詞の場合にのみ成立するといった制限があり、自動性の漢語名詞に付く「toyta」を用いる文は主語が変わらない点と、対応する能動文が存在しないという点から従来の研究では受動表現として扱われることがなかった。しかし、禹仁惠（1997）は自動性の漢語名詞に付く「toyta」も受動の意味を表し得るとしている。禹仁惠（1997: 154–155）は、自動性の漢語名詞に「hata」が付いた形と「toyta」が付いた形を比較し、「hata」が付いた形の場合は意図的な行動性があり、「toyta」が付いた形の場合は受動的な面がうかがえ、外的な作用や偶然の結果でそうなったことを示唆すると説明している。

生越直樹（2008: 159–169）は、自動性の漢語名詞に付く「hata」と「toyta」のタイプを比較し、両者の意味的な違いや使い分けについて考察している。「主語の意志性」と「事態のどの局面に焦点があるか」によって、①ほとんど「hata」が使われているもの、②ほとんど「toyta」が使われて

いるもの、③どちらの形もよく使われているものの三つのグループに分けられるとし、「hata形（日本語のスル動詞に相当する：引用者注）」が無標の形で、「toyta形（名詞と「toyta」が結合した形：引用者注）」の方が有標の形であると述べている。

　韓国語の文法研究において、自動性の漢語名詞に「toyta」が付く文を受動表現として認めるべきかについてはまだ議論の余地があるが、禹仁惠（1997）と生越直樹（2008）は「hata」がつく自動性の漢語動詞と比較対照している点で意義があると思われる。

　一方、「toyta」は補助動詞として用いられることもあり、「動詞の語幹＋게-key（副詞形語尾）＋toyta」の形で表される。日本語に訳すと「〜するようになる、〜することになる」で表現される。通常今までと違った動作・状態の変化を表す。

　白峰子（2004: 261）は、補助動詞「-게 되다-key toyta」について「別の人の行為や状態によって、自然に動作をするようになるか、ある状態に置かれる受身形である」と説明しているが、用例（6）〜（8）のように自動詞や対象への働きかけ性がない他動詞を用いる文を含めて一律に受動表現とする考えには無理があると思われる。

（6）올해부터 대학에 다니게 됩니다 {tani-key toy-pnita}.
　　今年から大学に通う事になります。　　　　　（コスモス朝和辞典1991）
（7）회사 일로 출장가게 되었다 {chwulcangka-key toy-ess-ta}.
　　　　　　　　　　　　　　　　　　　　　　　　（白峰子2004）
　　会社の仕事で出張に行くことになった。
（8）드디어 졸업을 하게 되었다 {colep-ul ha-key toy-ess-ta}.（白峰子2004）
　　とうとう卒業をすることになった。

　これらは、対応する能動文を持たない文で動作実現のために外部からの力が働いているとは考えにくい。つまり、単なる動作主の状況変化を表す文で受動表現とは捉えにくい。補助動詞「-key toyta」が受動の意味を表すのは、対象への変化をもたらす他動詞に付き、外部の影響によって動作・状態が行われる事態を表す場合に限られる。

(9) 하반기부터 큰 프로젝트를 맡게 되었다 {math-key toy-ess-ta}.
下半期から大きいプロジェクトを任されることになった。
(10) 그 날부터 그 영악한 범도 자유를 잃게 되었다 {ilh-key toy-ess-ta}.
(崔鉉培1937)
［その日からあのずる賢い虎も自由を奪われるようになった。］

1.2　韓国語における「toyta」以外の受動表現

　南基心・高永根（2007: 295）は、受動について「ある行為や動作が主語に立つ人や事物の力により行われるのではなく、他人の行動により為される行為」であると定義付けている。韓国語において典型的な受動の接辞は「i, hi, ri, ki」であるが、すべての動詞がこの接辞によって受動文を形成するわけではない。「i, hi, ri, ki」を用いて受動文を形成する動詞は、一般動詞の中でも一部の他動詞に限られる。また、「i, hi, ri, ki」は使動（使役）の接辞としても用いられるため、使動と受動の形態が一致する場合[4]があり、構文上において目的語を伴うか否かで判断するしかない。よって、受動の接辞「i, hi, ri, ki」を補う形でこれらが付かない一般動詞の他動詞に補助動詞「-a/e cita」が、他動性を持つ漢語名詞に「toyta」が付いて受動文を形成する。さらに、「toyta」が付かない他動詞の漢語名詞に「당하다 tanghata（やられる）」、「받다 patta（受ける）」が付いて、語彙的な受動形式として用いられる。

(11) 이 기계는 해외에서도 많이 쓰인다 {ssu-i-nta}.　-i形（受動の接辞）
　　この機械は海外でも多く使われている。
(12) 이 책갈피는 금으로 만들어졌다 {mantule-ci-ess-ta}.　　-cita形
　　このしおりは金で作られている。
(13) 친구한테 무시당했다 {musi-tanghayss-ta}.　　-tanghata形
　　友だちに無視された。
(14) 정부의 보안 사이트에 접속을 허가받았다 {heka-pat-ass-ta}.
　　　　　　　　　　　　　　　　　　　　　　　　-patta形
　　政府の保安サイトへのアクセスが許可された。

このように韓国語において受動表現は、受動の接辞「i, hi, ri, ki」が非生産的であるために形態的に非常に複雑な体系を成していると言える。尹鏑淑（1998: 44）は、「助動詞被動cita」や「被動詞toyta」の使用が増えたのは近代以降であると指摘している。これは、近代以降、欧米的表現の影響で論理的・客観的描写が増加するにつれて、受身の意味が弱くほとんどの動詞に付く「助動詞被動cita」や「被動詞toyta」が増える一方で、語彙の制約が多く受身の意味が強い「接尾辞被動i, hi, li, ki」が減ってきたことに関連すると述べている。また、近代以降、日本語の影響による「hata動詞」の増加で「hata」の受身形である「toyta」が目立って多くなったと説明している。

2　〈可能〉の意味を表す「toyta」

　上述したように韓国語において「toyta」は、本動詞の自動詞や接辞、補助動詞として用いられる。従来の研究では「toyta」が本動詞の自動詞である場合、動作・状態の変化を表すが、接辞や補助動詞として用いられる場合は主に受動の意味を表すとされてきた。しかし、「toyta」は動作・状態の変化や受動の意味だけでなく、〈可能〉の意味を表すことがある。次の用例（15）～（17）は「toyta」がそれぞれ自動詞と接辞、補助動詞で用いられている場合であるが、意味上において〈可能〉を表している。

(15) 이제야 겨우 친구가 <u>됐는데 {tayss-nuntey}</u>."
　　 「せっかく友だちになれたのに」　　　　　　　　　（ホットコーナー）
(16) 두 시기의 김 위원장 성문을 분석하면 사실은 간단히 <u>확인된다 {hwakin-toy-nta}</u>.　　　　　　　　（中央日報2008.10.22）
　　 両時期の金委員長の声紋を分析すれば、事実は簡単に<u>確認できる</u>。
(17) 워싱턴에서 '창조적 파괴'는 탈당을 의미한다. 스캔들로 밀려나는 정치인까지 근사한 코멘트를 잊지 않는다. "이젠 가족과 더 많은 시간을 <u>갖게 됐다 {kac-key twayss-ta}</u>"고.　　　（中央日報2008.10.21）
　　 ワシントンで「創造的破壊」は離党を意味する。スキャンダルで

押される政治家まで素晴らしいコメントを忘れない。「これで家族と時間を多く持てるようになった」と。

以下では、〈可能〉の意味を表す「toyta」を詳しく取り上げ、その用法と意味的な特徴について考察する。

2.1 本動詞（自動詞）の場合

「toyta」は本来の自動詞として用いられる場合、多様な意味を持つが、主に「成る、成り立つ、出来上がる」の意味を表す。次の用例（18）、（19）は「成る、成り立つ」という意味から「出来る」に、（20）は「出来上がる」の意味から「出来る」といった〈可能〉の意味に解釈される例である。

(18) "이것 봐, 내 여자는 평범한 술집여자야. (중략) 그런 여자가 그쪽 지역에 가게를 여는 건데 그게 무슨 조직간 싸움이 되나 {ssaum-i toy-na}?"
「あのな、うちのオンナはただのオミズよ。(中略) それがおたくの縄張りで店を開こうとしたからって、どうして組同士の喧嘩にできる？」
(ハリネズミ)

(19) 이만큼 돈이 있으면 생활이 돼요 {tway-yo}.
これぐらいお金があれば生活は出来ます。(コスモス朝和辞典1991)

(20) 언제 되지요 {toy-ciyo}?.
いつ出来ますか。 (http://transkj.com、旅の会話集14韓国語)

一方、自動詞の「toyta」は否定の形で用いられる場合、否定の副詞「an」と共起し、「成らない、成り立たない、終わらない」などの意味から不可能の意味に解釈されたり、不可能の意味を持つ副詞「mos」と共起して不可能を表したりすることがある。

(21) 우리 힘으로 안 될 일이 없다 {an toy-l il-i epsta}.
我々の力で出来ない事はない。 (コスモス朝和辞典1991)
(22) 사이코패스 (죄의식 없는 살인마) 는 타인과 감정 소통이 안 되는

{kamceng sotheng-i an toy-nun} 사람이다.　　（中央日報2008.9.21）
サイコパス（罪の意識のない殺人魔）は他人と感情疎通ができない人だ。

(23) 짜게 먹으면 미인이 못 된다 {mos toy-nta}.
塩辛いものを食べると美人になれない。

(24) "글쎄, 그럴까요? 당신 말대로라면 나는 죽을 때까지 일류는 못 되겠군요 {mos toy-keyss-kun-yo}.."
「そうだろうか？あなたのいう通りなら、ぼくは死ぬまで一流になれないな」　　　　　　　　　　　　　　　　　（ルージュ）

よって、用例（23）、（24）は「an」に置き換えることができても、用例（21）、（22）は主語が有情物であるため、「mos」に置き換えると不自然な文になる。

また、〈可能〉の意味を担う「an toyta」と「mos toyta」は話し手が事態の実現をどのように捉えているかによって使い分けができる。文の表す意味が話し手にとってニュートラルな事象であれば「an toyta」が用いられ、話し手にとってマイナスの事象であれば「mos toyta」が用いられる。つまり、「an toyta」より「mos toyta」の方がより主観的で、話し手の気持ちが入り込みやすい。『コスモス朝和辞典』（1991: 251）では、「-i/ka + toyta」の否定形として、「an toyta」と「mos toyta」があるとし、後者はある基準に達しないことを表すとしているが、厳密に言えば、話し手の期待や基準に及ばず、残念である気持ちを言い表すと言えよう。

〈可能〉の意味を表す本動詞（自動詞）の「toyta」は、単に潜在的に存在する実現の可能性だけを言い表す場合、基本的に韓国語の代表的な可能形式「hal swu issta / epsta」と置き換えられるが、次のように動作主が意図を持って実現を試みた事態の結果がアクチュアルな出来事として表される場合、「hal swu issta / epsta」との置き換えは難しい。

(25) 준비가 다 됐습니다 {twayss-supnita}.
準備がすっかり出来ました。　　　　　（コスモス朝和辞典1991）

(26) 준비가 아직 안 됐습니다 {an twayss-supnita}.
準備がまだ出来ていません。

(27) 후쿠바라가 들고 있는 글러브 안으로 공이 쏙 빨려 들어갔다. "됐다 {twayss-ta}!" 자기도 모르게 팔짝 뛰어올랐다. "후쿠바라, 됐어 {twayss-e}" 목소리가 떨렸다.
福原の構えたグラブにポンと収まる。
「できた！」思わず飛び上がっていた。「福原、できたぞ！」声が震える。
(ホットコーナー)

(28) "캐처, 다른 사람으로 바꿔줄 수 없어요?" 고헤이가 니바에게 단도직입적으로 요구했다.
"그건 안 되지. 이제 겨우 정규 멤버가 됐는데 {meympe-ka twayss-nun tey}."
「キャッチャー、別の人に変えてくれない？」公平は丹羽に直訴した。
「だめだよ。せっかくレギュラーを固定できたのに」
(空中ブランコ)

可能形式「hal swu issta / epsta」は時間性の制限を持っており、ポテンシャルな出来事を言い表す可能表現により適しているため、アクチュアルな度合い（ポテンシャルな出来事からアクチュアルな出来事に向かう事態における具体化の度合い）が高くなればなるほど、「hal swu issta / epsta」は用いられにくくなる。そこで、「toyta」は「cita」とともに「hal swu issta / epsta」では表現できない〈可能〉の意味を表すために用いられるのではないかと思われる。

よって、本書では「toyta」を補助動詞「cita」と共に「語彙的な可能形式」の一つとして捉える。

2.2 接辞の場合

1.1で考察したように接辞「toyta」は対象への働きかけが可能な名詞、つまり他動性を帯びている名詞に付く場合に限って受動の意味を表すとされる。よって、「취직 chwisik（就職）、녹음 nokum（録音）、이해 ihay（理解）、상상 sangsang（想像）、연락 yenlak（連絡）、통화 thonghwa（通話）、소통 sothong（疎通）」などの名詞は「hata」が付き得る名詞ではあるが、対象への変化をもたらさないため「toyta」を付けても受動の意味にならない。また、

対応する能動文も存在しない。このタイプの名詞は「toyta」と結合し、〈可能〉の意味を表す。

(29) 대기업에 <u>취직됐다 {chwisik-twayss-ta}</u>.
　　　大企業に<u>就職</u>できた。
(30) 강의 내용이 깨끗하게 <u>녹음됐다 {nokum-twayss-ta}</u>.
　　　講義の内容がきれいに<u>録音出来た</u>。
(31) "아아, 됐어. 그 방면에 대한 대책도 나중에 생각하기로 하고. 소토오카씨하고는 <u>연락됐어 {yenlak-twass-e}</u>?"
　　　「ま、いいわ、その方面の対策もあとで考える。外岡さんには<u>連絡とれた？</u>」　　　　　　　　　　　　　　　　　（ルージュ）
(32) 또 사간원이 양녕의 잘못된 행위를 지적하면서 문사들의 취미 생활이었던 바둑과 장기를 그 범주에 넣는다는 것은 잘 <u>이해가 되지 않는다 {ihay-ka toy-ci anh-nunta}</u>.　　（中央日報2008.12.11）
　　　また司諫院が譲寧の過ちを指摘しながら、文士の趣味生活だった囲碁と将棋をその範ちゅうに含めるというのは<u>理解できない</u>。
(33) "그런데 어떻게 된 영문인지 아까부터 노력을 해봤지만 도대체 그 쪽하고 제가 그런다는 게 <u>상상이 안 되어서 {sangsang-i an toy-ese}</u> ……. 그쪽은 <u>상상이 되시냐구요 {sangsang-i toy-si-nyakwuyo}</u>."
　　　　　　　　　　　　　　　　　　（私の名前はキム・サムスン）
　　　「しかしですよ、どう考えてもあなたと僕がそうなるというのを<u>想像できないんです。君はどう？想像できる？</u>」

他に、接辞「toyta」は次のように〈自発〉の意味を表すこともある。

(34) 사내는 몸을 이 곳에 놓아 두고 마음을 정착시킬 곳을 찾지 못한 채 방심하고 있는 것으로 <u>생각된다 {sayngkak-toy-nta}</u>.
　　　男はからだをここに置き去りにして、心を落ち着かせる場所がないまま放心しているように<u>思える</u>。　　　（もやし）
(35) 당일로 오키나와에 다녀오는 여행이 다소 사치스럽게 <u>생각되기는 했지만 {sayngkak-toy-kinun hayss-ciman}</u>, 천문 마니아가 오로지 일식을 보기위해 말레이시아에 가는 것과 마찬가지로 잔섬은

第3部　現代韓国語における可能表現の意味特徴と用法

리사에게 더할 나위 없이 소중한 한때를 새겨주었다.
日帰りの沖縄の旅はぜいたくすぎるように思えたが、天文ファンが日食を見るためだけにマレージアに出かけるのと同じように、コマカ島は里彩にかけがえのないときを刻みつけた。

(ルージュ)

ここでは「생각되다 sayngkak-toyta」の日本語の訳が「思える」になっているが、典型的な自発の形式「思われる」に置き換えても意味上の違いは生じない。これらは、動作主の意図とは別個に存在する出来事で、自然にある動きや状態が生じてしまう〈自発〉を表すことから、動作主の期待や意図の介入が前提となっている「ha-l swu issta / epsta」とは置き換えることができない。

2.3 補助動詞の場合

上述したように、補助動詞「-key toyta」は通常今までと違った動作・状態の変化を表すが、文脈によってそれが単なる「状態変化」の意味になったり、〈受動〉や〈可能〉、〈自発〉の意味になったりする。次の用例 (36)、(37) は、動作の受け手が自らの力で変化を起こしたというより、外部からの影響により行われる事態を表している受動表現である。

(36) ＝(10) 그 날부터 그 영악한 범도 자유를 잃게 되었다 {ilh-key toy-ess-ta}. 　　　　　　　　　　　　　　　　　　　　(崔鉉培 1937)
[その日からあのずる賢い虎も自由を奪われるようになった。]

(37) 아빠와 함께 서점에 갔다가 아빠의 권유로 읽게 되었다 {ilk-key toy-ess-ta}. 　　　　　　　　　　　　　　(KAISTコーパス 3708)
[お父さんと本屋に行った時、お父さんの勧めで読むようになった。]

一方、次のように動作主の期待や意図による事態実現や話し手が動作主にとって望ましいと思われる事態を表す場合、補助動詞「-key toyta」は〈可能〉の意味を表す。

(38) =(17) 워싱턴에서 '창조적 파괴'는 탈당을 의미한다. 스캔들로 밀려나는 정치인까지 근사한 코멘트를 잊지 않는다. "이젠 가족과 더 많은 시간을 <u>갖게 됐다 {kac-key twayss-ta}</u>"고.

（中央日報2008.10.21）

ワシントンで「創造的破壊」は離党を意味する。スキャンダルで押される政治家まで素晴らしいコメントを忘れない。「これで家族と時間を多く<u>持てるようになった</u>」と。

(39) 독하고 끈질기게 몇 차례의 수술을 견디고, 그 지겨운 재활치료를 견디고, 마침내 지팡이 없이도 자신의 두 다리로 <u>걷게끔 되었다 {ket-key-kkum toy-ess-ta}</u>. （私の名前はキム・サムスン）

度重なる手術に耐え、うんざりするほどのリハビリにも耐えて、とうとう自分の足で<u>歩けるようになった</u>。

(40) "야, 반. 차라리 커밍아웃하는 게 어때. 이외로 좋은 어드바이스를 <u>얻게 될지도 모르잖아 {et-key toy-lcito molu-cknha}</u>."

「おい、バン。いっそカミングアウトしたらどうだ。案外、いいアドバイスが<u>得られるかもしれないぞ</u>」 （ホットコーナー）

(41) 쉰 덕분에, 나는 꽤나 좋아져서, 죽과 아이스크림이 아닌 것도 맛있다 <u>느끼게 되었다 {nukki-key toy-ess-ta}</u>.

休んだことによって、私はずいぶん回復し、おかゆやアイスクリーム以外のものもおいしく<u>感じられるようになった</u>。

（ハネムーン）

このような用例から考えると、補助動詞「-key toyta」を用いる受動表現と可能表現は意味的な面から見て文の表す意味特徴が異なるようである。補助動詞「-key toyta」を用いる受動表現は動作主がある行為や動作を自ら行うのではなく、外部の影響を受けて行われる事態を表すのに対し、可能表現は動作主の期待や意図により実現する事態を表すという点で異なる。よって、文の表す意味が動作主にとってプラスの事象の場合は可能表現を、マイナス、またはニュートラルな事象の場合は受動表現を表すと言える。例えば、次のように文の表す意味が動作主にとって好ましい事象であればあるほど〈可能〉の意味に解釈されやすい。

(42) 동경하던 그를 <u>만나게 되었다</u> {manna-key toy-ess-ta}.
    憧れていた彼に<u>会えるようになった</u>。
(43) 드디어 그녀와 <u>사귀게 되었다</u> {sakwi-key toy-ess-ta}.
    とうとう彼女と<u>付き合えるようになった</u>。

　以上、2節では〈可能〉の意味を表す「toyta」について考察を行った。上述したように、従来の研究では「toyta」が自動詞である場合、動作・状態の変化を表し、接辞や補助動詞として用いられる場合は主に受動の意味を表すとされてきた。しかし、本節で考察したように、「toyta」は動作・状態の変化や受動の意味だけでなく、〈可能〉の意味を表すことがあると考えられる。つまり、韓国語の可能表現において、「toyta」は補助動詞「cita」と共に「語彙的な可能形式」の一つとして捉えることができるのである。

3　「toyta」と「cita」の違い

　韓国語の文法研究において、接辞や補助動詞として用いられる「toyta」と「cita」は受動形式の一つとして扱われることが多かったが、上述したように「toyta」と「cita」は意味上において〈可能〉を表すことがあり、「語彙的な可能形式」の一つとして捉えることができる。
　基本的に「toyta」と「cita」は両者とも状態の変化を表すもので、その意味、用法が非常に似ているが、相違点も見られる。ここでは、両者の相違点を中心に見ていく。
　まず、意味上において考えると、「toyta」は本来の自動詞の意味で用いられても、主に「成る、成り立つ、出来上がる」のように状態の変化を表すが、「cita」は自動詞として単独で用いられると、主に「背負う、負ける、散る、消える」の意味になり、状態の変化の意味は表さない。「cita」は補助動詞で用いられることにより、状態の変化を表すようになる。
　次に、形態的な特徴を見ると、「toyta」に比べて「cita」の方が語形成において制限が強い。「toyta」の場合、接辞として「hata」が付き得る名詞（動態性名詞で漢語が多い）に付いて漢語動詞を作ったり、一部の名詞に

付いて形容詞（거짓되다 kecis-toyta（偽りの）、참되다 cham-toyta（偽りがなく正しい）、など）を作ったりすることができるが、「cita」は一部の名詞に付いて形容詞（멋지다 mes-cita（素敵な）、값지다 kaps-cita（値打ちがある）、기름지다 kilum-cita（油っこい）、など）を作ることしかできない。また、「toyta」は補助動詞「-key toyta」の形で、名詞に「hata」が付いたhata動詞はもちろん、一般動詞や使役形、受動形、可能形などにもほぼ自由に結合できるが、「cita」は補助動詞「-a/e cita」の形で通常一般動詞としか結合できない。

一方、「toyta」と「cita」が補助動詞として用いられる場合、両者とも受動・可能・自発・状態変化などの多様な用法を持つが、意味上において、「-key toyta」は動作・状態の変化の開始や変化した結果が重んじられるのに対し、「-a/e cita」は事物の動作・状態が達成されていく、変わっていく過程や変化後の状態が重んじられる。よって、「-key toyta」は動作完了を表すアスペクト形式「-essta」と共起しやすいのに対し、「-a/e cita」は動作進行を表すアスペクト形式「-ko issta」や結果状態を表す「-e issta」と共起しやすい。

(44) 구석기 시대의 유적이 고고학자에 의해 발견되었다 {palkey-toy-ess-ta}.
旧石器時代の遺跡が考古学者によって発見された。
(生越直樹2008)

(45) 이야기를 듣고서야 그분이 유명한 분이란 것을 알게 되었다 {al-key toy-ess-ta}. (白峰子2004)
話を聞いて初めて、その方が有名な方であるということを知った。

(46) 빵이 맛있게 구워지고 있다 {kwuwe-ci-ko issta}.
パンがおいしく焼かれている。

(47) 그가 걸치고 지니고 있는 모든 것은 지구인의 보편적 상태를 반영한 것이었다. 그의 옷 안에는 지갑도 만들어져 있고 {mantul-e ci-e iss-ko} 지폐도 어느 정도 만들어져 있었다 {mantul-e ci-e iss-ess-ta}.
(KAISTコーパス3645)
［彼が着て持っている全てのものは地球人の普通の状態を反映し

たものだった。彼の服の中には財布も作られていて紙幣もある程度作られていた。]

　禹仁惠（1993: 446）も、補助動詞「-a/e cita」は動作進行を表す継続相「-ko issta」と共起しやすいのに対し、「-key toyta」は「-ko issta」との共起が制限されると指摘しているが、用例を挙げているのみでその理由については触れていない。

　一方、白峰子（2004: 477）は、受身を作る補助動詞「-a/e cita」と「-key toyta」の比較を行い、「「-a/e cita」は変化する過程を表し、점점 cemcem（だんだん）、차츰 chachum（しだいに）のような副詞と共起するのに対し、「-key toyta」は変化した結果を表すことから결국 kyelkwuk（結局）、마침내 machmnay（とうとう）、드디어 tutie（ついに）のような副詞と共起する」と述べている。

　ここまでの3節の内容を簡単にまとめると、次の表のようになる。

【表1】「toyta」と「cita」の比較

	「toyta」	「cita」
本動詞	・成る、成り立つ、出来上がる 本動詞のまま状態の変化を表し得る	・背負う、負ける、散る、消える 本動詞の「cita」だけでは、状態変化を表さない。補助動詞として用いられることで状態の変化を表すようになる
接辞	・「hata」が付き得る名詞（動態性名詞で漢語が多い）に付き、受動・可能・自発・状態変化などを表す漢語動詞を作ったり、一部の名詞に付いて性質を表す形容詞を作る	・一部の名詞に付いて、ある性質や形を有することを表す形容詞を作る
補助動詞	動作・状態の変化の開始や変化した結果が重んじられるため、動作完了を表す完成相「-essta」と共起しやすい	動作・状態が変化していく過程や変化後の状態が重んじられるため、動作進行を表す継続相「-ko issta」と結果状態を表す継続相「-e issta」と共起しやすい

4　本章のまとめ

　本章では、韓国語の文法研究において「cita」と共に受動形式の一つとして扱われることの多い「toyta」を取り上げ、その用法と意味特徴について考察した。

　まず、「toyta」の自動・受動に関わる問題を取り上げ、先行研究を中心に「toyta」がどのような構文的な特徴のもとで自動詞の状態変化の意味や受動の意味が現れるのかについて述べた。次に、〈可能〉の意味を表す「toyta」について、自動詞と接辞、補助動詞の場合に分けて考察し、その意味、用法を明らかにした。最後に、補助動詞「-a/e cita」との類似点や相違点についても簡単に説明した。これまでの韓国語の文法研究において取り上げられることがなかったが、本章では、「toyta」は本来の自動詞として用いられる場合、「成る、成り立つ、出来上がる」という意味から〈可能〉の意味に解釈されることがあり、韓国語の代表的な可能形式「hal swu issta / epsta」では表現しにくいアクチュアルな出来事を表す可能表現の担い手として用いられる傾向があることを明示した。また、「hata」が付き得る名詞で対象への変化をもたらさず、対応する能動文を持たない名詞の場合、接辞「toyta」が付くと〈可能〉の意味を表すようになることや、補助動詞「-key toyta」が動作主の期待や意図による事態実現を表す場合、〈可能〉の意味を表すようになることを指摘した。

　以上の点から、「toyta」は補助動詞「cita」と共に「語彙的な可能形式」の一つとして捉えることができる。

注　[1]　都恩珍・黄情児（2007）は「toeda」と表記しているが、ここでは「Yale方式」の表記に統一して用いる。
　　[2]　生越直樹（2008: 155）は、「「hata」「toyta」は本動詞として使われ、それぞれ日本語の「する」「なる」に対応する。hata動詞は日本語のサ変動詞とよく似た構造を持っている」と述べている。
　　[3]　韓国語において、名詞は分類基準により普通名詞と固有名詞、自立名詞と依存名詞、有情名詞と無情名詞、実体性名詞（人、犬、星、東京など）と動態性名詞（動作性や状態性を持つ名詞＝非実体性名詞）に分けられる。通常、

実体性名詞は形式動詞「hata」を付けることができないが、非実体名詞は「hata」を付けて動詞のような振る舞いをする。

[4] 여기서 후지산이 보인다 {po-i-nta} (ここから富士山が<u>見える</u>).친구에게 사진을 보인다 {po-i-nta} (友だちに写真を<u>見せる</u>). 이 책은 학생들에게 많이 읽힌다 {ilk-hi-nta} (この本は学生に多く<u>読まれている</u>). 선생님이 학생들에게 책을 읽힌다 {ilk-hi-nta} (先生が学生たちに本を<u>読ませる</u>).

第4部
日本語と韓国語における可能表現の対照分析

第1部では、主に先行研究を用いて日本語と韓国語における可能表現について概観した。第2部では、日本語の可能表現の研究において残されている問題として「述語動詞の意志性」と「実現可能性の在り処」に焦点を当て考察を試みた。第3部では韓国語の可能表現のありようを探るために、韓国語の可能表現を大きく「形態的な可能形式」と「語彙的な可能形式」に分けて、その意味特徴と用法について考察を行った。この第4部では、日本語と韓国語の可能表現における述語形式を対照し、両言語における可能形式のずれについて考える。

　第4部の構成は、大きく第8章と第9章に分かれる。第8章では、日本語と韓国語における「否定の応答文」について記述し、第9章では、日本語の結果性の可能表現が韓国語において可能形式が現れなくなる現象について述べる。

第8章
日本語と韓国語の述語における可能形式のずれ（1）
日本語と韓国語における「否定の応答文」を中心に

1 日本語と韓国語における可能形式の相違点

　第1章で述べたように日本語において可能形式と言えば、一般に「可能動詞」、「(スル)コトガデキル」、「(シ)ウル／エル」が挙げられるが、韓国語には日本語の可能動詞のように、「可能」を言い表す専用の可能形式がない。形式名詞「swu」、「cwul」や不可能の意味を持つ副詞「mos」、または補助動詞「-ci moshata」が文法化した形式「ha-l swu issta / epsta」、「ha-l cwul alta / moluta」、「mos hata / ha-ci moshata」はあるが、可能形式と言える文法的な形式は明示的に対象化されていない。要するに、韓国語の可能表現は日本語の可能動詞のような統語的な可能形式を持たず、語彙的なもので成り立っている点で日本語の可能表現とは大きく異なる。

　また、日本語の可能形式は文体の違いが見られるが、韓国語の可能表現は文体の違いだけで可能形式を使い分けることが非常に難しい。第4章で述べたように、韓国語の可能表現は、文体よりむしろ可能形式間の意味に違いが見られる。日本語の可能表現は可能形式間において意味や用法の違いがほとんどないが、韓国語の可能表現は、「可能の生起条件」(「能力」か「状況」か)」や「出来事の種類(「ポテンシャル」か「アクチュアル」か)」によって異なる可能形式が用いられる。

　このように、日本語と韓国語の可能表現における相違点は様々であるが、本章と次の第9章では、日本語と韓国語の述語における可能形式のずれに焦点を当て考察を行う。ここではまず、日本語と韓国語の述語に

おいてなぜ可能形式のずれが生じるのかを理解してもらうために、日本語と韓国語のテンス・アスペクト体系について簡単に見ていく。

2 　可能形式のずれに関わるテンス・アスペクト体系

　日本語と韓国語の述語における可能形式のずれを論じるに当たって、まず問題になるのは述語におけるテンス・アスペクトの体系である。韓国語のテンス・アスペクト体系は日本語に比べて非常に複雑であるため、両言語の述語形式における使用上のずれが大きい。

　例えば、日本語のアスペクト形式のうち「シテイル」は、いわゆる「動作進行」と「結果残存」の両方の用法に用いられるが、韓国語では前者はアスペクト形式である「hako issta」形と単純現在形の「hanta」形で表され、後者はアスペクト形式「hako issta」形（再帰的用法の他動詞に用いられる）や「hay issta」形（自動詞）、または単純過去形「hayssta」形で表される。要するに、日本語のアスペクト形式「シテイル」は韓国語に訳すと、使用場面によって四つの形式（「hako issta」形、「hay issta」形、「hanta」形、「hayssta」形）に分けられる。（伊藤英人 1989, 1990; 生越直樹 1997; 井上優 2001a; 堀江薫 2005 参照）。

　このような日本語と韓国語のテンス・アスペクト体系を比べて、そのずれや重なりを明らかにしていくことも重要であるが、本書の目的は日本語と韓国語の可能表現に関する鳥瞰図を提供することにあるため、両言語のテンス・アスペクト体系に関する本格的な考察は行わない。ここでは両言語の述語における可能形式のずれに関わるテンス・アスペクト体系のみを取り上げ、説明する。

2.1 　日本語と韓国語におけるテンス・アスペクト体系について
　　　──先行研究を中心に

　本書では、奥田靖雄（1977）、鈴木重幸（1979）に従って、完成相・継続相という用語を形式上の対立を表すものとして考える。その体系は次のようである。

〈基本的なテンス・アスペクトの体系〉

テンス＼アスペクト	完成相	継続相
非過去	スル	シテイル
過　去	シタ	シテイタ

　日本語において、完成相は動作の始発から終了までを分割することなく、ひとまとまりのものとして一体的に捉える形式であるため、瞬間を表す現在（アクチュアルな現在）を表すことができない。しかし、継続相は動作または変化結果の持続過程を一定の時点で分割し、その時点が持続過程の中にあることを差し出す形式であるため、発話時におけるアクチュアルな現在を表すことができる[1]（奥田靖雄1977; 鈴木重幸1979; 高橋太郎1994, 2003; 金水敏2000参照）。

　工藤真由美（1995: 37）は、このようなテンス・アスペクト体系について「完成相のスルとシタは、基本的に〈未来―過去〉でテンス的に対立し、継続相のシテイルとシテイタは、〈現在・未来―過去〉でテンス的に対立している」と述べ、「スル形式、シタ形式は、単なる非過去形、過去形ではなく、完成相非過去形、完成相過去形であって（シテイル、シテイタ形式は、前者が継続相非過去形、後者が継続相過去形：引用者注）、アスペクト的把握ぬきに、テンス的意味を実現することはできない」と説明している。つまり、工藤真由美（1995）はアスペクトとテンスを個別に把握するのではなく、統合的に捉えるべきであると指摘している。

　一方、韓国語は日本語とテンス・アスペクトの対立が異なる。日本語は「スル」形が未来を、「シテイル」形が現在を表すのに対し、韓国語では「hanta」形（日本語の「スル」形に相当する非過去形）で現在の意味を表すことができる。韓国語にも日本語の「シテイル」に該当するアスペクト形式「hako issta」形があるが、これは動作・状態の継続を強調する際に用いられる形式であるため、通常「hanta」形で現在進行を表す。韓国語のテンス形式について伊藤英人（1990: 40）は次のように述べている。

　　動詞終止形におけるhanta形とhayssta形（日本語の「シタ」形に該当する）の対立は、発話時を基準とした「現在・未来　対　過去」とい

うテンスの対立であると見ることが出来る。つまり話し手の述べる事柄が発話時に先行していればhayssta形が、発話時に位置するか発話時より後に起きるのであればhanta形が選択されるわけである。このように現代朝鮮語の動詞は形態論的な文法範疇としてのテンスを「hanta（非過去）　対　hayssta（過去）」の対立として持っているので、hanta形とhayssta形を互いに置き換えることは、普通できない。

　また、日本語では過去に起こった出来事であっても、それが現在（発話時）と関連する場合は、通常の過去を表す「シタ」形より、結果継続を表す「シテイル」形が多く用いられる（いわゆる、「経験・記録」の用法）[2]が、韓国語では、いくら現在との関連性が強くても過去の出来事であれば、「hayssta」形（過去形）が用いられる。例えば、日本語では「真犯人は3年前に死んだ／死んでいる」のように「シタ」形と「シテイル」形が両方用いられるが、韓国語では「진범은 3년전에 죽었다cinpem-un 3nyencen-ey cwuk-ess-ta（真犯人は3年前に死んだ）」のように「hayssta」形しか用いることができない。

　伊藤英人（1990）は、このような傾向について、「hayssta形は、過去に成立したことがらを、その結果が主体や対象の現在の状態に影響していようといまいと、表し得る」と指摘し、「過去を表すhayssta形の用例には、相対的に現在に影響を与えていない過去のことがらを示す用例と、過去に成立した動きや変化などのことがらの結果が現在まで残っているなどの形で現在に影響を与えている用例とが存在する」と説明している。このような傾向は、否定文においても同様である。つまり、韓国語では現在と切り離された過去の出来事はもちろん、現在（発話時）と深く関連付けられる過去の出来事を表す場合も、文の肯否を問わず単純過去形「hayssta」形が用いられる。

2.2　可能表現に用いられるアスペクト形式について

2.2.1　日本語の場合

　まず、日本語の可能表現に用いられるアスペクト形式について見てみると、可能形式に付くアスペクト形式「‐テイル」形について、井上和子（1976）は、自動詞化形式素reは〔－状態〕であるので「‐テイル」を

伴い現在の状態（「道路が掘れている」）を表すが、可能形式素は〔＋状態〕の素性を持っているため、「-テイル」が付くと非文法的（「*太郎はドイツ語が読めている」）になると指摘している。

　鈴木重幸（1979: 8）も、可能動詞を「-テイル」形を持たない動詞と規定し、「-テイル」形が付く可能動詞を自動詞として扱っている。a「ぼくは上手に絵がかける」と、b「この絵は上手にかけている」の例を挙げて、「これらは語彙的な意味がずれていて、名詞との結合能力も異なっているから、アスペクト的ペアをなすとは言えない」としている。また、aは「かく」主体が主語として表されているが、bの「かく」主体は背後に隠れていてかかれた対象が主語になり、動詞はそれの状態を表していると述べている。

　一方、寺村秀夫（1982a）は、可能態をとる動詞は状態を表す動詞（アル、要ルなど）と同じように形容詞的な色合いを帯びたものとなるため「-テイル」が付かないとし、この点で表面上同じ形の自発態と区別ができるとしている。John Whitmanによる指摘を取り上げ、目前にその状態が出来（しゅったい）した時の「ほら、泳げているじゃないか」のような例を認めながらも、特殊な場面が必要であると指摘している。

　庵功雄（2001: 155）は、「-テイル形が進行中を表すのは、動詞が変化動詞以外の場合で、「いる、ある」のような存在を表す動詞や可能形のような状態を表す動詞（状態動詞）には-テイル形がない」と記述している。しかしながら、次の（1）、（2）のような場合は「-テイル」形が使えるとし、例外として挙げている。

（1）この作文はよく書けている
（2）この芝居はよくできている。

　これらは、鈴木重幸（1979）が指摘している自動詞に近い動詞類で、主体が背後に隠れ、対象が主語になり、その状態が描かれている文である。これらを可能表現と見るか自動詞表現と見るかは検討の余地があるが、近年の日本語では「V-ラレル」を除き[3]、「-テイル」形を伴う可能動詞が多く見られる。会話文に偏る現象で、まだ使用可能な可能動詞も限られるが、用例（1）、（2）の「よく書けている／できている」のような比

較的昔から使われてきた表現から「ちゃんと話せている」「上手に歩けている」「しっかり飲めている」、さらに「イケてる」のような慣用的な表現まで様々な場面で「－テイル」形が使われている。

「－テイル」形を伴う可能形式について、渋谷勝己（1993a: 17–18）は、それほど例外的なものではないと指摘している。状態動詞化している潜在系の可能の場合（「*僕は3キロぐらいなら泳げている：引用者注）には、「－テイル」形が付かないが、動作動詞的な性格を保持する実現系の可能の場合（「おたくのベランダは広く使えてますか」：引用者注）にはよく使われると説明している[4]。

実例を見ると、渋谷勝己（1993a）の指摘のように単に実現の可能性だけを言い表す《潜在可能》には継続相を表す「－テイル」形が付かないが、現実界の特定の時間に具体的な姿で表される《実現可能》には「－テイル」形が後続する。特に、「－テイル」形は発話時や出来事時にアクチュアルに関係付けられる動作・状態の継続を表す際に用いられる傾向がある。

（3）なかなかスラスラ話せている。
（4）美容師さんが頭を洗ってくれましたが、なんとなく手抜きされている感じもあるし、本当にちゃんと洗えているのか、疑問にも感じました。　　　　　　　　　　　　　　　（BCCWJ、Yahoo!知恵袋）
（5）ブロック塀にぴったり寄せて車を置けるし、ガレージがない分だけ庭をひろく使えている。　　　　　　（BCCWJ、どうせなら中産階級）

「－テイル」形を用いる《実現可能》は出来事をまるごと捉えるのではなく、持続過程の中にあるものとして捉えるため、次のように発話時における動作完了を表す《実現可能》には用いられにくい。特に、用例（8）、（9）のように事態実現の要因や実現までの過程は特に問題にせず、事態実現の結果だけが重んじられる結果性の《実現可能》[5]には「－テイル」形を用いることができない。

（6）スパーリングが終り、サンドバッグとロープ・スキッピングと柔軟体操が終ると、内藤は秤にのった。背後から覗き込むと、七十

三キロと読めた。ミドル級のリミットは七十二・五七キロだ。
(一瞬の夏)
(7) 立ち上がろうとする。しかし巨漢の伊良部に押さえつけられ、身動きが取れなかった。
(ハリネズミ)
(8) 「どうしてなんです」
「柳がなかなかつかまらなかったんだよ」
「…………」
「夜遅く、やっと会えた」
「で、結局どういうことになったんです」
(一瞬の夏)
(9) とにかく、五月さんと一緒に花吹雪の中を歩けた！今日のことは一生忘れまいぞ、と太郎は感激したのである。
(太郎物語)

　このように、継続相の「-テイル」を用いる可能文と、完成相「-タ」を用いる可能文は同じく《実現可能》を表すが、前者が出来事を「持続過程」にある一局面として捉えているのに対し、後者は出来事を「ひとまとまり」として一体的に捉えている点で異なる。つまり、継続相の「-テイル」を用いる《実現可能》は、特定の時間における瞬間的な動作完了ではなく、持続過程の中にある動作・状態を表すと考えられる。
　以上、可能形式に付くアスペクト形式「-テイル」形について簡単に述べた。近年の日本語において「-テイル」形を伴う可能形式が増えているのは否定できないが、あくまでも砕けた言い方に限られた表現で使用場面が限られており、生産性が低いことから、一般的な現象とは言えない。

2.2.2 韓国語の場合

　韓国語には、日本語の「-テイル」形に該当するアスペクト形式が二つある。動作や状態の継続を表す「-ko issta」形と、結果残存を表す「-e issta」形がそれである。可能形式には「-ko issta」形だけが用いられるが、韓国語の可能表現において、アスペクト形式「-ko issta」を伴う可能形式は不可能の意味を表す「mos hata / ha-ci moshata」に限られる。これは、「ha-l swu issta / epsta」は、時間性の制限を持っていてポテンシャルな出来事を言い表す《潜在可能》により適しており、「ha-l cwul alta /

moluta」は、もっぱら動作主の内的条件による「能力可能」、特に「動作実現のための知識や技能を持っている（持っていない）」という意味を表す《潜在可能》に用いられるためである。よって、韓国語の可能表現の場合、動作・状態のアクチュアル化が進めば進むほど「mos hata / ha-ci moshata」以外の可能形式は用いられにくい。

ここまで2節では、先行研究を中心に日本語と韓国語の述語における可能形式のずれに焦点を当て、それに関わるテンス・アスペクト体系について簡単に述べた。次の3節以降は、上述した内容を踏まえながら日本語と韓国語の述語における可能形式のずれの一つとして捉えられる「否定の応答文」について考察を行う。

3　日本語と韓国語の「否定の応答文」における述語形式のずれ

韓国語では、応答文において現在までに動作が完了していない出来事を表す場合、その動作が単に動作主が実行していない「未実行」なのか、それとも何かしらの事情でまだ動作主の期待する実現に至っていない「未実現」なのかによって動詞の形態が異なる。(10) aのように「未実行」は否定の意味を持つ「**an**」が、bのように「未実現」は不可能の意味を持つ「**mos**」が用いられる。一方、日本語の場合は、「未実行」も「未実現」も同じ動詞の形態「シテイナイ」が用いられる。

（10）점심, 먹었어 {mek-ess-e}?　　　昼ご飯、食べた？
　　a. 아니, 아직 **안** 먹었어 {**an** mek-ess-e}.
　　?〔いや、まだ食べなかった。〕　　（直訳）
　　　いや、まだ食べていない。　　　　（意訳）
　　b. 아니, 아직 **못** 먹었어 {**mos** mek-ess-e}.
　　?〔いや、まだ食べ（ら）れなかった。〕
　　　いや、まだ食べていない。

以下では、このような「否定の応答文」に焦点を当て、日本語と韓国語の述語におけるずれの要因を明らかにする。

3.1　日本語の「否定の応答文」

3.1.1　現在までに完了していない出来事

　日本語において「昼ご飯を食べましたか」という質問は、動作が完了済みか否かを尋ねる文である。現在において動作が完了していれば、次の用例（11）のaように「食べました」になるが、発話の現時点までにまだ完了していない、つまり過去の出来事が現在とつながっている場合は、bの「（まだ）食べていません」という答えになる。「食べませんでした」を用いると、過去の出来事としてその動作が行われなかったことを表し、「食べません」と答えると、これから（未来において）「食べる意志がない」という話し手の意志を表すことになる。

(11) 昼ご飯は<u>食べましたか</u>。
　　 a. はい、<u>食べました</u>。
　　 b. いいえ、まだ<u>食べていません</u>。

　このように、日本語の応答文において現在とつながっている過去の出来事を述べる場合、肯定文では「シタ」が用いられ、否定文では「シテイナイ」の方が用いられる。なぜなら、肯定の過去形「シタ」は、現在と切り離された過去の出来事はもちろん、発話時における事態の完了として捉えられる出来事をも表すことができるが、否定の過去形「シナカッタ」は、発話時以前までを「ひとまとまり」とする過去の出来事しか表さない形式であるため、発話時においてまだ起こっていない事態は表しにくいからである。高橋太郎（2003: 188-189）は、過去を表す完成相過去形「シナカッタ」と現在とつながっている継続相非過去形「シテイナイ」を比較し、次のように述べている。

　　みとめの場合、「（すでに）している」より「した」の方が強いのに対して、うちけしの場合は、「しなかった」より「（まだ）していない」方が強い。みとめの場合、現在以前の出来事は発話時と切れた時間位置で完成しているのに対して、うちけしの場合は、現在以前に出来事がないということは現在もないということなので、過去のこと

が現在までつながって、「していない」の方が強くなる。(中略)会話文の中で過去の出来事を示す言い方は、「していない」の形が次第に増えてきていると言える[6]。

一方、用例（11）のbように「食べていません」という答えは動作がまだ終わっていないという事柄を表すだけで、それが「未実行」なのか、それとも「未実現」なのかは判断できない。つまり、動作主に実現能力はあるが実現への意図がない、または何かの要因でまだ実行していない「未実行」を表すのか、それとも動作主の意図はあるが能力が足りない、あるいは他の何かに妨げられて動作主の期待する実現に至っていない「未実現」を表すのかが判然としない。

これは日本語の応答文において、発話時までに動作が完了していない出来事を表す場合、「未実行」と「未実現」が同じ形式の「シテイナイ」を用いることに起因する。

(12) (現在、上映中の映画について)「○○」っていう映画、見た？
　　a.　ううん、まだ見ていない。
　　b.? ううん、まだ見（ら）れていない。
(13) 授業で使うテキスト、買った？
　　a.　ううん、まだ買っていない。
　　b.? ううん、まだ買えていない。
(14) (今日、先生と会うと聞いていたので)田中先生に会った？
　　a.　ううん、まだ会っていない。
　　b.? ううん、まだ会えていない。

このように、構文上において「未実行」と「未実現」の述語動詞の形態が同じであるため、意味上においても「未実行」と「未実現」を区別することができない。したがって、両者を区別するためには用例（15）のように、文中に動作主が動作実行を避ける要因、または事態実現を妨げる要因を明確に示さなければならない。

(15) 昼ご飯は食べましたか。

  a. いいえ、（まだ）<u>食べていません</u>。最近太り気味なのでダイエットをしています。
  b. いいえ、（まだ）<u>食べていません</u>。ずっと忙しくて食べる時間がなかったので。

3.1.2　現在と切り離されている出来事

 次のように現在と切り離されている過去の出来事を表す「否定の応答文」では、「シテイナイ」、「シナカッタ」、「デキナカッタ（ここでは、可能の過去形を「デキナカッタ」で代表させる）」が用いられる。

(16)（すでに、上映が終わった映画について）「〇〇」っていう映画、<u>見た</u>？
  a. ううん、<u>見ていない</u>。
  b. ううん、<u>見なかった</u>。
  c. ううん、<u>見（ら）れなかった</u>。
(17)（先週、開催された学会でのことを尋ねる）学会で田中先生のテキスト、<u>買った</u>？
  a. ううん、<u>買っていない</u>。
  b. ううん、<u>買わなかった</u>。
  c. ううん、<u>買えなかった</u>。
(18)（先週、地方のいる彼女が上京すると聞いていたので）彼女に<u>会った</u>？
  a. ううん、<u>会っていない</u>。
  b. ううん、<u>会わなかった</u>。
  c. ううん、<u>会えなかった</u>。

 このように、発話時において動作実行や実現し得る可能性がない場合にも「シテイナイ」が使われるのは、「シテイル」形が現在までの動作生起の有無に限らず、過去における事実の有無をも表し得るからである。松田文子（2002: 41）は、用例（16）～（18）のような「シテイナイ」と「シナカッタ」の使用条件について、「シテイナイ」は「発話時の判断として事実を提示する」語り方であるのに対し、「シナカッタ」は「事情説明」（明示化されていない場合もある）などとともに回想的ムードを含みつつ（事態を）語る語り方で、主体が話し手である場合は意志性が含意される

と規定している。松田文子（2002）は、両者を「発話時の判断」と「事情説明」に分けているが、過去の出来事を表す「シテイナイ」と「シナカッタ」の違いは、どこに焦点を当てて語るかによるものであると考えられる[7]。「シテイナイ」が過去における経験や事実の有無に注目し、その結果が発話時までに継続していることを表しているのに対し、「シナカッタ」は過去における行為自体に注目し、その動作結果を一つの纏まった出来事として表している点で大きく異なる。「シテイナイ」は、そもそも事実の有無に注目していて、行為自体については無関心であるため、動作結果が動作主の意図的なものなのか、それとも動作主の能力に関わるものなのかは特に問題にならない。よって、わざわざ形態上において可能形式を用いる必要がない。しかし、「シナカッタ」は、行為自体に注目しているため、動作主が意図して動作を実行しなかった場合は「不実行」を表す「シナカッタ」を用いて、動作主の意図はあるが能力欠如や何らかの要因で実現できなかった場合は「非実現」を表す「デキナカッタ」を用いて両者を区別する必要が生じるのである。

　以上のように、日本語の「否定の応答文」において現在（発話時）までにまだ完了していない出来事を表す場合は、文の表す意味が「未実行」であれ、「未実現」であれ、同じ述語形式「シテイナイ」が用いられるため、文中に動作主が動作実行を避ける要因、または事態実現を妨げる要因を伴わない限り両者の区別ができないが、現在（発話時）から切り離されている過去の出来事を表す場合は、形態上において「不実行」と「非実現」の違いが明確に現れるため、意味上の違いも明らかとなる。

3.2　韓国語の「否定の応答文」

3.2.1　現在までに完了していない出来事

　上述したように、韓国語では「未実行」を表す場合は、aのように否定の意味を持つ「an」が用いられ、「未実現」を表す場合は、bのように不可能の意味を持つ「mos」が用いられる。

(19) 여름방학 레포트는 <u>냈어요 {neyss-eyo}</u>?
　　　夏休みのレポートは<u>出しましたか</u>？
　　a. 아뇨, 아직 <u>안 냈어요 {an neyss-eyo}</u>.

〔いいえ、まだ出さなかったです。〕
いいえ、まだ出していないです。
b. 아뇨, 아직 못 냈어요 {mos neyss-eyo}.
〔いいえ、まだ出せなかったです。〕
いいえ、まだ出していないです。

　このように、韓国語では、形態的に「未実行」と「未実現」を表す述語形式の違いが明らかであるため、日本語のように両者を区別するための説明を付け加える必要がない。つまり、「未実行」や「未実現」の要因が明示されない場合でも、形態上において両者の区別が可能である[8]。
　一方、韓国語の「否定の応答文」において、発話時までに動作が完了していない状態であることだけを表し、その動作が動作主の意図ではなく能力欠如や何らかの要因で実現に至っていない「未実現」であることを明示する必要がない場合は、否定の意味を持つ「an」が用いられる。これは「an」が動作主の意志表明だけでなく、単にその事態が未だ起きないことをも表し得るからである。つまり、「an」は発話時における動作未完了を表す無標形式で、話し手がまだ起こらない事態が動作主の意図とは別個に存在する「未実現」であることを明示したい場合に限って「mos」が用いられる。
　上述した用例（12）〜（14）は、日本語では文の表す意味が形態上に現れないが、韓国語では、次のように「mos」を用いることで「未実行」と「未実現」の違いを表すことができる。

(20) =(12)（現在、上映中の映画について）
　　「〇〇」っていう映画、見た？
　　「〇〇」라는 영화, 봤어 {pwass-e}?
　→ううん、まだ見ていない。
　　아니, 아직 안 봤어 {an pwass-e} / 못 봤어 {mos pwass-e}.
　?〔ううん、まだ見なかった／見（ら）れなかった〕　　　　（直訳）
(21) =(13) 授業で使うテキスト、買った？
　　수업시간에 쓸 교재 샀어 {sass-e}?
　→ううん、テキストはまだ買っていない。

　　　　　아니, 아직 안 샀어 {an sass-e} / 못 샀어 {mos sass-e}.
　　　？〔ううん、テキストはまだ買わなかった／買えなかった〕
（22）＝（14）（今日、先生と会うと聞いていたので）
　　　　　田中先生に会った？
　　　　　다나카선생님 만났어 {mannass-e}?
　　→　ううん、まだ会っていない。
　　　　　아니, 아직 안 만났어 {an mannass-e} / 못 만났어 {mos mannass-e}.
　　　？〔ううん、まだ会わなかった／会えなかった〕

　これらの述語形式を見ると、日本語では継続相非過去形「シテイル」形が、韓国語では完了相過去形「hayssta」形が使用されていることがわかる。2節で述べたように韓国語では、現在と切り離されている過去の出来事に限らず、現在（発話時）とつながっている出来事も、完了相過去形「hayssta」形で表されるのである[9]。

　このように、日本語と韓国語において発話時における動作未完了を表す否定の応答形式が異なるのは、両言語において重点の置き所が異なるからである。日本語は、現在までに動作がまだ起こっていないという点に重点が置かれるため、「シテイル」形を用いて、過去のある時点から現在点までに動きのない状態が続いていることを表す。そもそも問題にしているのが現在までに動作生起がないということだから、それだけを答えればいいわけで他のことは問題にならない。よって、「未実行」と「未実現」を区別して用いる必要もないのである。どうしても現在までに動作が起こっていない要因が、動作主の期待や意図に反する不都合によるものであると明示したい場合に限って、可能形式を伴うことがあるが、一般的とは言えない。用例（15）のように文中にその要因を伴い、補足説明を行うのが普通である。

　一方、韓国語の応答文において発話時までに完了していない出来事を表す場合は、発話の現時点における「結果」だけに重点が置かれる。過去のある時点から現在（発話時）までにつながっている出来事であっても現時点に区切って考えると、ひとまとまりの出来事として捉えられる。現在（発話時）までを一区切りとして、その結果性が重視されるため、「hayssta」形が用いられるのである。現在までに動作が完了していない

ことがひとまとまりとして区切られるため、その出来事が単に動作を実現する能力はあるが動作主が動作実行への意図がない、もしくは敢えてまだ実行していない「未実行」なのか、それとも動作主の意図はあるが能力が足りない、または他の何かに妨げられて動作主の期待する実現に至っていない「未実現」なのかを示す必要が生じる。次の過去における出来事を表す応答文において、同じ述語形式「hayssta」形が用いられるのも、こうした性質が重んじられるからである。

3.2.2 現在と切り離されている出来事

　日本語の「否定の応答文」が、継続相非過去形「シテイル」形で発話時までに完了していない出来事と、過去の出来事を表し得るのに対し、韓国語の場合は完成相非過去形「hayssta」形で発話時までの出来事と過去の出来事を表す。つまり、韓国語の「否定の応答文」は、現在までにまだ完了していない出来事を表す場合も、過去の出来事であってその結果が現在に及んでいないことを表す場合も、同じ述語形式「hayssta」形が用いられるのである。次の用例は、上述した(16)〜(18)を韓国語で訳したもので、用例(23)〜(25)のaは、発話時までの出来事を表す場合と同様に、韓国語では二つの形式「an」と「mos」で表される。

(23) =(16)（すでに、上映が終わった映画について）
　　　「○○」っていう映画、見た？
　　　「○○」라는 영화 봤어 {pwass-e}?
　a. ううん、見ていない。
　　　아니, 안 봤어 {an pwass-e} / 못 봤어 {mos pwass-e}.
　b. ううん、見なかった。　　アニ, 안 봤어 {an pwass-e}.
　c. ううん、見(ら)れなかった。　아니, 못 봤어 {mos pwass-e}.
(24) =(17)（先週、開催された学会でのことを尋ねる）
　　　学会で田中先生のテキスト、買った？
　　　학회에서 다나카선생님 교재 샀어 {sass-e}?
　a. ううん、買っていない。
　　　아니, 안 샀어 {an sass-e} / 못 샀어 {mos sass-e}.
　b. ううん、買わなかった。　　아니, 안 샀어 {an sass-e}.

       c. ううん、買えなかった。　　アニ, 못 샀어 {mos sass-e}.
(25) ＝(18)（先週、地方のいる恋人が上京すると聞いていたので）
       彼女に会った？
       여자친구 만났어 {mannass-e}?
    a. ううん、会っていない。
       아니, 안 만났어 {an mannass-e} / 못 만났어 {mos mannass-e}.
    b. ううん、会わなかった。　　아니, 안 만났어 {an mannass-e}.
    c. ううん、会えなかった。　　아니, 못 만났어 {mos mannass-e}.

　韓国語の「否定の応答文」において、発話時までに完了していない出来事と、現在と切り離されている過去の出来事が同じ完了相過去形「hayssta」形で表されるのは、韓国語では両者ともひとまとまりの出来事として捉えられるからである。つまり、現在（発話時）と何らかの繋がりを持っていようが、動作実行や実現し得る可能性が全くない過去の出来事であろうが、発話の現時点に区切って考えると、単にひとまとまりの出来事として捉えられるため、その結果性が明確に現れる「hayssta」形が用いられるのである。
　このように、韓国語の否定文では現在と繋がっている過去の出来事と現在と切り離されている過去の出来事が同じ述語形式「hayssta」形で用いられるため、用例(26)のように否定の意味を持つ「an」を伴う文は「未実行」と「不実行」に解釈することができ、用例(27)のように不可能の意味を持つ「mos」を伴う文は「未実現」と「非実現」に解釈し得る。

(26) 회의 서류는 시간이 없어서 안 읽었다 {an ilk-ess-ta}.
     会議の書類は時間がなくて読んでいない／読まなかった。
(27) 연구회의 보고서는 자료가 부족해서 못 냈다 {mos nays-ta}.
     研究会の報告書は資料が足りなくて出していない／出せなかった。

　こうした否定文は、次のようにある状態や程度などに至っていないことを表す副詞「아직 acik（まだ）」、「여태 yethay（いまだに）」、「미처 miche

（いまだ）」などを伴うことで「未実行」、または「未実現」を表すようになる。

(28) 회의 서류는 시간이 없어서 아직 {acik} 안 읽었다 {an ilk-ess-ta}.
　　　　　　　　　　　　　　　　　　　　　　　　　「未実行」
　　会議の書類は時間がなくてまだ読んでいない。
　？〔会議の書類は時間がなくてまだ読まなかった〕
(29) 연구회의 보고서는 자료가 부족해서 여태 {yethay} 못 냈다 {mos nays-ta}.
　　　　　　　　　　　　　　　　　　　　　　　　　「未実現」
　　研究会の報告書は資料が足りなくていまだに出していない。
　？〔研究形の報告書は資料が足りなくていまだに出せなかった〕

このように、韓国語では現在（発話時）と何らかの繋がりを持っている過去の出来事と、現在と切り離されている過去の出来事が同じ述語形式「hayssta」形で用いられても、ある動作・状態が完了していないことを表す副詞成分を伴うことで、両者を使い分けることができる。

4　本章のまとめ

本章では、まず先行研究を中心に日本語と韓国語の述語における可能形式に関わるテンス・アスペクトの体系について説明した上で、次に可能形式のずれの一つとして捉えられる「否定の応答文」について考察を試みた。考察の結果を簡単に示すと、日本語と韓国語において「否定の応答文」の述語形式が異なるのは、重点の置き所が異なるからである。日本語では、現在までに完了していない出来事を表す場合、現在までに動作生起がないことだけを問題にしていて他のことについては無関心であるため、わざわざその要因が動作主の意図欠如によるもの（「未実行」）なのか、それとも動作主の期待や意図に反する不都合によるもの（「未実現」）なのかを示す必要がない。よって、「未実行」と「未実現」が同じ形態の「シテイル」形で表されると考えられる。しかし、韓国語の場合は、発話の現時点における結果を問題にしているため、その要因が「未実行」なのか、それとも「未実現」なのかを形態上において示す必要が

生じる。

　また、日本語の「否定の応答文」において過去の出来事を表す場合も継続相非過去形「シテイル」が用いられ得るのは、「シテイル」形が現在までの動作生起の有無に限らず、過去における事実の有無をも表すことができるからである。その一方、韓国語の「否定の応答文」は、現在までに完了していない出来事と過去の出来事が、発話の現時点に区切って考えると「ひとまとまりの出来事」として捉えられるため、その結果が明確に現れる完了相過去形「hayssta」が用いられる。

注　[1]　高橋太郎（2003: 115）は、「完成相の動詞は運動をまるごと差し出すために、発話時という瞬間に収まりきらないということが、完成相の非過去形が現在のアクチュアルな運動を表さない理由である」としている。
　　[2]　井上優（2001a: 154）は、「過去の出来事を述べるのに「シタ」「シテイル」という二つの言語的手段があるのは、過去の出来事のとらえ方に（ⅰ）過去の出来事を、発話時において有効なある統括主題（複数の類似の出来事の背後にある一つの状態）に従属する一事例としてとらえる（経験・記録用法の「シテイル」）枠と、（ⅱ）実現の経過が把握できている過去の出来事を、特定の統括主題に従属しない独立の出来事としてとらえる（「シタ」）枠があることの反映である」と述べている。
　　[3]　「V-ラレル」に「-テイル」形が付くと受動形と形態上重なってしまうため避けられるが、ラ抜きの形式であれば、許容度が高まることが予想される。
　　[4]　渋谷勝己（1993a: 13）は、「実現系可能は動作的・デキゴト的であるために、完成相の表すアスペクトと継続相の表すアスペクトとの間には、動作をまるごと取り上げるか（完成相）、基準時間をまたぐか（継続相）の対立がある。一方、潜在系可能は状態的であるために、アスペクト的対立をもたない」としている。
　　[5]　結果性の可能表現については、次の第9章を参照されたい。
　　[6]　高橋太郎（2003）は、「すでに」や「まだ」と共存する語形は、戦後において継続相形式が増えていると指摘している。
　　[7]　高橋太郎（1994: 203-204）は、このような「シテイナイ」をテンスから解放されたものとして捉えている。会話文の中に「シテイナイ」が多く、小説の地の文の中に「シナカッタ」が多いと指摘し、これは「会話文では、ひとつの発言でひとつのデキゴトについてはなすものが多く、地の文では、ひとつの段落の展開の中で、つづいておこるいくつかのデキゴトを順次にのべるものが多い」からであると説明している。
　　[8]　この場合、構文上の制約として、述語動詞は動作主の意志でコントロールが可能な意志動詞に限られる。これは、可能形式「mos hata」が意志動詞を

| [9] | 要するためである。無意志動詞の場合は、単純否定を表す「an」だけが用いられる。
伊藤英人（1990: 37）は、「hayssta形の中心的（基本的）用法は過去であるが、周辺的用法として現在の状態を表わす」としている。

第9章
日本語と韓国語の述語における可能形式のずれ（2）
《実現可能》における可能形式のずれを中心に

前章では、日本語と韓国語の「否定の応答文」における述語形式のずれについて考察を試みた。本章では、日本語において可能形式を用いる可能表現が韓国語では可能形式が現れなくなる用法について考察する。

1 問題提起

第3章で述べたように、日本語の可能表現の表す意味は、「出来事の種類」によって大きく《潜在可能》と《実現可能》に分けられる[1]。日本語における《潜在可能》は、動作主の動作・状態が実現するか否か（実現したか否か）は問題にせず、単に実現の可能性のみを言い表すもので、特定の時間軸に位置付けることのできない可能表現である（「太郎は3ヶ国語が出来る」類）。

その一方、《実現可能》は、動作主の期待する、もしくは意図し努める事態の結果を言い表すもので、個々の具体的な出来事として特定の時間にアクチュアルに関係付けられる可能表現であるため、時間とは切り離せない関係にある（「頑張って走ったら100メートルを10秒で走れた」類）[2]。この《実現可能》の意味を持つ文を韓国語に訳すと可能形式が現れなくなることがある。

(1) 昨日はよく寝られた。　→　어제는 잘 잤다 {cass-ta}.
　　　　　　　　　　　　　　　昨日は　よく　寝た

(2) やっと論文が出せた。 → 겨우 논문을　냈다{nayss-ta}.
　　　　　　　　　　　　　　やっと論文を出した
(3) (字が読めるようになった子供に) すごい！よく字が読めてる！
　　　　　　　　　　　→ 대단하다! 글을 잘 읽네{ilk-ne}!
　　　　　　　　　　　　すごい！　よく字を読むね

　本章では、このような《実現可能》に焦点を当て、どのような意味・用法において韓国語と日本語の間に可能形式のずれが生じるのかを考察する。ここで《実現可能》を中心に取り上げるのは、《潜在可能》では日本語と韓国語の述語における可能形式のずれがさほど見られないためである。

2　日本語における《実現可能》の意味・用法

　第3章で述べたように《実現可能》は、「事態実現の可能性がどこにあるか」によって、大きく〈条件型可能〉と〈条件不問型可能〉に分けられる。〈条件型可能〉は、実現の可能性が文中に現れる条件（事態実現・非実現の要因）に依存しているのに対し、〈条件不問型可能〉は、実現の可能性がどこにあるのかは問題にならず、単に事態実現の結果だけが文中に差し出される。ここでは、まず〈条件型可能〉から見ていく（破線は、実現・非実現の要因）。

(4) 以前とは力関係が逆転し、セルビア系住民が孤立している。ある村にお年寄り八人が残っていた。周囲はアルバニア系ばかりで、怖くて一歩も出られない。　　　　　　　　　　（天声人語2000.7.3）
(5) 乳を吸わせるとき、桃子の乳房は初めは張りすぎていてうまく吸いつけない。するとこの赤子は癇癪を起し、のけぞって、顔じゅうを充血させて、とりわけものものしい泣き声を立てた。
　　　　　　　　　　　　　　　　　　　　　　　（楡家の人びと）
(6) 少しでも余計に眠っておかねば、と頭上の棚から毛布を取り出し被ってはみたが、やはり興奮しているのか、見送りに来た人々の顔などが思い浮かんだりして今度は思うように寝つけない。自分が、本当に、現実にアメリカへ旅しているのだと意識すると自

然に身が引きしまり、目がさめてしまう。（若き数学者のアメリカ）
(7) スパーリングが終り、サンドバッグとロープ・スキッピングと柔軟体操が終ると、内藤は秤にのった。背後から覗き込むと、七十三キロと読めた。ミドル級のリミットは七十二・五七キロだ。
（一瞬の夏）
(8) 立ち上がろうとする。しかし巨漢の伊良部に押さえつけられ、身動きが取れなかった。
（ハリネズミ）

　このように〈条件型可能〉は、事態実現を左右する条件を伴い、「原因－結果」の因果関係を成す《実現可能》である。述語動詞が過去の形の文は、用例 (7)、(8) のように「実現」と「非実現」のどちらの用法にも用いられるが、現在の形である場合は用例 (4) 〜 (6) のように「非実現」の用法に偏る。つまり、述語動詞が現在の形で用いられる《実現可能》は、もっぱら否定文である「非実現」を表すのである。これはおそらく本来可能表現が動作主の事態実現への期待を表すものであるため、動作主の期待通り、もしくは意図して努めた通りに実現する場合は、その結果が重んじられることで実現の意味が明確に表れる過去の形（完了）を用いてしまうからであろう。
　例えば、「英語もスラスラ読める」のように現在の形を用いると、特定の時間に結びつけられる個別的な事柄の《実現可能》ではなく、動作主の恒常的な能力を表す《潜在可能》の意味を表すようになってしまう。そこで、《実現可能》の「実現」の意味を表すためには、「英語もスラスラ話せている」のように、発話行為時にアクチュアルに関係付けられるアスペクト形式「－テイル」形を用いる必要がある[3]。これは、次のように事態実現の結果のみが重んじられる〈条件不問型可能〉の述語動詞に過去の形や、アスペクト形式「－テイル」形が用いられることからも裏付けられる。
　一方、次の用例は実現の可能性がどこにあるのかは特に問題にならず、動作主の期待や意図に応じる、またはそれに反する結果のみが差し出される〈条件不問型可能〉である。文の構文的な特徴として、「結局、とにかく、どうやら、なんとか、やっと、よく」などの完結性の副詞成分と共起して用いられることが多い（**ゴシック**は副詞成分）。

(9) 「ああ、うん、そう、自分でもよくわからないんだ。われにかえったらリングの上にいた。二台もカメラを抱えて、**よく**あんな高い所に上がれたよ。いつもなら下でモタモタしていただろうけど」
(一瞬の夏)

(10) 彼にはふがいないわが子が理解できなかった。頭のよしあしは別として、彼らは大体努力しようとさえしない。それでも峻一は**どうやら**医学部を卒業し、慶応精神科の医局にはいれた。峻一が精神医学の術語を徐々に使いこなせるようになったとき、徹吉は久方ぶりに父親らしい満足の情を味わった。
(楡家の人びと)

(11) 僕は事の異常さに、とても眠れそうもなかった。
その夜は、**なんとなく**寝つけなかった。 (空中ブランコ)

(12) 私はドコモからａｕに変えたのですが、最初は使いづらかったです。でも、今では何の不便も無く使えていますよ。
(BCCWJ、Yahoo!知恵袋)

(13) 「さようであるか」
信長は無表情でうなずいた。家康の心は読めている。
(BCCWJ、革命児・信長)

　これらは、実現の可能性がどこにあるのかが文中に現れないため、なぜ実現したのか、もしくはしなかったのかを判断すること自体が難しい結果性の《実現可能》である。このタイプの文は、事態実現の結果のみを表す可能表現であることから、述語動詞も結果性が表れやすい過去の形や、発話行為時にアクチュアルに結びつけられるアスペクト形式「−テイル」形が用いられる。現在の形「スル」を述語とする可能形式が否定文に用いられ、発話時における動作・状態の「非実現」を表すこともあるが、その場合、用例（4）〜（6）のように事態実現の結果のみならず、事態実現を左右する条件を伴うため、〈条件不問型可能〉ではなく、〈条件型可能〉になる。
　以上のように、日本語において《実現可能》の意味を持つ可能表現には、①事態実現の要因や実現までの過程を伴う〈条件型可能〉と、②実現の可能性がどこにあるかは問題にならず、事態実現の結果だけが差し

出される〈条件不問型可能〉がある。この中で、事態実現の結果だけが重んじられる〈条件不問型可能〉を韓国語に訳すと、可能形式が現れない傾向がある。このような現象は、文の肯定・否定により違った特徴が見られる。よって、以下では結果性の《実現可能》である〈条件不問型可能〉を肯定文と否定文に分け、日本語と韓国語の述語における可能形式のずれの要因を探る。

3 《実現可能》の〈条件不問型可能〉における可能形式のずれ（1）
——〈条件不問型可能〉の肯定文

《実現可能》は、《潜在可能》と違って単なる実現の可能性ではなく、実際に動作主が事態実現を試みた結果が現実界の特定の時間に具体的に表される可能表現である。《実現可能》において、事態実現の有無（結果）だけが重んじられる〈条件不問型可能〉には、①述語動詞の過去の形「シタ」を用いて発話時における過去の出来事や動作完了を表す可能文と、②継続を表すアスペクト形式「-テイル」形と共起し、発話時における動作・状態の継続を表す可能文がある。

ここでは、まず「シタ」形を用いて発話時における過去の出来事や動作完了を表す〈条件不問型可能〉について見ていくことにする。

3.1 発話時における過去の出来事や動作完了を表す場合

3.1.1 発話時における過去の出来事

第8章で取り上げたように、述語動詞の過去の形「シタ」は、発話時において現在と切り離された過去の出来事はもちろん、発話時における動作完了をも表し得る。次の用例は、発話時における過去の出来事を言い表す可能文で、事態実現の要因は伴わず単に事態実現の結果だけが差し出されている。

(14) 今回は新たな取り組み。言ってみれば「NEW文化祭」だ。（中略）誰もが初体験な分、「みんなで創っている」という実感を味わえた。　　　　　　　　　　　　　　　　　　（五体不満足）
　　　하지만 이번에는 다르다. 이른바 '새로운 문화제'를 기획하고 있

　　　　る ことだ. (중략) 첫경험이었던 만큼 '창조한다'는 실감을 맛보았
　　　　다 {maspo-ass-ta}.
(15) 多くの人との出会い。これが、ボクにとっては何よりの財産だ
　　　が、今回のシンポジウムでも、その財産を築くことができた。
　　　　　　　　　　　　　　　　　　　　　　　　　（五体不満足）
　　　　많은 사람을 안다는 것이 무엇보다 큰 재산인데, 이번 심포지엄에
　　　　서도 그 재산을 늘렸다 {nul-lyess-ta}.
(16) 友人と一緒にランチを食べにいくこともできたし、授業が終わ
　　　ると何人かとつれだって喫茶店に行くこともあった。（ルージュ）
　　　　친구와 함께 점심을 먹으러 가기도 했고 {ka-kito hays-ta}, 수업이
　　　　끝나면 몇몇 친구들과 찻집에 들르기도 했다.

　このように、発話時における過去の出来事として動作主の期待や意図に応じる結果のみが差し出される〈条件不問型可能〉は、韓国語において可能形式を伴わない傾向がある。用例（14）〜（16）の場合、韓国語において可能形式「ha-l swu issta」が使えないわけではないが、結果性が重んじられるほど、「ha-l swu issta」は使いにくくなる。これは、可能形式「ha-l swu issta / epsta」[4] が時間性の制限を持っていて、ポテンシャルな出来事を言い表す可能表現により適しているからである。よって、次の3.1.2のように発話している現時点における動作・行為の完了を表す、すなわち時間の具体化がさらに進んだアクチュアルな出来事を表す場合、「ha-l swu issta」は用いられにくい。

3.1.2　発話時における動作完了

　次の用例は、述語動詞の過去の形「シタ」を用いて発話時における動作完了を表す可能文で、会話文に偏って見られる。日本語において通常可能形式「(スル)コトガデキル」より、可能動詞が用いられるが、これらを韓国語で表すと可能形式が現れなくなる。

(17) いいじゃない、と言ったのは羽根木さんだった。
　　　「ひさしぶりに会えたんだし、楽しくやれば」　　（きらきらひかる）
　　　뭐 어때, 라고 말한 것은 하네기였다

"오랜만에 <u>만났는데</u> {man-nass-nuntey}, 즐겁게 지내면 되잖아."
(18) 福原の構えたグラブにポンと収まる。
「<u>できた</u>！」思わず飛び上がっていた。「福原、<u>できたぞ</u>！」声が震える。　　　　　　　　　　　　　　　　　　　（ホットコーナー）
후쿠바라가 들고 있는 글러브 안으로 공이 쏙 빨려 들어갔다.
"<u>됐다</u> {twayss-ta}!" 자기도 모르게 팔짝 뛰어올랐다. "후쿠바라, <u>됐어</u> {twayss-e}!" 목소리가 떨렸다.
(19) その作業ができなかった悔しさよりも、自分ひとりが取り残されたという淋しさの方が大きかったのだ。慌てて先生が飛んでくる。
「えらいぞ。よく、ここまでひとりで<u>頑張れたね</u>」　（五体不満足）
그것은 다른 아이들과 함께 수업을 시작할 수 없다는 분함보다는, 혼자 남았다는 슬픔이 훨씬 더 컸다. 당황한 선생님께서 쏜살같이 달려오셨다.
"잘했어, 너 혼자 이렇게까지 <u>해냈잖니</u> {hay-nayss-canhni}?"

　これらは、発話時にアクチュアルに結びつけられる〈条件不問型可能〉である。このように発話時における動作完了を表す可能文は、韓国語において、単に過去における出来事を表す文より「ha-l swu issta」の使用が難しい。つまり、動作・状態がアクチュアルになればなるほど、韓国語の可能形式「ha-l swu issta」は使いにくくなるのである。
　日本語の会話文において発話時に結びつく動作完了を表す可能表現には「（スル）コトガデキル」より、可能動詞が用いられる。しかし、これらを韓国語で表す場合、可能形式は用いられない。
　日本語の結果性の可能表現が韓国語において可能形式を用いない現象について、井上優（2009: 138-140）は次のように述べている。

　　日本語では、〈動作完成を実現させた〉状況（「昨日はよく寝た」：引用者注）と〈意図どおりに動作完成が実現した〉状況（「昨日はよく寝られた」）は異なる動詞の形態で表される。結果は同じでも、動作完成に至るプロセスが異なるので、異なるタイプの事象として扱われるわけである。これに対し、韓国語では、結果が同じであれば、動作

完成のプロセスの違いは特に問題にならない。(中略)韓国語では、〈動作完成を実現させた〉状況と〈意図どおりに動作完成が実現した〉状況は、結果が同じなので、同じタイプの事象として扱われる

このような井上優(2009)の考えを補って説明すると、韓国語では結果が重んじられる肯定文の場合、「動作主が単に動作を実行した状況」と、「動作主が期待する、もしくは意図して実現した状況」は同じタイプの事象(「実現」)として扱われる。つまり、韓国語では「今日は3キロ泳いだ」と「今日は3キロ泳げた」とは、事態実現の結果だけに焦点を当てて考えると、動作の生起から完了(実現)までが「ひとまとまり」として捉えられるのである。それ故に、両者とも動作主による動作完了を表す「hayssta」形が用いられる。それに対し、日本語では「動作主が動作を実行した状況」と、「動作主の期待や意図どおりに実現した状況」とは異なる動詞の形態で表される。結果は同じでも、動作完成に至るプロセスが異なるので、異なるタイプの事象として扱われるのである。

一方、井上優(2009: 138)は、「運よくバスに乗れた」「(電車でやっとあいた席に腰かけて)やっと座れた」などの例を取り上げ、「韓国語では、〈動作完成を実現させた〉状況と〈意図どおりに動作完成が実現した〉状況の違いは、動作完了の局面に重点を置く・置かないという違いだけであり、特に異なるタイプの事象として扱われるわけではないため、韓国語では可能形式が現れない」と指摘している。また、韓国語において「日本語の「シタ」「デキタ」(意図成就)のような使い分けは見られない」としている。しかし、井上優(2009)が挙げている用例は、「渋滞でバスが遅れたお陰でバスに乗れた」「前に座っていた人が席を譲ってくれたからやっと座れた」のように、事態実現の要因が重んじられると、韓国語でも可能形式を用いる方がより自然になる。

つまり、韓国語において、実現の可能性がどこにあるかは問題にならず、単に結果だけが重んじられる〈条件不問型可能〉には可能形式が現れないが、事態実現の要因やその過程などを伴うことで動作完了(実現・非実現)までに至るプロセスが重んじられる〈条件型可能〉には可能形式が用いられる。

次の用例(20)〜(23)は、事態実現の要因を伴い、因果関係を成し

ている〈条件型可能〉である。日本語では可能形式のみが用いられるが、韓国語では「hayssta」形とともに、可能形式が用いられる。aとbは、事態実現の結果だけに焦点を当てると同じ出来事として捉えられるが、実現までのプロセスが重んじられるほど、可能形式を用いるaの方がより自然となる。また、意味上においてもaの方が事態実現に対する動作主の期待や意図が強く表れている。

(20) 昨日は睡眠薬のお陰で久しぶりに眠れた。
　　a. 어제는 수면제 덕분에 간만에 푹 잘 수 있었다 {ca-l swu iss-ess-ta}.
　　　　　　　　　　　　　　　　［寝られた］
　　b. 어제는 수면제 덕분에 간만에 푹 잤다 {cass-ta}.
　　　　　　　　　　　　　　　［寝た］

(21) 一週間徹夜してやっと論文が出せた。
　　a. 1주일간 밤샘해서 겨우 논문을 낼 수 있었다 {nay-l swu iss-ess-ta}.
　　　　　　　　　　　　　　［出せた］
　　b. 1주일간 밤샘해서 겨우 논문을 냈다 {nays-ta}.
　　　　　　　　　　　　　［出した］

(22) 弱いガンマ線を照射すると保管期間が長くなり、新鮮度をはるかに長く維持できた。
　　a. 약한 감마선을 쏘아보니 보관기간이 늘어나고 신선도를 훨씬 오래 유지할 수 있었다 {yuciha-l swu iss-ess-ta}.　（中央日報2008.6.17）
　[b. 약한 감마선을 쏘아보니 보관기간이 늘어나고 신선도를 훨씬 오래 유지했다 {yuci-hayss-ta}.]

(23) そんなコーチ陣が、戦術面、精神面でしっかりと指導してくれたおかげで、「戸山グリーンホーネッツ」は常に都大会でベスト4に入るような強豪チームになることができた。　（五体不満足）
　　a. 그런 코치진이 전술과 정신 면에서 확실하게 지도해 준 덕분에, '도야마 그린 호네트'는 언제나 도쿄도 대회에서 베스트4에 들어가는 강호로 꼽힐 수가 있었다 {kkophi-l swu-ka iss-ess-ta}.
　[b. 그런 코치진이 전술과 정신 면에서 확실하게 지도해 준 덕분에, '도야마 그린 호네트'는 언제나 도쿄도 대회에서 베스트4에 들어가는 강호로 꼽혔다 {kkop-hyess-ta}.]

このように韓国語において、事態実現の要因やその過程を伴う〈条件型可能〉の肯定文は、結果だけを重んじる〈条件不問型可能〉の肯定文と違って、可能形式を用いることができる。これは動作完了までのプロセスが重んじられることによって、結果中心の〈条件不問型可能〉に比べ、アクチュアルな度合い（ポテンシャルな出来事からアクチュアルな出来事に向かう事態における具体化の度合い）が低くなってくるからである。

　以上の点から考えると、井上優（2009）の言う「韓国語では、結果が同じであれば、動作完成のプロセスの違いは特に問題にならない」という指摘は、事態実現の結果のみが重んじられる〈条件不問型可能〉の肯定文に限られると規定できる[5]。結果が同じであっても、動作実現の要因やその過程に焦点が当てられるなど、動作完了までのプロセスが重んじられる〈条件型可能〉の場合は、アクチュアルな度合いが低くなり、韓国語でも可能形式「ha-l swu issta」が現れやすくなるからである。

3.2　発話時における動作・状態の継続を表す場合

　結果中心の〈条件不問型可能〉の肯定文には、継続相「-テイル」形を用いて発話時における動作・状態の継続を表す可能文がある。主に会話文に用いられ、発話時において動作主の期待する、もしくは意図し努める動作・状態が実現している事態を言い表す。このタイプの文はアクチュアルな度合いが高いため、韓国語では可能形式「ha-l swu issta」を用いると不自然な文になる。

　次の用例は、日本語において可能形式に継続相「-テイル」が付いた形で継続の意味を表している点で共通しているが、用例（24）～（26）が発話時において話し手の目の前で実際に行われている動作継続を表しているのに対し、用例（27）、（28）は発話時に直接結びつくのではなく、前から行われている動作・状態が発話時においても持続していることを表している点で異なる。

（24）（泳げないと言っていた友達にプールで）
　　　なんだ、泳げてるじゃん。
　　　뭐야, 수영 잘 하네 {haney}.
　　　［なんだ、うまく泳ぐじゃん。］

(25) 「飲めないと言ってた割には結構飲めてるじゃん。」
"못 마신다고 하던 것 치고는 꽤 잘 마시네{masi-ney}."
[飲めないと言ってた割にはよく飲むね]

(26) 先日、ストロングが帰宅すると、嫁さんと小1の息子が勉強をしていました。算数の文章題をやっているみたい。息子は、声を出して問題を読んでいます(なかなかスラスラと読めてるな！いいぞ！)。そして、問題を読んだ直後に「分かった、3コや！」と即答(おおーっ、さっすが〜、やるやる！)。(BCCWJ、「新」勉強の常識)
[요전에, 스트롱이 귀가했는데, 부인과 초등학교1학년 아들이 공부를 하고 있었습니다. 산수의 문장을 풀고 있는 것 같았는데, 아들은, 큰목소리로 문제를 읽고 있었습니다 (꽤 거침없이 읽는구나{ilk-nunkuna}! 좋아!). 그리고, 문제를 읽은 직후에「알았다, 3개다！」라고 즉답(와—, 대단한데, 잘 한다!).]

(27) Yahoo!mailの登録の際「姓　名」は本名でないといけないのでしょうか？ 何でもいいと思います。自分は、英語で書いてますが問題なく使えていますよ。　　　　(BCCWJ、Yahoo!知恵袋)
[yahoo! mail 등록 때「성 명」은 본명이 아니면 안되나요? 아무거나 괜찮아요. 저는, 영어로 쓰고 있는데 아무 문제 없이 잘 쓰고 있어요{ssu-ko iss-eyo}.]

(28) 多分同居を続けると思いますね。うちの義親とはいい関係を持てているのでそう思うのかもしれません。でも自分が後の再婚を考えられる＆義親が老後の面倒から開放してくれる＆子供が心身ともに健康なら出ることも考えるかも。
(BCCWJ、Yahoo!知恵袋)
[아마 같이 지낼 거라고 생각해요. 저희 시부모와 좋은 관계를 유지하고 있어서{yuciha-l swu iss-ese} 그렇게 생각하는 건지도 모르겠네요. 근데 제가 나중에 재혼을 생각하거나＆시부모가 노후 걱정을 덜어주거나＆애가 몸도 마음도 건강하다면 나가는 걸 생각해 볼지도.]

これらは、韓国語において可能形式が用いられないが、用例(24)〜(26)が単純現在形の「hanta」形で表現されるのに対し、用例(27)、

(28)はアスペクト形式である「hako issta」形で表される。これは第8章で述べたように、日本語と韓国語のテンスの対立が異なるためである。日本語は「スル」形が未来を、「シテイル」形が現在を表すのに対し、韓国語では「hanta」形で現在と未来を表す。韓国語にも日本語の「シテイル」形に相当する継続相「hako issta」形があるが、これは主に動作・状態の継続を強調する際に用いられる形式[6]であるため、用例(24)〜(26)のように発話時に限られる動作継続を表す場合は、「hanta」形が用いられる。用例(27)、(28)は発話時の前から持続している動作・状態の継続を表していて時間の幅が長いため、継続相「hako issta」形が用いられる。

このように継続相「-テイル」形と共起し、発話時における動作・状態の継続を表す〈条件不問型可能〉の肯定文は、いくら動作完了(実現)までのプロセスが重んじられて〈条件型可能〉になっても、発話時という具体的な時間に置かれているため(アクチュアルな度合いが高い)、韓国語において可能形式「ha-l swu issta」は用いられにくい。

(29)「ところで山下さん、不眠はどうなったわけ?」伊良部が聞いた。
　　「薬のおかげで眠れてますけど……」　　　(空中ブランコ)
　　"그건 그렇고 야마시타 씨, 불면증은 어떻게 된거야?"이라부가 물었다.
　　"약 덕분에 잠은 잘 잡니다만 {capnita-man}……"

(30)搾乳は出にくいですよ。赤ちゃんが吸うと搾乳の10倍出る(?)なんて言われるくらいです。張らなくてもいっぱい出る人もいるようなので、出ていないとは限りません。おしっこの回数は十分あるし、しっかり飲めているんじゃないでしょうか。おっぱいは刺激されればされるほど出るので、何度も吸わせていれば出るようになってくると思います。　　(BCCWJ、Yahoo!知恵袋)
　　[유축기는 짜기 어려워요. 아기가 빨면 유축기의 10배는 나온다(?)고 말할 정도랍니다. 불지 않아도 많이 나오는 사람도 있다고 하니 안 나온다고는 할 수 없겠네요. 오줌의 회수는 충분하고, 잘 먹고 있는 거 아닐까요 {mek-ko iss-nunke anilkkayo}? 젖은 자극 받으면 받을수록 나오니까, 여러번 빨게 하고 있으면 나오게 될거 같

은데요.]

(31) ブロック塀にぴったり寄せて車を置けるし、<u>ガレージがない分だけ庭をひろく使えている</u>。　　（BCCWJ、どうせなら中産階級）
　　［블럭 담에 딱 붙여서 차를 세울 수도 있고, <u>차고가 없는 공간만큼 정원을 넓게 사용하고 있다 {sayongha-ko issta}</u>.］

　用例（29）～（31）を肯定の形「ha-l swu issta」に置き換えると発話時における動作・状態の継続を表すアクチュアルな出来事ではなく、特定時間から切り離されたポテンシャルな出来事を言い表すようになる。つまり、動作主が意図を持って実現を試みた事態の結果が現実界の特定の時間に表される《実現可能》ではなく、単なる事態実現の可能性を言い表す《潜在可能》の意味になってしまう。例えば、用例（31）の「ガレージがない分だけ庭をひろく使えている」を「ガレージがない分だけ庭をひろく使える」にして潜在可能文にすれば、韓国語においても可能形式「ha-l swu issta」の使用が可能になるが、文の表す意味は《実現可能》ではなくなる。
　一方、日本語において〈条件不問型可能〉の肯定文は可能形式を用いて「実現」を表すが、韓国語では可能形式を伴わず、構文的な特徴して「잘 cal（よく、うまく、なかなか），다 ta（全部），겨우 kyewu（やっと），결국 kyelkwuk（結局）」などの完結性を持つ副詞成分と共起することが多い。これは完結性を持っている副詞成分が事態の結果に焦点が向けられるよう働きかける役割をするからであろう（**ゴシック**は完結性の副詞成分）。

(32) ＝（1）昨日は**よく**<u>寝られた</u>。
　　　어제는 **잘 {cal}** <u>잤다 {cass-ta}</u>.　　　　　　［昨日はよく<u>寝た</u>］
(33) ＝（2）**やっと**論文が<u>出せた</u>。
　　　겨우 {kyewu} 논문을　<u>냈다 {nays-ta}</u>.　　　［やっと論文を<u>出した</u>］
(34) （三日かけてやっとレポートが出来上がった時）<u>出来た</u>!!
　　　다 {ta} <u>했다 {hays-ta}</u>！　　　　　　　　　［全部やった］

　このように、〈条件不問型可能〉の肯定文において、完結性を持つ副詞成分と共起しやすい点は韓国語に限らず、日本語にも見られる構文的な

特徴である。日本語の場合、可能形式と共に完結性を持つ副詞成分が用いられるのに対し、韓国語では可能形式を伴わず、述語動詞と完結性を持つ副詞成分の共起だけで「実現」の意味を表す点が異なる。

4 《実現可能》の〈条件不問型可能〉における可能形式のずれ（2）
── 〈条件不問型可能〉の否定文

ここでは、〈条件不問型可能〉の否定文を取り上げ、肯定文と比較しながら韓国語と日本語における類似点と相違点について考察を試みる。

4.1 発話時における過去の出来事を表す場合

次の用例は、いずれも事態実現の結果に重点が置かれている〈条件不問型可能〉で発話時において過去の出来事を表す実現可能文であるが、韓国語では事態の実現ができなかった「非実現」の場合に限って可能形式が現れる。

(35) （今まで駄目だった友達に大学受験の結果を尋ねる時）
　　　今回は<u>合格できた</u>？
　　　이번엔 <u>합격했어</u> {hapkyek-hass-ye}?
　　　[今回は 合格した？]
　　a. うん、<u>できた</u>。(した)　　b. ううん、<u>できなかった</u>。
　　　응, <u>했어</u> {hass-ye}.　　　　아니, <u>못 했어</u> {mos hass-ye}.
　　　[した]　　　　　　　　　　　[できなかった]
(36) （話し相手が欲しがっていたカバンについて）
　　　カバン、<u>買えた</u>？
　　　가방, <u>샀어</u> {sass-e}?
　　　[カバン、買った？]
　　a. うん、<u>買えた</u>。(買った)　b. ううん、<u>買えなかった</u>。
　　　응, <u>샀어</u> {sass-e}.　　　　아니, <u>못 샀어</u> {mos sass-e}.
　　　[買った]　　　　　　　　　　[買えなかった]
(37) （憧れの人に会いに行くと言っていた友達に）
　　　あの人に<u>会えた</u>？

　　　　그 사람 만났어 {man-nass-e}?　　　［あの人に会った？］
a. 会えた。（会った）　　　　　　b. 会えなかった。
　　만났어 {man-nass-e}.　　　　　　못 만났어 {mos man-nass-e}.
　　［会った］　　　　　　　　　　　［会えなかった］

　用例（35）〜（37）を韓国語に訳すと、bだけが可能形式を伴う。これらは、いずれも結果性を表す〈条件不問型可能〉で過去における個別的な出来事を捉えている点で共通しているのに、なぜ事態の実現ができなかった「非実現」に限って可能形式が現れるようになるのだろうか。これは3.1.2で上述したように、韓国語において結果中心の〈条件不問型可能〉が「実現」を表す場合、「動作主が単に動作を実行した状況」と、「動作主の期待や意図どおり実現した状況」とが同じタイプの事象として扱われるからである。その一方で、「非実現」を表す場合、「動作主が動作を実行しなかった状況＝不実行」と、「動作主の期待や意図どおりに実現しなかった状況＝非実現」は同じ事象として捉えることができない。よって、韓国語でも日本語と同様に異なる動詞の形態で表されるのである。動作主が何らかの理由で動作を実行しなかった「不実行」の場合は単純否定を表す「an」で、動作主が期待する、もしくは意図して努めても何らかの事情により事態が実現しなかった「非実現」の場合は、可能形式「mos hata / ha-ci moshata」で表される[7]。「ha-l swu epsta」は時間性の制限を持つ可能形式で、アクチュアルな度合いが高い可能文に用いられにくいため、よりアクチュアルな出来事に適している「mos hata / ha-ci moshata」だけが用いられる。
　しかしながら、次のように事態実現の要因や実現までの過程を伴う〈条件型可能〉の場合は、結果中心の〈条件不問型可能〉と違って「mos hata / ha-ci moshata」はもちろん、「ha-l swu epsta」も用いることができる。これは、なぜ動作主の期待通り、または意図して努めた通りに事態が実現しなかったかが明示される、すなわち非実現に至るまでのプロセスが重んじられることによって、〈条件不問型可能〉に比べ、アクチュアルな度合いが低くなってくるからである。

（38）1500人余のデモ隊が繰り広げた道路占拠不法デモに警察は気力

を失い、対応もできなかった。
1500여 명의 시위대가 벌인 도로 점거 불법시위에 경찰은 넋을 놓고 대응도 못했다 {tayung-to mos-hayss-ta}. （中央日報2008.7.31）

(39) 景気後退（recession）と不況（depression）は区別があいまいだ。誰も1980年のロナルド・レーガンほど明快に比較できなかった。
경기후퇴 (recession) 와 불황 (depression) 은 구분하기 모호하다. 누구도 1980년 로널드 레이건만큼 명쾌하게 비교하지 못했다 {pikyoha-ci mos-hayss-ta}. （中央日報2008.11.11）

(40) 里彩は帰りたかったが、列に並んでいる圭がときどき首をひねって振りかえるので、席を立つことができない。 （ルージュ）
리사는 돌아가고 싶었지만, 줄 서 있는 케이가 가끔 고개를 돌리고 지켜보아 자리를 뜰 수가 없었다 {cari-lul ttu-l swu-ka eps-ess-ta}.

(41) もっとも、伊良部は飛び移る以前の段階で落ちた。体重が重すぎて、自分の腕が耐えられなかったのだ。 （空中ブランコ）
그러나 이라부는 다 날기도 전에 밑으로 곤두박질쳤다. 몸무게가 너무 나가서 팔로 지탱할 수가 없었던 것이다 {cithayngha-l swu-ka eps-ess-ten kes-ita}.

韓国語において用例（38）、（39）は「ha-ci moshata」が、用例（40）、（41）は「ha-l swu epsta」が用いられているが、それぞれ「ha-l swu epsta」と「ha-ci moshata」に置き換えが可能であり、それによる意味上の相違は見られない。

4.2 発話時における動作・状態の継続を表す場合

〈条件不問型可能〉の否定文も、肯定文と同様に通常結果性が表れやすい過去の形と、発話行為時にアクチュアルに結びつけられるアスペクト形式「テイル」形が用いられる。しかし、動作・状態の非実現を表す否定文は韓国語においてアクチュアルな度合いが高い場合でも可能形式が用いられる点で実現を表す肯定文とは異なる。これは、否定文の場合、「ha-l swu issta / epsta」に比べ、よりアクチュアルな出来事に適している不可能専用の可能形式「mos hata / ha-ci moshata」が自由に用いられるためである。

(42) ケータイ機能のダウンロード辞書ってまったく<u>使えてない</u>。
(BCCWJ、Yahoo!知恵袋)
［휴대폰 기능의 다운로드 사전은 전혀 <u>못 쓰고 있어요 {mos ssu-ko iss-eyo}</u>.］

(43) ここ二日ベッドには入るのですがほとんど<u>眠れていません</u>。
(BCCWJ、Yahoo!知恵袋)
［요며칠 잠자리에 들긴 하는데 거의 잠을 <u>못 자고 있어요 {mos ca-ko iss-eyo}</u>.］

(44) 免田事件の免田栄さんを御存じでしょうか、(中略)あの人、今、年金を<u>もらえていないんですよ</u>。 (BCCWJ、国会会議録)
［멘다(免田)사건의 멘다 사카에 씨를 알고 계세요, (중략) 그 사람, 지금, 연금을 <u>못 받고 있어요 {mos pat-ko iss-eyo}</u>.］

否定文の場合、可能形式に継続相「-テイル」が付くと、発話時において動作主の期待する、もしくは意図して努める動作・状態が実現していないまま継続している事態を表す。より正確に言えば、発話時に限った事態の非実現ではなく、発話時の前から持続している動作・状態の非実現を表していると捉えられる。よって、韓国語でも時間の幅が長い事態に用いられる継続相「hako issta」形が可能形式「mos hata」と結合して表される。このタイプの文は、肯定文と同様にいくら動作完了までのプロセスが重んじられて〈条件型可能〉になっても、発話時という具体的な時間に置かれているため(アクチュアルな度合いが高い)、韓国語において可能形式「ha-l swu epsta」は用いられにくい。

5　考察のまとめ

以上、3節と4節では《実現可能》の中でも、事態実現の結果だけが重んじられる〈条件不問型可能〉を取り上げ、日本語と韓国語の述語における可能形式のずれについて考察した。〈条件不問型可能〉の場合、韓国語では文の肯定・否定によって可能形式の現れ方が異なるため、3節と4節においてそれぞれ〈条件不問型可能〉の肯定文と否定文に分けて考察

を試みた。

　動作主の期待する、もしくは意図して努めた結果のみが差し出される〈条件不問型可能〉の肯定文は、韓国語において可能形式を伴わない傾向がある。韓国語では事態実現の結果だけに焦点が当てられる場合、動作の生起から完了（実現）までが「ひとまとまり」として捉えられるため、「動作主が単に動作を実行した状況」と、「動作主が期待する、もしくは意図して実現した状況」とが同じタイプの事象（「実現」）として扱われる。よって、事態実現の結果のみが重んじられる〈条件不問型可能〉の肯定文は、韓国語ではわざわざ可能形式を用いて、「単なる動作実行」と「動作主の期待や意図による実現」を区別して述べる必要がない。それに対し、日本語では結果が同じでも「動作主が動作を実行した状況」と、「動作主の期待や意図により実現した状況」とは異なるタイプの事象として扱われるので、異なる動詞の形態で表される。

　一方、〈条件不問型可能〉の否定文は、韓国語において「動作主が動作を実行しなかった状況＝不実行」と、「動作主が期待する、もしくは意図して努めても実現しなかった状況＝非実現」を同じ事象として捉えることができない。よって、韓国語でも日本語と同様に異なる動詞の形態で表される。単純否定を表す「an」を用いると動作主が何らかの理由で動作を行わなかった「不実行」を表すことになってしまうので、動作主の期待通り、または意図して努めた通りに事態が実現しなかった「非実現」を言い表す場合は、可能形式を用いる必要がある。その際、もっぱら「mos hata / ha-ci moshata」が用いられるのは、「ha-l swu epsta」が時間性の制限を持っていて、アクチュアルな出来事を表す可能文に用いられにくいからである。

　このように、韓国語において〈条件不問型可能〉は、文の肯定・否定によって可能形式の現れ方が異なるが、〈条件型可能〉は、文の肯定・否定に拘らず可能形式「ha-l swu issta / epsta」を用いることができる。〈条件型可能〉は、事態実現の要因やその過程などを伴うことで、動作完了までのプロセスが重んじられるようになり、〈条件不問型可能〉に比べ、アクチュアルな度合いが低くなるからである。

　このような時間性と「ha-l swu issta / epsta」との相関関係を図で示すと、次のようになる。

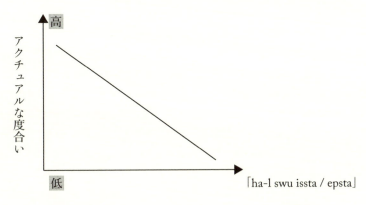

【図1】 時間性と「ha-l swu issta / epsta」との相関関係

　図1のように、アクチュアルな度合いが高いほど韓国語の可能形式「ha-l swu issta / epsta」は現れにくく、アクチュアルな度合いが低くなるほど「ha-l swu issta / epsta」と現れやすくなる。つまり、韓国語において時間の具体化が進めば進むほど「ha-l swu issta / epsta」は用いられにくくなると言える。

6　結論

　本章では、これまでの先行研究では明らかにされていない日本語と韓国語の述語における可能形式のずれについて、《実現可能》を中心に考察を行った。その結果を簡単にまとめると、《実現可能》において事態実現の要因や実現までの過程を伴う〈条件型可能〉は、文の肯定・否定に拘らず韓国語でも可能形式が用いられるが、事態実現の結果だけが差し出される〈条件不問型可能〉は韓国語において、文の肯定・否定によって可能形式の現れ方が異なる。これは、韓国語の代表的な可能形式である「ha-l swu issta / epsta」が時間性の制限を持っていて、ポテンシャルな出来事を言い表す可能表現により適していることに起因する。

　時間とは切り離せない関係にある《実現可能》であっても、〈条件型可能〉は、事態実現の要因や実現までの過程を伴うことで動作完了までのプロセスが重んじられるようになり、アクチュアルな度合いが低くなる

ため、「ha-l swu issta / epsta」の使用が可能になる。その一方、単に事態実現の結果だけが差し出される〈条件不問型可能〉は、アクチュアルな度合いが高いため「ha-l swu issta / epsta」が用いられにくい。

　また、〈条件不問型可能〉の場合、韓国語では肯定文において「動作主が単に動作を実行した状況」も、「動作主が期待する、もしくは意図して実現した状況」も同じ事象として捉えられるため、わざわざ可能形式を用いる必要がない。しかし、否定文では、「動作主が動作を実行しなかった状況＝不実行」と「動作主の期待や意図通りに動作が実現しなかった状況＝非実現」とが異なる事象として捉えられるため、前者は単純否定形、後者は不可能形の述語形式で表される。つまり、《実現可能》において〈条件不問型可能〉の肯定文は、韓国語で可能形式が現れないが、否定文は日本語と同様に韓国語にも可能形式が必要である。とはいえ、「ha-l swu epsta」は時間性の制限を持つ可能形式で、アクチュアルな度合いが高い可能文に用いられにくいため、もっぱら「mos hata / ha-ci moshata」が用いられる。

　以上のように、本章では、日本語と韓国語の述語における可能形式のずれを《実現可能》に焦点を当て、その意味・用法と可能形式のずれが生じる要因を明らかにした。

注 [1] 渋谷勝己（1993a: 14）は、ある動作が実現することを含意するか否かによって、「実現系可能」と「潜在系可能」に分けている。
[2] 詳しくは第3章を参照されたい。
[3] 高橋太郎（2003: 115）は、「完成相の動詞は運動をまるごと差し出すために、発話時という瞬間に収まりきらないということが、完成相の非過去形が現在のアクチュアルな運動を表さない理由である」としている。
[4] 他に、「ha-l cwul alta / moluta」があるが、「ha-l cwul alta / moluta」は、もっぱら動作主の内的条件による「能力可能」、特に「動作実現のための知識や技能を持っている（持っていない）」という意味を表す可能文に用いられるため、「ha-l swu issta / epsta」に比べて使用場面が限られる。詳しくは第4章を参照されたい。
[5] 井上優（2009）は、「実現」を表す肯定文のみを取り上げ、日本語の結果性の可能表現は韓国語において可能形式を用いないと指摘しているが、事態実現の結果だけが重んじられる〈条件不問型可能〉の場合、韓国語では文の肯定・否定によって可能形式の現れ方が異なる。これについては、4節で詳しく取り上げることにする。
[6] 塚本秀樹（2012）は、朝鮮語において〈動作・行為の最中〉を意味する場合、動詞語幹＋「-ko issta（いる／ある）」が、〈動作・行為の結果の状態〉を意味する場合、動詞連用形＋「issta」が付くと指摘し、朝鮮語では動詞「issta」が文法化していないため〈存在〉という実質的な意味を保持しているが、日本語では「-テイル」形の動詞「いる」が文法化しているため、〈存在〉という実質的な意味がなくなっていると述べている。
[7] 基本的に、音節が長い動詞には補助動詞「-ci moshata」が付きやすく、状態動詞においては音節に関係なく「-ci moshata」のみが用いられる。動作動詞において「mos hata」と「ha-ci moshata」の意味上の違いはほとんどないが、短い形の「mos hata」の方が話し言葉的で会話文に多く用いられる傾向がある。詳しくは第1章を参照されたい。

終章
おわりに

1　本書のまとめ

　本書は、11章から構成され、大きく4部に分かれている。その概要を説明すると次のようである。
　第1部（第1章）では、主に先行研究を用いて日本語と韓国語における可能表現について概観した。まず、可能表現とは何かについて定義し、現代の日本語と韓国語における可能形式を整理した。次に、可能表現の形態的・語彙的な性格について述べて、最後に両言語の可能表現に関する先行研究を取り上げ、どのような点に注目して研究を行っているか、何が明らかとなり、残された課題は何かを説明した。
　第2部の第2章と第3章では、現代日本語の可能表現の研究において残されている問題（「動詞の意志性」、「可能の意味と文構造の結びつき」）を明らかにした。従来の研究では一般的に意志的な動作を表す動詞、すなわち意志動詞だけが可能形式をとるとされてきたが、何を基準にどこまでを意志動詞と捉えるかについては必ずしも明確でないところがある。第2章では、実例に基づき、332の基本動詞と「主体の意志表現形式」との共起関係を基準に「動詞の意志性」を測り、可能形式との関わりについて考察を試みた。その結果、「意志動詞」には主体の意志による動作生起から達成までのコントロールが可能な動詞に限らず、達成までのコントロールができなくても動作生起や変化を起こし得る動詞が含まれることを明らかにした。これにより、「動詞の意志性」は基本的に可能形式と連動しており、可能文に用いられる動詞は有情物主体の意志動詞に限られ

ることを示した。稀に、無意志動詞が可能形式と共起することもあるが、これは主に話し手の願望を表す表現が可能な動詞に限られる現象で、事態実現への期待が可能形式との共起につながると考えられる。

　第3章では、まず「実現可能性の在り処」を基準に可能動詞を文末述語とする可能表現（実例数2905）の意味・構造的な類型を立てた。〈恒常的内在型可能〉、〈条件型可能〉、〈条件不問型可能〉がそれである。次に、これらを支えている構文的な特徴を明らかにしながら、各タイプがどのような〈可能〉の意味を表すかについて考察を行った。その結果、可能表現の文の意味はきれいに《潜在可能》か《実現可能》かという二種類の可能表現に分けられるのではなく、《潜在可能》から《実現可能》への移行関係を表すタイプが存在することを明らかにした。そして、どのような構文的な特徴のもとで二種類の可能表現の意味が表れやすくなり、移行していくかを示した。これにより、どのような場面や条件のもとで二種類の可能表現の意味が表れやすくなり、または相互に近づいていくかが明らかになった。また、第3章では可能表現の意味と述語に表されるテンスの形との結びつきは否定できないものの、可能表現の意味は文の表す事態や時間性との関わり（個別で具体的な事態か否か、特定の時間と切り離せるか否か）により、方向付けられるといった結果も得られた。

　第3部に当たる第4章から第7章においては、可能表現の日韓対照研究の準備的考察として、現代韓国語の可能表現の意味特徴とその用法について考察を行った。韓国語の可能表現を、大きく「形態的な可能形式」と「語彙的な可能形式」に分け、まず第4章では、現代日本語の可能表現を手掛かりとしながら、韓国語の「形態的な可能形式」の意味特徴とその用法を取り上げた。「可能の生起条件」の違いに注目し、可能表現の意味を大きく「能力可能」と「状況可能」に分けて、韓国語の可能形式「ha-l swu issta / epsta」「ha-l cwul alta / moluta」「mos hata / ha-ci moshata」の間の意味、用法の違いや重なりについて考察した。そして、韓国語の可能表現は日本語の可能表現と違って、「可能の生起条件」（「能力」か「状況」か）や「出来事の種類」（「ポテンシャル」か「アクチュアル」か）によって異なる可能形式が用いられることを明らかにした。

　次の第5章では現代韓国語の形態的な可能形式の中で、代表的な可能形式である「ha-l swu issta / epsta」の用法を取り上げ、その意味特徴と

それらがどのような構造的な特徴によって支えられているかを明確に示した。可能表現において「動作主の能力を表す可能」と、「事態生起における蓋然性を表す可能」とは別の意味合いを成すという考えから、「ha-l swu issta / epsta」を大きく《ちからの可能》と《蓋然性の可能》に分け、考察を試みた。また、日本語において蓋然性を表す可能形式「(シ)ウル／エル」との比較も簡単に行った。その結果、「ha-l swu issta / epsta」は有情物動作主で意志動詞を述語とする場合は《ちからの可能》の意味が表れやすく、述語動詞が無意志動詞である場合は動作主の有無や有情・無情に拘らず、《蓋然性の可能》の意味が表れやすくなることがわかった。また、基本的に文の表す事態が動作主にとってプラスの事象である場合は《ちからの可能》を、ニュートラルな事象である場合は《蓋然性の可能》を表すことが観察された。日本語の「(シ)ウル／エル」との比較においては、「ha-l swu issta / epsta」と「(シ)ウル／エル」は、蓋然性を表す可能形式である点で共通しているが、「ha-l swu issta / epsta」に比べて日本語の「(シ)ウル／エル」の方が文法的な制限が多いことが明らかになった。

　第6章と第7章では、従来の研究において、主に受身や状態変化を表す形式として扱われてきた「cita」と「toyta」について考察した。「cita」「toyta」は、使用場面が限られていて生産的な形式とは言えないが、意味的な面において可能表現を表す担い手として捉えることができる。よって、本書ではこれらを「語彙的な可能形式」と捉え、それぞれ第6章と第7章で考察を行った。

　まず第6章では、従来の研究において受動形式の一つとして扱われることが多かった「cita」を取り上げ、〈可能〉と〈自発〉の用法に焦点を当て、その意味特徴と構文的な特徴について述べた。そして、「cita」を用いる文には〈受動〉に限らず、〈可能〉や〈自発〉を表す場合があり、文の表す意味や構造的な特徴が異なるため、これらをまとめて受動表現とする考えには無理があることを明らかにした。また、従来の研究で主に受動形式として扱われてきた「cita」が〈可能〉や〈自発〉の意味を表す点から、日本語の受身と可能、自発が同じ根から発しているように韓国語も〈受動〉と〈可能〉、〈自発〉が相関性を持っていることを示した。

　次の第7章では、韓国語の文法研究において「cita」と共に受動形式の

一つとして扱われることの多い「toyta」を取り上げ、その用法と意味特徴について考察した。これまでの韓国語の文法研究においてほとんど取り上げられることがなかったが、「toyta」は「cita」と共に意味的な面において〈可能〉の意味を担うことがある。第7章ではその裏付けとして「toyta」の用法を詳しく取り上げ、その意味特徴を明らかにすることで、「toyta」が「cita」と共に韓国語の可能表現において「語彙的な可能形式」の一つとして捉えられることを指摘した。

第4部に当たる第8章と第9章では、現代の日本語と韓国語における可能表現の対照分析を行った。韓国語の可能表現を日本語の可能表現と照らし合わせながら、述語において生じる可能形式のずれについて分析した。まず、第8章では可能形式のずれの一つとして捉えられる「否定の応答文」について考察を試みた。日本語の否定応答文において、発話時までに動作が完了していない出来事を表す場合、「未実行」と「未実現」が同じ形式の「シテイナイ」が用いられることに着眼し、韓国語との対照を試みた。その結果、日本語と韓国語において「否定の応答文」の述語形式が異なるのは、重点の置き所が異なることに起因することを示した。また、日本語の「否定の応答文」が継続相非過去形「シテイル」形で発話時までに完了していない出来事と、過去の出来事を表し得るのに対し、韓国語の場合は完成相非過去形「hayssta」形で発話時までの出来事と過去の出来事を表すことを明確にした。

次の第9章では、現代の日本語と韓国語の述語における可能形式のずれについて《実現可能》の中でも、事態実現の結果だけが重んじられる〈条件不問型可能〉を取り上げ、考察を試みた。そして、韓国語では〈条件不問型可能〉の肯定文の場合、「動作主が単に動作を完了した」状況も、「動作主が期待する、もしくは意図して実現した」状況も結果だけに焦点を当てて考えると同じ出来事（『実現』）として捉えられるため、可能形式が用いられない傾向があるが、否定文の場合は、「動作主が意図して動作を実現しなかった」状況＝不実行と「動作主の期待や意図通りに動作が実現しなかった」状況＝非実現が異なる出来事であるため、日本語と同様に韓国語も可能形式が用いられることを明らかにした。

以上のように、本書では日本語と韓国語における可能表現のありようを明らかにした。

これまで日本語の可能表現に関する研究は多く為されてきたが、「動詞の意志性」と可能形式との関わりを正面から扱い、その関連性を明らかにしたものや、可能表現の表す意味とそれを支える構造を結びつけて研究したものは数少ない。本書の研究成果は、日本語の文法研究への新しい知見を与えることにつながると期待できる。

　一方、従来の韓国語研究において、可能表現は文法的にも意味的にも一つの文法カテゴリーとして明確に取り出されておらず、輪郭があいまいであったため、〈可能〉の意味を表す形式を明示的に取り出したり、可能形式間の意味の重なりや違いを探る研究はほとんど為されていなかった。本書では、可能表現に関する研究が進んでいる日本語の可能表現を手掛かりとして、韓国語の可能表現における文法的な形式を取り出し、その意味特徴と用法を明らかにしている。これにより、従来の韓国語学が当然と見なしてきた言語の単位や記述方法について、新しい視点を提供することができる。

　本書は、日本語から見た韓国語、韓国語から見た日本語の両方の視点を兼ね合わせた複合的な研究方法をとっている。多様なコーパスを用いて、言語事実を科学的かつ正確に記述するよう試みた。本書の考察により、対照言語学に新たな方向を提示することができるであろう。

2　今後の課題

　上述したように、韓国語の可能表現には日本語の可能動詞のような〈可能〉を言い表す専用の可能形式がない。代表的な可能形式に「ha-l swu issta / epsta」があるが、時間性の制限があるため、日本語の可能形式のように自由に用いることができない。よって、その隙間を補うために、「語彙的な可能形式」や「cal（よく、うまく、なかなか）, ta（全部）, kyewu（やっと）, kyelkwuk（結局）」などの完結性を持つ副詞成分が用いられるのである。また、韓国語の可能表現は「可能の生起条件」（「能力」か「状況」か）や「出来事の種類」（「ポテンシャル」か「アクチュアル」か）によって異なる可能形式を用いる点で、日本語の可能表現とは大きく異なる。さらに、日本語と韓国語の述語における可能形式のずれもあるため、日本語と韓国語の可能形式を単純に対応させて覚えることは容易ではな

い。よって、韓国語母語話者に対する日本語教育においては、日本語の可能表現が韓国語の様々な可能表現に対応し得ることを理解させることが重要であり、韓国語の可能表現に対応させる形で用例を示す必要がある。教材や辞書においても、韓国語の様々な可能表現に対応させる形で用例を示すことが必要である。

　本書では、日本語と韓国語の可能表現の全体像を指し示すことに止まったが、今後の最終的な研究課題は、可能表現を学習していく日本語母語話者や韓国語母語話者の手助けとして、実際の教育現場で活用できる文法体系を示すことにある。そのためには、日本語と韓国語の可能表現に関わる諸形式である受動、自発、自動詞などについて考察する必要がある。それにより、両言語の可能表現が根本的にどういった類似点や相違点を持っているかが明らかになってくるであろう。

あとがき

　本書は、2012年に一橋大学大学院言語社会研究科に提出した博士学位取得論文「日本語と韓国語における可能表現の意味・用法」に加筆・修正を加えたものである。

　日本語と韓国語の場合、語順がほぼ同じで文法体系も似ている部分が多いが、日本語と韓国語のそれぞれの学習において、可能表現はしばしば気づかれにくい難関となっている。それは、〈可能〉の意味を表す形式が韓国語研究において明示的に取り出されておらず、日本語と韓国語の可能表現を対応させることが難しいためである。韓国語研究においては、可能表現の形式、意味、用法、機能が明確に位置付けられていないのが現状である。そのため、日本語の可能表現との対照研究もほとんど為されていない。本書は、韓国語母語話者に対する日本語教育、日本語母語話者に対する韓国語教育で活用できる、可能表現の体系を作り上げるための鳥瞰図を提供するものである。日本語から見た韓国語、韓国語から見た日本語の両方の視点を兼ね合わせ、両言語の可能表現について幅広い観点から詳細な分析を行った。

　本書ではまず、これまでの先行研究を中心に日本語と韓国語の可能表現における全体像を概観した。次に、日本語の可能表現の研究に残されている課題として、現代日本語の可能表現における「動詞の意志性」と可能形式との関わりについて考察した。また、可能動詞を文末述語とする可能表現の意味・構造的な類型を探り、それらがどのような構文的な特徴によって支えられているか、各タイプがどのような〈可能〉の意味を表すかを明確にした。そして、日本語の可能表現を手掛かりとしながら、韓国語の可能表現を大きく「形態的な可能形式」と「語彙的な可能形式」に分け、その意味特徴と用法について詳しく考察した。最後に、現代の日本語と韓国語の可能表現における述語形式を対照し、両言語における可能形式のずれについて述べた。

以上のように、本書では、主に可能形式を文末述語とする現代の日本語と韓国語の可能表現の用例を詳しく取り上げ、その意味、用法と構文的な特徴を明らかにした。多様なコーパスを用いて、日本語と韓国語における可能表現のありようを探り、その言語事実を明確に示そうと試みた。本書が両言語の可能表現において新たな知見を提供し、対照言語学に新たな方向を提示することに一助となれば幸いである。多くの研究者の批判を頂戴し、さらなる研究の糧とさせていただければと望むところである。

　本書の執筆に至るまでに多くの方々のお世話になってきた。まず私を研究の道に導いてくださった東京外国語大学の早津恵美子先生と一橋大学大学院の庵功雄先生への学恩は、語りつくせないものがある。早津先生には学部から修士にかけてお世話になり、きめ細かいご指導をいただいた。学部から早津先生のもとで日本語学の基礎を学ぶことができたのは、幸運というほかの何ものでもないと思っている。庵先生には多大な知的刺激を受けており、研究者、教育者の生き方を身をもって教えていただいた。庵先生との出会いがなければ本書が世に出ることもなかったことをここに記し、深く感謝申し上げたい。また、井上優先生には対照言語学の面白さや言葉を自由に考えることの楽しさを教えていただいた。野間秀樹先生には本書の草稿に目を通していただき、貴重なコメントをいただいた。そのコメントに答えることを通して、本書の質は確実に向上したと思っている。他にも、本書は多数の方々に支えられてきた。一人一人のお名前を挙げられないが、この場を借りて心からお礼を申し上げる。

　最後に、本書の出版を快くお引き受けくださり、様々なご協力をくださった、ココ出版の田中哲哉氏には心よりお礼を申し上げたい。本書の出版は、平成26年度科学研究費補助金「研究成果公開促進費（学術図書）」の助成を受けたものである。記して謝意を表する。

参考文献　〈韓国語で出版されたもの〉
●著書・論文〔日本語訳は引用者による〕
고영근（1986）『서법과 양태의 상관관계 문법』태학사〔高永根『叙法と様態の相関関係の文法』太学社〕
─── （2004）『한국어의 시제 서법 동작상』태학사〔『韓国語の時制・叙法・動作相』太学社〕
김일웅（1992）「한국어의 서법 ─서법의 개념과 하위범주」『人文論叢』부산대학교〔金一雄「韓国語の叙法─叙法の概念と下位範疇」『人文論叢』釜山大学校〕
남기심・고영근（2007）『표준국어문법론』개정판　탑출판사〔南基心・高永根『標準国語文法論』改訂版　塔出版社〕
노마히데키（2002）「〈하겠다〉의 연구─현대한국어의 용언의 서법（mood）형식에 대하여─」『한국어 어휘와 문법의 상관구조』태학사〔野間秀樹「〈hakeyssta〉の研究─現代韓国語の用言の叙法形式について」『韓国語語彙と文法の相関構造』太学社〕
백미현（2004）「한국어 부정사 '안'과 '못' 연구」『언어연구』20권 2호〔Payk, Mi-hyen「韓国語否定辞 'an' と 'mos' の研究」『言語研究』20巻2号〕
서울대학교 한국어문학연구소・국어교육연구소・언어교육원 공편（2012）『한국어 교육의 이론과 실제1』아카넷〔ソウル大学　韓国語文学研究所・国語教育研究所・言語教育院　共編（2012）『韓国語教育の理論と実際1』アカネット〕
서정수（1996）『수정보증판 국어문법』한양대학교 출판원〔徐正洙『修正保証版　国語文法』漢陽大学校出版院〕
서울대학교 한국어문학연구소・국어교육연구소・언어교육원 공편（2012）『한국어 교육의 이론과 실제2』아카넷〔ソウル大学　韓国語文学研究所・国語教育研究所・言語教育院　共編（2012）『韓国語教育の理論と実際2』アカネット〕
손세모돌（1996）『국어보조용언연구』한국문화사〔Son, Se-mo-dol『国語補助用言研究』韓国文化社〕
시정곤・김건희（2009）「'-을 수 {있다／없다} 구문의 통사・의미론」『국어학』제56輯〔Si, Ceng-kon・Kim, Ken-huy「-ul swu {issta/epsta} 構文の統辞・意味論」〕
염재상（1999）「한국어 양상 표현 '-ㄹ 수 있다'의 중의성과 의미해석들」『불어불문학연구』38권、한국불어불문학회〔Yem, Cay-sang「韓国語モダリティ表現 '-l swu issta' の重意性と意味解釈」『佛語佛文学研究』38巻、韓国佛語佛文学会〕
─── （2002）「정신역학 이론에서 본 중의성의 이해─한국어 -ㄹ 수 있다의 예─」『한글』255호、한글학회〔Yem, Cay-sang「精神力學の理論から見た重意性の理解─韓国語 '-l swu issta' の例─」『ハングル』255号、ハングル学会〕
─── （2003）「'-(으)ㄹ 수 있다'의 기저의미─「상보적 전환」─」『人文學論叢』3권、국립7개대학공동논문집간행위원회〔Yem, Cay-sang「'-(u)l swu issta' の基底意味─相補的転換─」『人文學論叢』3巻、国立7大学共同論文集刊行委員会〕

우인혜（1992）「용언 '지다'의 의미와 기본」『말』17권 1호, 한국현대언어학회　연세대학교한국어학당〔禹仁惠「用言'cita'の意味と基本」『Mal』韓国現代言語学会　延世大学校韓国語学堂〕

─── （1993）「"되다"와 "지다"의 비교 고찰」『동아시아문화연구』23권 4호〔禹仁惠「"toyta"と"cita"の比較考察」『東アジア文化研究』23巻 4号〕

─── （1997）『우리말 피동연구』한국문화사〔禹仁惠『Wulimal 被動研究』韓国文化社〕

유목상（1990）『한국어문법이론』일조각〔柳穆相（1990）『韓国語文法理論』一潮閣〕

이익섭・채 완（1999）『국어문법론강의』學研社〔李翊燮・蔡琬『国語文法講義』學研社〕

이주행（1996）『한국어문법』중앙대학교 출판부〔李周行『韓国語文法』中央大学校出版部〕

최현배（1937）『우리말본』정음사〔崔鉉培『Wulimalpon』正音社〕

●辞書類

국립국어연구원（1999）『표준국어대사전』두산동아〔国立国語研究院『標準国語大辞典』斗山東亞〕

서 상규 외（2004）『외국인을 위한 한국어학습사전』신원프라임〔徐尚揆他『外国人のための韓国語学習辞典』Sinwen-Phulaim〕

연세대학교 언어정보개발연구원（1998）『연세한국어사전』두산동아〔延世大学校言語情報開発研究院『延世韓国語辞典』斗山東亞〕

〈日本語で出版されたもの〉
●著書・論文
青木ひろみ（1997a）「可能における自動詞の形態論的分類と特徴」『神田外語大学大学院紀要─言語科学研究第 3 号』

─── （1997b）「自動詞における〈可能〉の表現形式と意味─コントロールの概念と主体の意志性」『日本語教育』

安平鎬（2001）「韓国語の「タ」─「hayss-ta（했다）をめぐって」つくば言語文化フォーラム編『「た」の言語学』ひつじ書房

庵功雄（2001）『新しい日本語学入門』スリーエーネットワーク

庵功雄・高恩淑・李承赫・森篤嗣（2012）「韓国語母語話者による日本語漢語サ変動詞の習得に関する一考察」言語科学会第 14 回年次国際大会（JSLS2012）

李慶實（2008）「日本語可能表現の概念規定について─「可能の助動詞・可能動詞」「可能のデキル」「得ル」を中心に」『日本研究』第 36 號, 韓國外国語大學校日本研究所

─── （2009）「日韓兩言語における可能表現の考察」『日語日文学研究』Vol.69, No.1, 韓國日語日文學會

李吉遠（1991）「韓・日両言語の受身構文」『阪大日本語研究』3, 大阪大学文学部日本学科（言語系）大阪大学

石橋玲央（2000）「日本語の可能構文」『日本語・日本文化研究』第10号、大阪外国語大学
井島正博（1991）「可能文の多層的分析」『日本語のヴォイスと他動性』くろしお出版
李成圭（1988）「受身文の意味的特徴―韓・日両言語の対照的考察」『月刊言語』17(9)、大修館書店
伊藤英人（1989）「現代朝鮮語動詞の非過去テンス形式の用法について」『朝鮮学報』第131輯、朝鮮学会
─── （1990）「現代朝鮮語動詞の過去テンス形式の用法について（1）―였다形について」『朝鮮学報』第137輯、朝鮮学会
井上和子（1976）『変形文法と日本語－下』大修館書店
井上優（2001a）「現代日本語の「タ」」つくば言語文化フォーラム編『「た」の言語学』ひつじ書房
─── （2001b）「中国語・韓国語との比較から見た日本語のテンス・アスペクト」『月刊言語』12月号、大修館書店
─── （2009）「「動作」と「変化」をめぐって」『国語と国文学』第86巻第11号、東京大学国語国文学会
井上優・生越直樹・木村英樹（2002）「テンス・アスペクトの比較対照、日本語・朝鮮語・中国語」『対照言語学』東京大学出版会
任瑚彬・洪瑒杓・張淑仁（1989）『外國人のための韓國語文法』延世大学校出版部
大鹿薫久（1987）「文法概念として〈意志〉」『ことばとことのは―第4』国語国文学・あめつち会
岡崎和夫（1980）「「見レル」「食ベレル」型の可能表現について」『言語生活』340
生越直樹（1982）「日本語漢語動詞における能動と受動―朝鮮語hata動詞との対照」『日本語教育』48号、日本語教育学会
─── （1989）「文法の対照研究―朝鮮語と日本語」『講座　日本語と日本語教育』5、明治書院
─── （1992）「韓国人日本語学習者のボイスに関する誤用―漢語動詞の誤用を中心に」『横浜国立大学教育学部実践研究指導センター紀要』第8号、横浜国立大学
─── （1995）「朝鮮語hayss-ta形、hayiss-ta形（hako issta形）と日本語シタ形、シテイル形」『研究報告集』16、国立国語研究所
─── （1997）「朝鮮語と日本語の過去形の使い方について―結果状態形との関連を中心にして」国立国語研究所編『日本語と外国語の対照研究Ⅳ　日本語と朝鮮語下巻：研究論文編』くろしお出版
─── （2001a）「現代朝鮮語のhata動詞におけるhata形とtoyta形」『朝鮮文化研究』
─── （2001b）「hata動詞のhata形とtoyta形の使い方について―インフォーマント調査の結果から」『梅田博之教授古稀記念　韓日語文学論叢』梅田博之教授古稀記念論叢刊行委員会、太學社
─── （2008）「現代朝鮮語における様々な自動・受動表現」生越直樹・木村英樹・鷲尾龍一編『ヴォイスの対照研究―東アジア諸語からの視

点』くろしお出版
奥田靖雄（1977）「アスペクトの研究をめぐって（上）」『教育国語』53号、むぎ書房
─────（1986）「現実・可能・必然（上）」『ことばの科学1』むぎ書房
─────（1988）「時間の表現（1）（2）」『教育国語』94、95
─────（1996）「現実・可能・必然（中）」『ことばの科学5』むぎ書房
尾上圭介（1982）「現代日本語のテンスとアスペクト」『日本語学』1巻2号
─────（1998a）「文法を考える6　出来文（2）」『日本語学』17巻10号
─────（1998b）「文法を考える5　出来文（1）」『日本語学』17巻7号
─────（1999）「文法を考える7　出来文（3）」『日本語学』18巻1号
加藤重広（2003）「語用論的に見た「可能」の意味」『富山大学人文学部紀要』38号、富山大学人文学部
金子尚一（1980）「可能表現の形式と意味（1）」『共立女子短大（文科）紀要』23号
─────（1981）「能力可能と認識可能をめぐって」『教育国語』65
─────（1986）「日本語の可能表現〈現代語〉」『国文学解釈と鑑賞』51巻1号
紙谷栄治（1979）「終止用法におけるテンスとアスペクトについて」『国語学』118
川村大（2004）「受身・自発・可能・尊敬—動詞ラレル形の世界」尾上圭介編『朝倉日本語講座6文法Ⅱ』朝倉書店
─────（2012）『ラル形述語文の研究』くろしお出版
菅野裕臣（1986）「朝鮮語のテンスとアスペクト」『学習院大学共同研究所紀要』9号
金水敏（2000）「時の表現」『日本語の文法2　時・否定と取り立て』岩波書店
─────（2006）「「～でいる」について」益岡隆史・野田尚史・森山卓郎編『日本語文法の新地平1　形態・叙述内容編』くろしお出版
金田一春彦（1957）「時・態・相および法」『日本文法講座1　総論』明治書院
金美仙（2006）「「할 수 있다{ha-l swu issta}」と「할 줄 알다{ha-l cwul alta}」」朝鮮語研究会『朝鮮語研究3』くろしお出版
許明子（2004）「日本語と韓国語の受身文の対照研究」『韓国語教育論講座』ひつじ書房
工藤浩（1996）「「どうしても」考」鈴木泰・角田太作編『日本語文法の諸問題』ひつじ書房
工藤真由美（1995）『アスペクト・テンス体系とテクスト』ひつじ書房
高恩淑（2008）『可能表現の意味的類型に関する一考察—可能動詞と「V-ラレル」を述語とする可能表現を中心に』東京外国語大学大学院言語文化研究科修士論文
─────（2010a）「韓国語における可能表現の意味特徴と用法」『一橋大学国際教育センター紀要』1号（国立国語研究所監修『日本語学論説資料』第47号再録）
─────（2010b）「可能の意味を表わす「cita」について」『韓国日本学聯合

會第 8 回學術大會予稿集』
─── (2010c)「可能形式 할 수 있다/없다 の用法について─蓋然性を表わす用法を中心に」『第 61 回朝鮮学会大会予稿集』
─── (2011a)「補助動詞 "-a/e cita" が表わす〈可能〉と〈自発〉について」『日語日文学』第 50 号、大韓日語日文学会
─── (2011b)「可能表現の意味分類に関する一考察─実現可能性の在り処を基準に─」『京都大学言語学研究』30 号
─── (2012a)「韓国語の"되다"の用法とその意味特徴─〈可能〉の意味を表す"되다"を中心に」『韓国語学年報』第 7 号、神田外語大学韓国語学会
─── (2012b)「可能形式「할 수 있다/없다」の用法について─〈ちからの可能〉と〈蓋然性の可能〉〉」『朝鮮学報』第 224 輯、朝鮮学会
─── (2012c)「「動詞の意志性」を問う─可能形式との関わりを中心に」『日本語文法』12 巻 2 号、日本語文法学会
─── (2013a)「韓国語と日本語の述語における可能形式のずれ─《実現可能》を中心に」『朝鮮語研究』5 号
─── (2013b)「日本語と韓国語の「否定の応答文」における述語形式のズレ」『第 146 回 日本語学会大会予稿集』
国立国語研究所編 (1982)『日本語教育基本語彙七種比較対照表』大蔵省印刷局
─── (2004)『分類語彙表─増補改訂版』大日本図書
小松寿雄 (1969)「れる・られる─可能・自発〈現代語〉」松村明編『古典語現代語助詞助動詞詳説』学燈社
小矢野哲夫 (1978)「打消助動詞「ない」の一特性─アスペクトを表わす場合」『日本語・日本文化』第 8 号、大阪外国語大学留学生別科
─── (1979・1980・1981)「現代日本語可能表現の意味・用法 (1) 〜 (3)」『大阪外国語大学報』45・48・54
佐々木冠・渋谷勝己・工藤真由美・井上優・日高水穂 (2006)「自発・可能」小林隆編『シリーズ方言学 2 方言の文法』岩波書店
柴公也 (1986)「漢語動詞の態をいかに教えるか─韓国人学生に対して」『日本語教育』59 号、日本語教育学会
渋谷勝己 (1986)「可能表現の発展・素描」『大阪大学日本学報』5
─── (1993a)「日本語可能表現の諸相と発展」『大阪大学文学部紀要』33 巻第 1 冊
─── (1993b)「いえてる」『日本語学』12 巻 7 号、明治書院
─── (1995)「可能動詞とスルコトガデキル─可能の表現」『日本語類義表現の文法 (上)』くろしお出版
─── (2005)「日本語可能形式にみる文法化の諸相」『日本語の研究』第 1 巻 3 号、日本語学会
─── (2006)「第 2 章 自発・可能」『シリーズ方言学 2 方言の文法』岩波書店
清水孝司 (2002)「「〜に (は) 〜が可能形」の構文をめぐって」『日本語・日本文化研究』第 12 号、大阪外国語大学
白井恭弘 (2004)「非完結相「ている」の意味決定における瞬間性の役割」、

佐藤滋・堀江薫・中村渉編『対照言語学の新展開』ひつじ書房
辛碩基（1993）「日本語と韓国語の漢語動詞―受動の形態を中心に」『日本語と日本文学』18号、筑波大学
申鉉竣（2003）『近代日本語における可能表現の動向に関する研究』絢文社
杉本和之（1995）「意志動詞と無意志動詞の研究―その1」『愛媛大学教養部紀要』第28巻第3号
─────（1997）「意志動詞と無意志動詞の研究―その2」『愛媛大学教育学部紀要』第29巻第2号
鈴木重幸（1972a）『文法と文法指導』むぎ書房
─────（1972b）『日本語文法・形態論』むぎ書房
─────（1979）「現代日本語の動詞のテンス」言語学研究会編『言語の研究』むぎ書房
高田祥司（2006）「日本語東北方言と韓国語の対照研究の可能性」『日本語文法』6(2)
高橋太郎（1985）「現代日本語のヴォイスについて」『日本語学』第4巻第6号
─────（1986）「日本語のアスペクトとテンス」『学習院大学言語共同研究所紀要9』
─────（1994）『動詞の研究―動詞の動詞らしさの発展と消失』むぎ書房
─────（2003）『動詞 九章』ひつじ書房
張威（1998）『結果可能表現の研究―日本語・中国語対照研究の立場から』くろしお出版
塚本秀樹（2012）『形態論と統語論の相互作用―日本語と朝鮮語の対照言語学的研究』ひつじ書房
鄭寅玉（1994）「日本語教育における日・韓国語対照研究―受身文を中心に」『日本語教育研究』28、文化庁言語文化研究所
─────（1997）「日本語と韓国語の可能表現について―日本語の可能表現からみた韓国語の可能表現の形式と意味について」『日本語教育研究』34、文化庁言語文化研究所
寺村秀夫（1982a）『日本語のシンタクスと意味　第Ⅰ巻』くろしお出版
─────（1982b）「テンス・アスペクトのコト的側面とムード的側面」『日本語学』12号、明治書院
都恩珍・黄情兒（2007）『韓国語の「되다（doeda）」被動文の意味的特徴に関する一考察』『桜花学園大学人文学部研究紀要』第9号、桜花学園大学
中田敏夫（1981）「静岡県大井川流域方言におけるサル型動詞」『都大論究』18号
長友文子（1997）「可能形の規則による動詞の分類―日本語教育から見た可能表現の研究（1）」『和歌山大学教育学部紀要　人文科学』47号
─────（1997）「可能形における自動詞と他動詞―日本語教育から見た可能表現の研究（2）」『和歌山大学教育学部紀要　人文科学』47号
西田直敏（1969）「れる・られる―可能・自発〈古典語〉」松村明編『古典語現代語　助詞助動詞詳説』学燈社
仁田義雄（1981）「可能性・蓋然性を表わす疑似ムード」『国語と国文学』第

58巻第5号
――― (1988)「意志動詞と無意志動詞」『月刊言語』17(5)、大修館
野間秀樹 (1997)「朝鮮語の文の構造について」国立国語研究所編『日本語と外国語の対照研究IV 日本語と朝鮮語下巻:研究論文編』くろしお出版
―――編著 (2007a)『韓国語教育論講座』第1巻、くろしお出版
――― (2007b)『新・至福の朝鮮語』朝日出版社
ハイコ ナロック・堀江薫 (2005)「話し言葉における可能表現」南雅夫編『言語学と日本語教育IV』くろしお出版
浜之上幸 (1991)「現代朝鮮語動詞のアスペクト的クラス」『朝鮮学報』第139輯 朝鮮学会
――― (1992)「アスペクトとテクストの時間的構成について―時間的局所限定性・タクシスの観点から」『朝鮮学報』第144輯、朝鮮学会
林憲燦 (2010)「漢語動詞のヴォイス―韓国語との対応関係を中心に」『日語日文学』48号、対韓日語日文学会
韓先熙 (2000)「日本語と韓国語の漢語動詞について―日本語教育の立場から」『ことば』21号、現代日本語研究会
韓有錫 (1990)「漢語動詞「-スル」と「-toeda」の日韓対照研究」『名古屋大学国語国文学』67号、名古屋大学国語国文学会
日比稲穂 (2000)「不随意性と自発―現代日本語の自発として追加すべき用法」『日本語・日本文化研究』大阪外国語大学日本語講座
堀江薫 (2005)「日本語と韓国語の文法化の対照」『日本語の研究』第1巻3号、日本語学会
益岡隆志・田窪行則 (1992)『基礎日本語文法―改訂版』くろしお出版
松下大三郎 (1924)『標準日本文法』紀元社
――― (1930)『標準日本口語法』中文館
松田文子 (2002)「「過去時ニ~シタカ?」に対する否定の返答形式:シテイナイとシナカッタの選択に関して」『日本語教育』113号、pp.34–42.
丸田孝志・林憲燦 (1997)「「漢語+になる」の用法と特徴―韓国語との対応関係を中心に」第163輯、朝鮮学報
円山拓子 (2006)「補助動詞cidaが表わす「可能」の意味分布」『日本語と朝鮮語の対照研究』東京大学21世紀COEプログラム「心とことば―進化認知科学的展開」研究報告書、東京大学
――― (2007)「自発と可能の対象研究―日本語ラレル、北海道方言ラサル、韓国語cita」『日本語文法』7巻1号
宮島達夫 (1972)『動詞の意味・用法の記述的研究』秀英出版
森山卓郎 (1988)『日本語動詞述語文の研究』明治書院
――― (1992)「文末思考動詞「思う」をめぐって」『日本語学』11巻9号
――― (2000)「「と言える」をめぐって―テクストにおける客観的妥当性の承認」『言語研究』118
森山卓郎・渋谷勝己 (1988)「いわゆる自発について―山形市方言を中心に」『国語学』152集
山岡政紀 (2003)「可能動詞の語彙と文法的特徴」『日本語日本文学』第13号、創価大学日本語日本文学会

山口佳也（1995）「可能表現としての「できる」の用法」『十文字国文』1
─── （1997）「「車は急に止まれない」その他─可能動詞の性格をめぐって」『十文字国文』3、十文字学園女子短期大学
湯原美香（1997）「日本語の可能表現に関する一考察」『中国四国教育学会教育学研究紀要』43巻2部
俞長玉（1999）「韓・日両国語の受動研究に関する考察」『日本語文学』18号
尹鎬淑（1998）「日韓両言語における受身表現の視点の変遷─小説を中心として」『広島大学教育学部紀要』47号、広島大学
林青樺（2007）「現代日本語における実現可能文の意味機能─無標の動詞文との対比を通して」『日本語の研究』第3巻2号
鷲尾龍一（1998）「韓国語漢語動詞における動詞選択の問題─「対照hata.対照toyta」の場合」『先端的言語理論の構築とその多角的な実証（2-A）』COE形成基礎研究報告書
鷲尾龍一（2001）「hata・toytaを日本語から見る」『筑波大学「東西言語文化の類型論」特別プロジェット研究　研究報告　平成12年度別冊「hata」と「する」の言語学』筑波大学東西言語文化の類型論特別プロジェクト研究組織

●辞書類
青木玲子（1980）「可能表現」国語学会編『国語学大辞典』東京堂
菅野裕臣他（1988）『コスモス朝和辞典』第2版（1991）白水社
小学館国語辞典編集部編（1972）『日本国語大辞典』第二版（2001）小学館
時枝誠記（1955）「可能」国語学会編『国語学辞典』東京堂
新村出編（1955）『広辞苑』第五版（1998）岩波書店
松村明編（1971）『日本文法大辞典』明治書院
白峰子著／大井秀明訳／野間秀樹監修（2004）『韓国語文法辞典』三修社
松村明編（1990）『大辞林』第2版、机上版（1995）三省堂

用例出典　〈小説〉（　）は翻訳本
江国香織（1997）『きらきらひかる』新潮社（김난주（2001）『반짝반짝 빛나는 {panccakpanccak pichna-nun}』소담출판사）
奥田英朗（2004）『空中ブランコ』（「空中ブランコ」「ハリネズミ」「義父のブラ」「ホットコーナー」「女流作家」）文藝春秋（이영미（2005）『공중그네 {kongcwung-kuney}』은행나무）
乙武洋匡（1998）『五体不満足』講談社（전경민（1999）『오체 불만족 {ochey pwul-mancok}』창해）
吉本バナナ（2000）『ハネムーン』中央公論新社（김난주（2000）『허니문 {henimwun}』민음사）
柳美里（1996）『フルハウス』（「フルハウス」「もやし」）文藝春秋（곽해선 1997『풀하우스』고려원）
─── （2001）『ルージュ』角川書店（김난주 2001『루주 {lwucwu}』열림원）

지수현 (2004)『내 이름은 김삼순 {nay ilum-un kim-samswun}』눈과 마음 (伊京蘭 (2006)『私の名前はキム・サムスン　上・下』ブックマン社)

〈社説〉
朝日新聞論説委員室（1999）（2000）『天声人語』朝日新聞社
中央日報の対訳版（インターネット上の社説「噴水台」2008年6月–12月）
http://japanesejoinscom/info/bilingual/listphp

〈コーパス資料〉
国立国語研究所（2009）『現代日本語書き言葉均衡コーパス』モニター公開データ（BCCWJ、CD-ROM版）
『新潮文庫の100冊 CD-ROM版』をテキスト化したもの
以下は、本文で用いた『新潮文庫の100冊 CD-ROM版』の用例；昭和生まれ作家の昭和戦後の23作品（『新源氏物語』、方言を使っている野坂昭如の作品を除いたもの）

●『新潮文庫の100冊 CD-ROM版』の用例（出版年度順）
大江健三郎（1957）「死者の奢り」「飼育」
開高健（1957）「パニック」「裸の王様」
三浦哲郎（1960）「忍ぶ川」「驢馬」
北杜夫（1964）「楡家の人びと」
倉橋裕美子（1965）「聖少女」
有吉佐和子（1966）「華岡青洲の妻」
吉村昭（1966）「戦艦武蔵」
五木寛之（1968）「風に吹かれて」
渡辺淳一（1970）「花埋み」
井上ひさし（1970）「ブンとフン」
高野悦子（1971）「二十歳の原点」
曽野綾子（1978）「太郎物語」
藤原正彦（1978）「若き数学者のアメリカ」
沢木耕太郎（1981）「一瞬の夏」
筒井康隆（1981）「エイディプスの恋人」
宮本輝（1982）「錦繡」
赤川次郎（1984）「女社長に乾杯！」
椎名誠（1985）「新橋烏森口青春篇」
村上春樹（1985）「世界の終わりとハードボイルドワンダーランド」
塩野七生（1991）「コンスタンティノーブルの陥落」

●インターネット上のコーパス用例
高麗大学のコーパス用例検索サイト　　http://transkjcom/
KAISTコーパス用例検索サイト　　http://morph.kaist.ac.kr/kcp/
21世紀世宗企画コーパス用例検索サイト　http://sejong.or.kr

索引

[A] an 否定文　18
[C] cita　126, 132, 161
[H] 「hako issta」形　168
　　ha-l cwul alta / moluta　15, 98
　　ha-l swu issta / epsta　15, 98, 119
　　「hanta」形　168
　　「hay issta」形　168
　　「hayssta」形　168, 183
[M] modal な意味　110
　　mos hata / ha-ci moshata　17, 98
　　mos 否定文　18, 26
[T] toyta　152, 161
　　toyta 動詞　149

[あ]「愛憎」類の感情動詞　36
　　アクチュアルな出来事　93, 97, 136, 155
　　アクチュアルな度合い　155, 196, 201, 205
　　アスペクト形式　173
　　アスペクト的対立　184
　　アスペクト的ペア　171
[い] 意志性　128
　　（－）意志性の副詞成分　135
　　「意志的」生理現象　49
　　意志動詞　22, 37, 105
　　意志表出　46
　　一時的な事柄　69, 70
　　意図実現　132, 145
　　意図成就　57, 58
[う] 受身用法　128
　　迂言的な表現形式　2
　　うちけし　175
[か] 蓋然性　101, 123
　　蓋然性の可能　14, 80, 103, 109, 123
　　回想的ムード　177
　　書き言葉的　21, 87
　　過程の困難　132, 141
　　可能　12, 57, 143
　　可能形式　10
　　可能形式のずれ　174
　　可能受動　127
　　可能性　103, 123
　　可能の条件　32, 73

可能の生起条件　80, 123
可能表現　9, 10, 53
可能文　10, 22, 35, 54
完結性を持つ副詞成分　73, 199, 213
韓国語の可能形式　14, 87
韓国語の可能表現　23, 97, 159
完成相　161, 184
完成相過去形　175
完成相非過去形　181
[き] 既定条件　69
　　起動相　127
　　規範可能　65
　　共起関係　52
　　共起制限　14
　　狭義の可能表現　2
　　共通語　2, 26
[く] くりかえしのすがた（sporadic aspect）　116
[け]「経験・記録」の用法　170
　　傾向性　116, 119
　　継続相　161, 184, 203
　　継続相アスペクト　72
　　継続相非過去形　175
　　形態的な可能形式　3, 14, 83, 125
　　結果可能　73
　　結果残存　168
　　結果状態　128, 131, 146, 160
　　結果性の可能表現　184, 193, 207
　　現在進行　169
[こ] 語彙的な可能形式　21, 125, 145, 159
　　語彙的な可能表現　21, 123
　　語彙的な受動形式　151
　　広義の可能表現　2
　　後行否定　19
　　恒常的内在型可能　61, 75
　　恒常的な事柄　69
　　構文上の制約　51, 184
　　個別一回的な事柄　69, 71
　　個別的な出来事　72
[し]（シ）ウル／エル　14, 101, 119
　　時間性の制限　155, 173, 192, 206
　　時間の具体化　67, 76, 205
　　自己制御性　37
　　自然現象　48

自然実現　131, 138
自然受動　127
事態実現の要因　89
実現　57
実現可能　59, 76, 187, 206
実現可能性の在り処　32
実現系可能　77, 84
実現系 (actual) の可能　58
実現の可能性　187, 191
「シテイル」形　169, 183
自動詞化　138
自動詞文　22
自動性の漢語名詞　149
自発　9, 126, 138, 143, 157
自発表現　142
自発用法　128
周辺的用法　185
主体性　38
主体の意志表現形式　39, 41, 50
受動　78, 125, 131, 143, 152
状況可能　85, 88
条件型可能　61, 75, 189, 196
条件表現　61
条件不問型可能　62, 75, 189, 196, 212
状態変化　126, 129, 148, 157
心的状態　48
心的態度　46, 47
[す]「好キ嫌イ」類の感情動詞　36
「スル」形　169
[せ] 制御性　128
先行否定　19
潜在可能　59, 76
潜在系可能　84
潜在系 (potential) の可能　58, 77, 172, 187
前提条件　65
[そ] 相関関係　128, 205
相関性　211
[た] 対聞き手可能　102
対出来事可能　102
他意否定　18
他動性の漢語名詞　149
[ち] ちからの可能　80, 101, 113, 123
中心的 (基本的) 用法　185

中相動詞　140
[て] 出来事の種類　80, 96, 123
テンス・アスペクト体系　169
[と] 動作完成　196
動作完了　160, 173, 191
動作主の介入　135, 139
動作主マーカー　130
動作進行　128, 160, 168
動作性動詞　106
動作未完了　19, 180
動詞の意志性　35, 54, 76
動態性名詞　148
到達用法　27, 128
[に] 日本語の可能形式　10, 52, 167
日本語の可能表現　21, 101, 167, 183
ニュートラルな事象　113, 116, 158, 211
認識の可能 (epistemic possibility)　102, 116
能動文　131
能力可能　85, 88
能力否定　18
[は] 発話行為時　72, 189, 202
話し言葉的　13, 21, 87
話し手の心理態度　127
反事実条件　69
[ひ]「非意志的」生理現象　49
非実現　72, 93, 178, 189, 204
非実体性名詞　148
否定の応答形式　180
否定の応答文　174
被動態　127, 145
ひとまとまりの出来事　180, 184
標準語　2
開かれた関係　116, 122
[ふ] 不実行　178, 204
プラスの事象　113, 158, 211
プロセス　194
分析的な形式　14, 86
分析的な表現　29
文法化　3, 83, 167
文法カテゴリー　10, 213
[ほ] ポテンシャルな出来事　93, 136, 155, 173

- [み] 見込み　117, 119
  - 未実現　20, 176, 182
  - 未実行　176, 182
  - 未定条件　66
  - みとめ　175
- [む] 無意志動詞　18, 22, 37, 105
  - ムード性　24
- [め] 命題に関わる可能　116
- [も] モーダルな可能　116, 122
  - モダリティ　27, 113
  - モダリティ表現　116, 122
- [ら] ラサル　128
- [り] 利害受動　127

[著者] 高 恩淑　こう うんすく

韓国済州出身。東京外国語大学外国語学部日本課程（日本語専攻）卒業。同大学大学院地域文化研究科（言語文化専攻）博士前期課程修了。一橋大学大学院言語社会研究科（言語社会専攻）博士後期課程修了。博士（学術）取得。一橋大学大学院の博士研究員を経て、現在、同大学の特別研究員と非常勤講師を兼任。日本語と韓国語における文法現象、日本語教育文法の研究を行っている。

主な論文と著書に、「現代日本語における可能表現の意味分類について―実現可能性の在り処を基準に」（『京都大学言語学研究』30号）、「「動詞の意志性」を問う―可能形式との関わりを中心に」（『日本語文法』12巻2号）、「可能形式「ha-l swu issta/epsta」の用法について―〈ちからの可能〉と〈蓋然性の可能〉」（『朝鮮学報』第224輯）、「韓国語と日本語の述語における可能形式のずれ―《実現可能》を中心に」（『朝鮮語研究』5号）、「対照言語学的知見から見た文法シラバス」『文法シラバスの作成を科学にする』（くろしお出版）などがある。

日本語と韓国語における可能表現
可能形式を文末述語とする表現を中心に

2015年2月28日　初版第1刷発行

著者・高恩淑
発行者・吉峰晃一朗・田中哲哉
発行所・株式会社ココ出版
　　　　〒162-0828　東京都新宿区袋町25-30-107
　　　　電話　03-3269-5438
　　　　ファックス　03-3269-5438

装丁・組版設計・長田年伸
印刷・製本・モリモト印刷株式会社

定価はカバーに表示してあります
ISBN 978-4-904595-55-8